(개정판)
시장을 이기는
정책은 없다

개정판

노무현·이명박·박근혜·문재인 시대의
부동산 정책 분석

시장을 이기는
정책은 없다

손재영 지음

매일경제신문사

머리말

　정부 정책이 부동산 시장의 문제를 풀어가기는커녕 국민들의 고민과 고통을 가중시키는 일을 겪으면서 정부가 어떤 일을 해야 하고 하지 말아야 하는지에 대해 진지한 고민을 할 필요가 커졌다. 정부가 직면하는 여러 문제들 중 일부는 과거에 겪기도 했고 이런저런 대책들이 어떤 결과를 가져오는지 보기도 했다. 그럼에도 불구하고 때로 같은 문제에 대해 실패한 정책들을 또 다시 꺼내드는 모습이 안타깝다. 과거 현안들에 대한 비판들이 오늘에도 유용한 이유다.

　이 책은 주로 필자가 온·오프라인 언론에 기고했던 글들을 모은 것이다. 대부분은 시사적인 주제를 가지고 있어서 시간이 지나면서 의미가 줄어드는 그런 글들이다. 그러나 앞서 언급한 이유로 해서 이 글들이 새로운 의미를 가질 수 있다고 생각했다. 개인적으로는 2022년이 가기 전 과거에 썼던 글들을 엮어서 정리해보고 싶었던 욕심도 있었다.

필자의 글은 시장주의적 관점을 가지고 있다. 국민 개개인의 소득과 자산, 개성과 희망이 녹아들어 움직여가는 부동산 시장 앞에서 정책 담당자들이 겸손해야 한다고 생각한다. 이는 결코 정부의 역할을 부정하는 입장이 아니다. 오히려 1970년대 이래 우리 국민의 주거 수준이 획기적으로 높아진 것은 정부와 시장의 절묘한 합작품이었다. 다만 정부가 개입해야 할 문제와 아닌 문제를 가려야 하고, 개입의 효과와 부작용을 따져야 한다. 이런 관점에서 부동산 정책들을 돌아보면, 불필요했거나 부작용이 많은 정책이 많았고 지금도 나오고 있다. 여기 실린 글들은 시장주의 관점에서 부동산 정책의 어떤 구체적인 문제들을 지적할 수 있고, 어떤 정책 방향을 제시할 수 있는지를 보여준다.

이 책의 초판은 역대 세 정부의 정책들을 다루었는데, 개정판에서는 문재인 정부 시기의 글들이 추가되어 모두 4개의 장으로 묶게 되었다. 대개 어떤 주제에 대해 기고를 요청받으면 글자 수가 제한되어 있어서 충분한 토론이 어렵다. 그런 제약을 벗어나기 위해 한동안 네이버에 부동산 칼럼을 썼는데, 오프라인 칼럼과 주제가 겹치는 경우가 많았다. 그래서 이 책에서는 한 주제에 대해 온라인 또는 오프라인 칼럼 하나씩만 골라서 실었다. 모두 모아보니 약 230여 편의 글이 있었는데, 중복된 내용이나 현재 시점에 큰 의미가 없는 글들을 뺐다. 또, 책을 엮으면서 일부 첨삭을 해서 이 책의 글과 언론 지면상의 글이 다를 수 있음을 미리 말씀드린다.

마지막으로, 글을 모으고 편집해주신 건국대 미래지식교육원 유주연 교수께 깊은 감사를 드린다. 아울러 항상 대화의 상대가 되어주시는 건국대 부동산학과 교수님들과 학계 선후배님들, 서울부동산포럼 회원님들, 이제까지 무리 없는 삶을 나누어온 사랑하는 가족들, 그리고 초판에 이어 개정판을 발간해주신 ㈜두드림미디어의 한성주 대표께도 감사드린다.

손재영

차례

Chapter 01 강남 아파트와 전쟁을 벌인 노무현 정부(2003. 2~2008. 2) 시기

Chapter 02 찔끔찔끔 규제를 완화했던
이명박 정부(2008. 2~2013. 2) 시기

Chapter 03 주택 경기는 회복되었지만,
가계부채 문제가 커진
박근혜 정부(2013. 2~2017. 4) **시기**

序 : 부동산 정책과
경제학적 접근법

경제학이 형평을 무시하고 효율만을 추구한다거나 경제학자들이 시장 만능주의자라는 등의 주장을 접할 때가 있지만, 이는 경제학이나 경제학자에 대한 큰 오해다. 경제학 학위과정에서 학생들은 처음 한 학기 동안 어떤 조건에서 시장 경제가 효율성을 달성하는가를 배우고, 그 이후의 모든 기간 각자의 전문 분야에서 어떤 이유로 현실 경제가 만족스럽지 못할 수 있으며, 이를 어떻게 치유해야 하는지를 연구한다. 시장이 가지는 취약점을 잘 인식하고, 정부가 어떻게 개입해 이를 보완해야 하는지를 연구하는 것이 일반적인 경제학자들의 활동 내용이다. '시장이 가지는 취약점' 중에는 형평의 문제가 포함되며, 당연히 심도 있는 고려의 대상이 된다. 시장에 맡기면 무조건 만사형통이라는 주장을 펴는 경제학자를 필자는 본 적이 없다. 다만, 시장과 정책 개입의 관계에 대해서 경제학은 정형화된 사고의 흐름을 제시한다. 이를 경제학의 도그마라고 부를 수 있을 것인데, 대략 다음과 같은 내용이다.

많은 소비자와 생산자들이 시장을 통해 각자의 만족 또는 이익을 증진하는 방향으로 거래하는 과정에서 자원배분이 이루어진다. 시장에 의한 자원배분은 어떤 인격적 주체에 의존하지 않는다는 특징을 가지는데, 일찍이 애덤 스미스(Adam Smith)가 설파한 '보이지 않는 손'이 바로 시장, 또는 시장 기구인 것이다. 시장 경제가 계획 경제 체제와의 경쟁에서 승리했다는 역사적 경험도 있지만, 시장 기구의 자원배분이 효율적이라는 것은 이론적으로도 증명되어 있다.

'일정한 조건이 충족된다면 시장에 의한 자원배분이 효율적'이라는 소위 후생경제학의 근본정리를 수학적으로 엄밀히 증명한 공로로 드브르(Gerard Debreu) 교수가 1983년 노벨경제학상을 수상한 바 있다. '일정한 조건'이 충족되어 시장의 자원배분이 자원의 효율성을 달성하고 있다면, 시장의 성과를 변경시키려고 하는 어떤 의도도 효율성의 상실을 초래한다. 가격 규제, 물량 제한, 조세, 공공 경영 등과 같은 정부의 시장 개입은 효율성의 상실을 능가하는 다른 측면의 효과(예컨대, 형평성의 제고)를 가지지 못하는 한 바람직하지 못하다.

거대한 계획 기구가 누가 무엇을 얼마나 생산해서 어떻게 처리해야 하는지를 일일이 지시했던 사회주의 경제들이 엄청난 비효율 때문에 망할 수밖에 없었던 것과 비교할 때, 각자 자신의 이기심만 추구하는 시장에서 저절로 자원배분의 효율성이 달성된다는 것은 놀라운 결과다. 시장이 자원을 효율적으로 배분할 수 있는 것은 재화의 희소성에 관한 정확한 정보를 재화 가격에 담아서 제공하기 때문이다. 그런데 '일정한 조건'이 충족되지 못하면 시장이 보내는 가격 시그널이 재화의 희소성에 관한 부정확한 정보일 수 있다. 여기서 '일정한 조건'의 내용은 재화에 대한 경쟁 시장이 존재하며, 시장 실패의 문제가 없다는 것으로 요약된다. 시장이 실패하지 않는다는 것은 외부경제 효과, 공공재,

정보의 편재, 독과점과 같은 문제가 없음을 뜻한다. 이런 시장 실패 문제가 있을 때 시장이 효율적 자원배분을 달성하지 못하므로, 정부가 적절히 개입함으로써 최적 자원배분을 달성할 수 있다.

이쯤에서 역시 경제학은 효율에만 관심을 둔다고 느낄 독자가 있을지 모르겠다. 그러나 효율은 자원배분을 평가하는 여러 기준 중 하나일 뿐이다. 민주주의적 의사결정을 통해 사회구성원들이 효율을 다소 희생하더라도 형평을 제고하는 것이 좋겠다고 결정하면, 당연히 그리해야 한다. 효율과 형평 이외에도 경제의 안정이 통상적으로 또 다른 중요한 정책 목표다. 다만, 형평을 제고하기로 했다면 의도했던 성과가 있었는지, 그 비용은 얼마였는지를 알아야 한다는 것이 경제학자들의 일반적인 태도다.

경제학자들은 서구의 주택임대료 통제나 우리나라의 분양가 규제 제도를 예로 들어서 정부의 시장 개입이 어떤 부작용을 낳는가를 설명하는 것을 즐기는데, 단지 효율성의 상실이 있다고 해서 어떤 제도가 나쁘다고 평가하지 않는다. 소기의 목적(즉, 형평의 증진)이 달성된다면, 비용(즉, 효율의 감소)을 치르고 원하는 바를 얻었을 따름이기 때문이다. 문제는, 형평을 추구하는 많은 정책은 사실상 형평성을 제고시키지도 못하면서 효율성의 손실만을 초래한다는 점이다. 정책이 원래 의도와 다른 효과를 가지기 쉽기 때문이다. 주택임대료 통제정책의 경우, 단기적으로는 주택 재고가 일정해서 별다른 부작용을 보이지 않는다. 그러나 시일이 흐를수록 신규 임대주택 건설의 위축, 유지·보수의 축소, 다른 용도로의 전환 등을 통해 임대주택의 수가 줄어들고, 결국 임차자들은 전보다도 더 열악한 주거환경에 처하게 된다는 것이 보편적인 관찰이다.

형평을 명분으로 추진되는 많은 정책이 실패하는 한 가지 이유는 어떤 상태가 형평성이 충족된 상태인지에 대한 정의가 없다는 점이다. 사안마다 제각기 다른 의견을 가질 것이고 이 많은 의견을 수렴하는 것이 정치권의 몫일 테지만, 정치인들이 형평의 제고라는 효과와 효율성의 저하라는 비용 간의 균형을 잘 찾아내는 경우는 거의 없다. 아니, 그 균형을 찾으려 노력할 유인조차 별로 없다. 예를 들어, 임대료 통제정책은 지금 당장 유권자들에게 인기 있는 정책이지만, 그 부작용은 장기적으로 나타나며 불이익을 받는 피해자들이 그 실체를 인식하지 못할 경우가 많은데, 정치인들은 지금 당장 표를 받는 데만 관심을 둔다.

형평을 제고하기 위해 정부가 시장에 적극적으로 개입해야 한다고 주장하기는 쉬우나, 원하던 바의 결과를 낳을 효과적인 정책을 구상하기는 어렵다. 국민 주거생활 안정, 지가 안정과 토지의 적정한 배분, 국토 균형 개발, 농어촌 개발 등과 같은 많은 계획이나 정책들이 형평을 표방하고 있지만, 그 실질적 효과가 실제로 형평을 제고하는 예는 많지 않으며, 하물며 효율성의 저하를 능가하는 형평상의 이점이 있다고 확신을 주는 경우는 드물다. 일부 사람들의 정치적, 경제적 사리사욕을 채우는 결과로 끝나버리는 경우를 종종 보게 된다.

효율 또는 형평을 근거로 정부가 시장에 개입하는 것이 정당화될 수 있지만, 정부의 개입이 현실적으로 반드시 좋은 결과를 가져오리라는 보장이 없다. 우선 정부가 올바른 정책을 수립해서 집행하는 것이 가능할 만큼의 충분한 정보가 있는지 의심스럽다. 또한, 일단 정부가 시장에 개입하기 시작한다면 공공복리라는 추상적인 정책 목표가 자원배분의 원리가 되는데, 이는 권력기관의 자의성에 자원배분을 맡기는 결과가 된다. 그리고 공공 부문이 더 많은 영역에서 자원배분을 담당하게 되면, 경제 전체적으로 창의성, 유연성이 결여되어 장기적으로는 경제성장이 위축될 수도 있다. 마지막으로, 정부나 공기업 조직의 이해, 조직에 속한 개인의 이해, 그리고 그들의 활동을 통제하는 정치권의 이해가 반드시 국민 전체의 이해와 일치하지 않을 수 있다. 정부 부처와 공기업, 그 내부의 부서들은 조직의 존재가치를 높이고 권한과 예산을 늘리기 위해 억지로라도 일거리를 불리는 것이 일반적이다.

이런 여러 문제는 정부의 실패로 지칭되는데, 이 문제를 고려하면 형평이나 효율 차원에서 시장에 다소의 문제가 있더라도 정부의 개입이 꼭 바람직한 것은 아님을 이해할 수 있으며, 이런 경험이 1970년대 말 이후 소위 신자유주의 경제정책이 힘을 얻게 된 배경이다. 일부에서 이러한 추세를 염려하고 있으나, 정책 목표를 분명하게 구체화하기 어렵거나, 정해진 정책 목표를 현실적으로 달성하는 정책 수단을 찾기 어려울 때, 그리고 정책 시행의 부작용이 매우 클 것으로 예상될 때는 차라리 정부가 개입을 자제하는 것이 차선의 대안일 것이다. 나쁜 정책은 현상의 악화를 의미하기 때문이다.

요약하면, 경제학자들은 시장이 만능이라고 생각하지도 않으며 정부개입에 적대적이지도 않다. 효율이 형평보다 중요하다고 주장하지도 않는다. 다만, 시장 개입에 대한 입증 책임이 개입을 옹호하는 쪽에서 있다는 입장일 따름이다. '일정한 조건'하에 시장은 자원배분을 효율화한다는 것이 이론적으로 증명되어 있으므로, 정부개입은 '일정한 조건'이 충족되지 않거나 효율보다 중요한 다른 목표가 있는 등의 경우에 정당화된다. 어느 쪽이든 개입의 근거를 명확히 하고, 개입의 효과가 클 것인지, 부작용은 감당할 만한지를 입증할 책임이 개입 옹호론자에게 있다고 보는 것이 경제학적 도그마의 핵심이다. 만약 그럴 수 없으면, 개입이 정당화되지 못한다는 것이다.

경제학적 도그마의 가장 큰 공헌은 권력을 가진 사람들이나 기관이 자의적으로 정책을 남발해 남들의 삶을 좌지우지하는 데 대해 어느 정도 제동을 걸고 있다는 점이 아닌가 한다. 정치인이든 행정가든, 아니면 시민단체든 '내가 하면 양심적으로 더 잘할 수 있다'라는 착각에서 나름대로 권력을 휘두르고 싶어 하는 경향이 있다. 그러나 정책 개입의 당위성, 효과, 부작용에 대해 경제학자들이 따지는 시시콜콜한 여러 고려 없이는 수많은 역사적 사례들과 같이 실패할 가능성이 농후하다.

(한국주택학회, 《주택연구 20년, 주택정책 20년》 2011. 12)

Chapter 01

강남 아파트와
전쟁을 벌인
노무현 정부
(2003. 2~2008. 2)
시기

01

강남 부동산 편집증에서
벗어나야

강남 아파트 가격을 잡으려는 정부의 몸부림이 자못 처절하다. 생각할 수 있는 제도 영역에서 강남 아파트 가격을 겨냥한 대책들이 거의 매주 쏟아져 나온 지가 반년이 넘어간다. 이런 대책의 홍수 속에는 아쉽게도 과거 30년의 교훈을 녹여낸 정책 목표 설정이나 정책 수단 선택의 흔적을 발견할 수 없다.

현재 부동산 시장의 특징은 투기보다는 실수요에 의해 가격 상승이 주도된다는 점이다. 넘치는 돈을 주체하지 못해 주식, 골동품, 그림, 주택, 토지 등 가리지 않고 투자했던 1980년대 말의 사정과는 다르다. 특정 지역을 중심으로 제한적으로 오를 뿐 전국적인 부동산 가격은 안정되어 있다.

이처럼 실수요에 의해 가격 상승이 주도되고, 그 범위가 지역적으로 한정된 것을 보면 지금의 문제는 사실 주택문제가 아니라는 생각이 든다. 오히려 '주택문제의 탈을 쓴 교육문제'라고 생각할 수 있다. 교육현장에서 이노베이션이 나오기 어려운 상황에서 공교육 체제가 신뢰를 잃었고, 이를 대신하는 사교육 시스템 쪽으로 시민들이 발로 투표한 결과가 강남 선호 현상이다. 학원비 부담은 물론, 비싼 집값을 내고라도 내 자녀를 위해 교육소비자 주권을 행사하겠다는 결정이다.

서민 주거 안정 측면에서나 거시 경제운용 측면에서나 강남 아파트 가격 상승, 또 잠재적인 가격 폭락은 정책적으로 걱정할 문제가 아니다. 1980년대 말의 부동산 가격 폭등은 전국적, 무차별적으로 진행되어 집 없는 서민들에게 피눈물을 흘리게 하는 한편 노사분규에 기름을 부었다. 일부 전문가들이 부동산 가격이 급락하면 금융기관 대출채권의 부실화를 통해 경제가 불안정해질 가능성을 언급하지만, 부동산 가격 대비 대출금 비율이 50% 정도밖에 되지 않으므로 염려할 것이 없다.

이런 관찰로부터 정부의 대응을 평가하면 진단과 처방이 모두 잘못되었다. 투기보다는 실수요로 인해 가격이 오르는 마당에 투기 억제 수단들을 동원하는 것은 잘못이다. 더욱이 특정 지역의 주택가격 상승이라는 문제를 전국에 걸쳐 장기적으로 시행될 조세로써 대처하는 것은 난센스다.

투기 억제를 위한 세제개편은 제도의 단순화를 통한 실효성 제고라는 대원칙에서 점점 멀어지는 결과를 초래한다. 하물며 소수의 부동산 과다보유자들 때문에 아파트 가격이 오르는 것처럼 대중을 속이면서 희생양을 찾는 발상은 비난받아 마땅하다. 설사 투기 때문에 가격이 오른다고 해도 30여 년에 걸쳐 재탕, 삼탕해왔던 투기 억제 시책들이 효과가 없었던 것을 기억해야 한다.

일부 대책들은 주택공급을 억제해 가격 상승을 오히려 부추기고 있다. 현실 정치의 논리상 꼭 강남 아파트 가격을 잡는 것이 필요할 수도 있다. 이 현상이 국민의 배를 고프게 하지는 않지만, 배를 아프게 하기 때문이다. 이때, 두 가지 정책 처방이 가능하다. 첫째로, 강남 인근의 그린벨트 및 유보 토지를 대규모 택지개발에 활용할 수 있다. 지난 30여 년의 부동산 정책으로부터 단 한 가지 교훈을 얻는다면, 부동산 시장에서 수요·공급의 원리가 작동한다는 사실이다. 택지만 공급되면 집은 얼마든지 지을 수 있다. 강남 주택을 대신할 수 있는 주택이 인근에서 대량 건설된다면, 강남 집값은 안정된다.

둘째로, 화성 신도시처럼 주변 지역에 일자리가 충분히 있는 곳에 현 교육 시스템의 질곡에서 벗어난 대안을 보여주는 것이 필요하다. 즉, 특목고나 자립형 사립고 정도가 아니라 외국 유명 고등학교, 대학, 대학원, 사설학원의 분교·분원을 다수 유치하면 현재 공교육 시스템에 신물 나 있는 교육소비자들이 다수 이주할 것이 확실하다. 강력한 외부적 충격은 내부 이노베이션 잠재력을 잃은 기존 교육 시스템을 정상화의 길에 들어서게 하는 부수적인 효과를 가질지도 모른다.

정부는 강남 주택가격 동향에 일희일비할 필요가 없다. 국정의 많은 영역에서 작은 일에 목숨 거는 편집증이 동시다발적으로 관찰되지만, 강남 편집증 때문에 할 수도 없고, 해서도 안 되는 일들을 하겠다고 달려들어서 결국은 토지 공개념 제도의 실패를 재연할까 우려된다.

(한국경제 2003. 10. 9)

02

마르크스 혁명만큼 과격한
헨리 조지의 지대조세제

헨리 조지(Henry George)의 지대조세제는 다른 모든 조세를 대체하고 빈곤 문제, 경기변동 등 자본주의 해악을 일거에 해결하는 방안으로 제안되었다. 그러나 최근 우리나라에서 주택가격 상승 문제를 해결하기 위해 지대조세제를 도입하자는 주장은 너무 과격하다. 모든 토지의 가격을 0으로 만들 것이므로 마르크스 혁명에 버금가는 충격이 올 것이다.

많은 사람이 보유한 자산의 큰 부분이 토지이므로 지대조세에 따른 부의 상실이나 자산소유자 간 상대적 재분배의 경제 사회적 효과는 상상하기 힘들 정도로 크다. 토지는 현대 경제에서 자본, 지식, 기술 등에 비해 중요성이 덜한 생산요소다. 토지 투기로 인해 공장, 사무실, 주택을 짓지 못하고, 따라서 경제공황에까지 이른다는 논리는 설득력이 없다.

지대조세는 토지 소유자에게 가장 생산성 높은 용도에 토지를 투입하도록 강제한다는 것이 이론적으로 기대된다. 하지만 현실적으로 그렇게 하기 힘들어 많은 토지 소유자들은 토지를 포기할 것이다. 결국 국가는 대부분의 토지를 소유, 관리하게 된다. 토지가 거대한 관료조직의 관리하에 놓이면 정치적 역학관계에 따라 토지가 배분되고 그 용도가 결정될 수밖에 없으므로 시장이 기능하지 못한다. 많은 토지가 낭비적으로 이용될 것이며 국가적으로 생산성이 낮아질 것이다. 지대조세제의 도입이 자본주의의 문제를 해결하기는커녕 오히려 경제 파탄을 가져올 가능성이 농후하다.

결국 순수한 형태의 지대조세는 도입이 가능하지도, 바람직하지도 않다. 문헌을 보면 이 제도를 옹호하는 사람들도 건물에 비해 토지가 다소 중과세되는 정도만 해도 지대조세제의 정신을 구현하는 것으로 본다. 인간 노력의 산물인 건물 등의 세금을 낮추는 대신 그 공급이 줄어들지 않는 토지에 중과세하는 것은 대부분 세금이 가진 부정적 효과를 줄일 것이다.

그러나 현재 논의되는 대책들은 이런 효과를 겨냥하고 있지 않다. 토지, 건물을 가릴 것 없이 부동산을 많이 가지는 사람들이 마치 주택가격 상승의 주범인 것처럼 매도되고, 이들을 벌주자는 의도에서 구상되기 때문이다. 보유과세의 강화가 부동산 가격을 떨어뜨린다는 이론적인 근거가 언급되지만, 이는 장기적으로도 공급이 변화하지 않는 재화에 대해서만 성립한다. 주택과 같이 세금이 중과세될 때 그 공급이 줄어들 수 있는 재화는 오히려 가격이 오를 수 있다.

또 세금 때문에 모든 다주택 소유자가 주택을 팔면, 어디에서 임대주택이 나올 것인지 한번 생각해보아야 한다. 정부 의도대로 된다면 주택구입 능력이 부족한 임차자들은 극심한 전세, 월세난을 겪게 될 것이다. 결국 현재의 부동산 중과세 논의는 장기적인 효과는 어떻든지 간에 부동산 거래자들을 겁먹게 만들어서 다만 몇 주일이라도 시장이 잠잠해지기를 기대하는 발상에서 나온 것이다.

부동산은 주식이나 채권보다 더 중요한 자산이며, 관련 시장에 많은 국민이 종사하는 주요 산업부문이다. 정부가 남발하는 대책들 때문에 정책 여건의 예측이 불가능하고, 따라서 산업이 건전하게 발전하지 못한다.

현재의 부동산 가격 상승은 공급 측 애로에 기인한다. 수도권 주택공급이 부족한 데다 강남에 비견할 만한 생활환경을 가진 주거지구가 없기 때문이다. 토지 공개념 제도 도입 때와 같이 기기묘묘한 제도들에 신경 쓰지 말고 장기 안정적인 부동산 제도를 구축하는 데 정부가 매진하길 바란다.

(한국경제 2003. 10. 26)

03

인위적인 집값 안정 정책의 문제점들

정부가 2003년 10월 29일에 발표한 '주택 시장 안정 종합대책'은 수요와 공급 측면에서 조세와 금융, 그리고 각종 규제에 걸친 장단기 방안을 담고 있다. 당장 시행될 제도 중에서는 다주택 보유 세대에 대한 양도소득세 중과세, 주택담보 대출의 축소를 겨냥한 각종 규제, 뉴타운과 고속전철 역세권 주택공급 계획 등이 주요 내용이고, 향후 주택 시장이 계속 과열될 경우에는 실거래가 기준의 양도소득세 운용, 주택 거래 허가제 도입, 재건축 아파트 개발이익 환수 등의 조치를 하겠다고 약속하고 있다. 인터넷 뉴스 사이트들을 보면 이런 대책들이 충분히 실효성이 없다는 불만들이 많이 올라오고 있다. 그중에서는 "투기 억제를 맡는 관료들을 강북 사는 사람들로 갈아 치우라" 같은 주장도 있다. 특히 보유과세가 즉시 강화되지 않는 데 대한 불만이 많아서 정부는 수차례에 걸쳐 보유과세를 올린다는 해명을 했다.

아파트 가격이 올라 민심이 흉흉해진 예는 전에도 여러 차례 있었다.

대략 1987년에서 1991년 상반기까지 지속된 부동산 가격 폭등은 많은 저소득 서민들을 길거리에 나앉게 했으며, 노조 활동이 최초로 자유화된 배경 아래 고율 임금인상 요구와 동시다발적 파업을 정당화했다. 많은 국민이 "이런 체제가 과연 수호할 만한 가치가 있는가?"를 묻는 상황이 되자 정부는 소위 토지 공개념 제도들을 도입하는 한편, 주택 200만 호 건설계획의 시동을 걸었다.

1980년대 말의 상황과 현재를 비교할 때, 현 상황의 첫 번째 특징은 집값 때문에 당장 주거가 위협받는 사람들이 별로 없다는 점이다. 당시 서울의 집값은 도시근로자 가구 연평균소득의 16배를 초과했지만, 현재는 9배를 약간 넘는 수준이다. 또, 집값 상승이 특정 지역에 국한되어 있어서 집값이 올랐다고 내 집 마련의 꿈이 기약 없이 늦추어지거나, 전세가 폭등으로 단칸방마저 쫓겨나야 하는 경우는 거의 없다.

두 번째 특징은 1980년대 말에는 주택가격뿐 아니라 전국의 토지, 주식, 골동품, 서화 등 돈이 되는 것은 모두 가격이 폭등했지만, 현재는 강남지역의 주택 매매가만 두드러지게 오를 뿐 다른 자산들의 가격은 크게 뛰지 않는다는 것이다. 이는 현재의 집값 상승이 거시경제적 요인에 기인하기보다는 미시적 요인들, 즉 실수요에 기인한 것임을 시사해 준다.

반면에 두 가격 상승기의 공통점은 나중에 집값이 다시 폭락하더라도 정책적으로 걱정할 일이 없다는 것이다. 1980년대 말에는 부동산 구입에 대해 은행 대출이 실질적으로 금지되어 있어 집값이 떨어지더라도 부실채권이 발생할 가능성이 없었고, 지금은 주택구입 대출이 활발히 이루어지고 있지만, 대출액이 집값의 절반 이하이기 때문에 집값이 폭락하더라도 은행이 망할 일은 없다. 가격 상승이 제한적인 범위이므로 소위 거품붕괴에 따른 거시경제적인 불안정이 초래될 우려도 없다.

한국은행을 비롯한 일부 분석자들은 매매가 대비 전세가의 비율이 30% 수준으로 떨어진 것이 거품의 존재를 뒷받침하는 것으로 주장하고, 이 때문에 집값을 떨어뜨리는 정책의 필요성을 역설한다. 그러나 현재 상황이 정말로 거품이라면, 이 거품붕괴가 가져올 거시경제적 교란을 막기 위해 집값이 크게 떨어지지 않도록 조심하는 것이 타당한 정책 방향이다. 앞서 말한 바와 같이 현재의 집값 수준이나(상승이든, 하락이든) 향후 동향이 미시적·거시적으로 큰 우려의 대상이 아니라면, 현재 거품이 있는지 없는지조차도 큰 문제가 아니다.

서민 주거 보호나 거시경제 운용 측면에서 문제가 없다면 도대체 무엇이 문제인가? 앞서 인용한 네티즌의 논평에서 보듯이 강남 바깥에 사는 사람들이 느끼는 상대적 빈곤감이 문제다. 즉, 너무 많은 사람이 강남 집값이 오른 데 대해 배 아파하고 있다. 남의 집값 오르는 데 대한 배 아픔 말고는 강남 집값이 오르든, 나중에 폭락하든 그것은 강남 집 주인들의 문제일 뿐이다. 삼성전자 주식값이 오른다고 정부가 억지로 끌어 내릴 이유가 없는 것과 같다. 이런 이유로 강남 집값을 잡아야 한다고 주장하는 여론은 분명 비합리적이다. 1980년대 말처럼 전국의 모든 집값이 같이 올랐으면 아마도 현재와 같은 아우성은 없었을지도 모른다. 비합리적 여론에 영합하려는 목적으로 발표된 이번 대책은 따라서 소수의 희생양을 찾아내 벌주려는 내용을 위주로 할 수밖에 없었다.

이 대책은 일부의 다주택 소유자들이 은행 대출을 이용해 마구잡이로 집을 사들이고 그 과정에서 집값을 올리고 있다고 현 상황을 진단한다. 그 처방은 당연히 이들 소수 투기꾼을 벌주는 중과세 조치 등이다. 물론, 진단도 틀렸고 처방도 틀렸다. 강남 집값 상승은 공교육 체제에

환멸을 느끼고 사교육을 찾아 발로 투표하는 실수요자들에 의해 주도되고 있다. 교육부 바깥의 새로운 학교 시스템을 도입하는 등의 근본적인 교육 처방이 아니고서는(반드시 강남이 아니더라도) 사교육 환경에 집값이 좌지우지되는 양상은 변하지 않을 것이다.

건교부 소관 업무에 대해 몇 가지 언급하자면 다음과 같다.

첫째로, 1990년대 내내 그리고 경제위기 기간에 집중적으로 주택, 토지, 건설행정 분야의 규제 완화 조치가 꾸준히 이루어졌고, 그 성과도 컸다. 특히, 부동산 부문에서는 '투기 때문에 부동산 가격이 오른다' 내지는 '투기만 잡으면 아무 문제도 발생하지 않는다'라는 관점에서 크게 벗어났다. 이런 발전은 부동산 부문을 정상적인 산업의 영역으로 포섭하고 시장이 작용할 수 있도록 했다. 2003년의 여러 대책은 이러한 제도발전의 성과를 거의 모두 포기하는 것으로 매우 유감스럽다. 정치적인 압력을 이해 못할 바 아니고, 꼭 다른 대안이 있었다고도 생각되지 않지만 유감스러운 것은 마찬가지다.

둘째로, 강남의 집값 폭등은 여러 해에 걸친 정책 실패가 누적된 결과다. 1990년대에 대규모 신도시 건설이 이루어지지 않아서 강남에 비견되는 주거환경을 가진 대안이 없었다는 점, 교육여건의 지속적 악화 같은 요인들이 오랫동안 쌓여왔다. 오늘날 향후 10년을 보면 택지공급 측면에서 크게 우려된다. 난개발을 막기 위해 강화된 국토 이용규제들이 거의 완전하게 민간의 택지개발을 막고 있다. 주택공급 부족이 현실화되기 전에 택지 부문에서 지나치게 강한 규제를 풀어주어야 할 것이다.

셋째로, 우리나라의 임대주택 시장 특성상 다주택 보유가 불가능해지면 주택임대 시장이 붕괴된다. 왜냐하면, 다주택 소유자들은 임대주택의 주 공급자이기 때문이다. 만약 이들이 모두 집을 팔 수밖에 없다면 일부 사람들이 집을 사는 데 도움이 될지 모르지만, 집 살 능력이 아예 없는 그 아래 소득계층은 임대주택 부족으로 심각한 어려움에 빠지게 될 것이다. 공공 부문에서 아무리 애를 써도 단기간에 임대주택 스톡을 충분히 확대하기 어려우며, 또 다수의 중산층이 임대주택에 거주하므로 이들을 위해 많은 예산을 들여 공공임대주택을 제공할 필요도 없다. 정상적으로 세금 내는 임대주택사업자를 보호하기 위한 대책이 시급하다.

(UP KOREA 2003. 10. 29)

04

과거에서 배우지 못하는
부동산 정책

　노무현 정부가 추진한 부동산 대책은 전반적인 부동산 과세 강화, 특히 1가구 다주택 보유에 대한 중과세를 핵심으로 하고 있다. 부동산 보유과세의 강화는 1980년대 말 이래 여러 연구자가 한결같이 주장했지만 이처럼 왜곡된 형태는 아니었다.

　예컨대 부동산 조세의 총액은 변화시키지 않으면서 보유과세의 비중을 높이거나, 양도소득세도 전반적으로 단순화시킴으로써 실효성을 높이자는 내용이었다. 또 주택보다는 토지의 세 부담을 강화해야 한다는 것이었다. 그러나 정부의 방침대로 간다면 토지, 주택 모두 보유과세가 강화되고, 1가구 다주택자의 양도소득세가 사실상 벌금 수준으로 높아진다. 취득·등록세 등 거래세도 대폭 늘어난다. 이처럼 세금만 늘리는 식의 정책을 고집하면 정부의 당초 의도와는 전혀 다른 결과를 낳을 수 있다.

　첫째, 신규 주택건설이 크게 위축될 것이다. 주택 수가 고정불변이라면 '남이 집을 가지면 나는 못 갖는' 제로섬(zero - sum) 관계가 된다. 하지만 주택 시장은 그렇지 않다. 주택개발, 건설, 구매 각 단계의 수익성이 보장되어야 주택이 지어지고 팔린다. 최근 수도권 전세가가 하락하는 것은 지난 2~3년간 집값이 오르면서 건설 회사들이 주택을 앞다퉈 지었기 때문이다. 지금처럼 분양 시장 침체가 장기화되고 조세를 통해 보유 자체를 규제할 경우, 주택을 분양받으려는 수요가 급감할 것이다. 수요가 없는데 어떤 업체가 주택을 짓겠는가? 결국 주택공급이 크게 줄어 장기적으로는 주택이 부족, 주택가격이 다시 급등할 것이다. 지난 2~3년간 주택가격이 급등한 것은 IMF 외환위기 이후 집값이 내려가면서 주택을 사겠다는 사람이 없어 건설업체들이 주택을 짓지 않았기 때문이다.

둘째, 전셋집을 구하기 어려워지는 상황이 생길 것이다. 우리나라 주택임대 시장은 1가구 다주택자들의 잉여 주택 덕분에 유지되고 있다. 소수의 공공임대주택을 제외하고는 이를 대신할 수 있는 주택공급자들이 존재하지 않는다. 임대만을 위해 지어진 집이 거의 없는 우리나라에서 자연 발생적인 임대 시장이 형성된 것은 감사해야 할 일이다. 만일 극단적으로 정부 의도대로 1가구 다주택자들이 잉여주택을 모두 처분한다면 어떻게 될까. 주택가격이 폭락해서 목돈을 가지고 있던 무주택자들이 큰 혜택을 볼 수 있다. 그러나 그 기회는 단 한 번뿐이다. 그 이후에는 집을 살 수 없는 저소득층은 집을 임차하기 어려운 상황이 된다.

마지막으로 세금을 올리기 위해 미국의 재산세가 집값의 1~1.5%라는 사실이 강조되지만, 미국 재산세 세수의 상당 부분은 좋은 학교를 만드는 데 들어간다. 우리나라로 말하자면 과외 학원비가 들지 않도록 해주는 대가인 셈이다. 또 재산세 수준은 지역주민들이 결정하며, 자치단체는 세금을 올리기 전에 그 돈을 가지고 어떤 공공서비스를 제공할 것인가를 먼저 제시한다. 현재 우리의 경우 대도시 구청들은 굳이 세수를 올릴 필요를 느끼지 않지만, 정부가 이를 올리라고 강제하고 있다. 이렇게 되면 세금만 더 내고, 과외 학원비는 여전히 많이 드는 상황에 빠지게 된다.

정부의 부동산 정책에는 과거에 대한 기억력이 없다. 불과 5년, 10년 전의 경험을 깡그리 잊고, 실패한 정책을 무언가 새로운 것처럼 다시 내놓는다. 이런 모습을 보면 정부가 과거로부터 도대체 무엇을 배웠는지 모르겠다는 회의감에 빠진다.

(조선일보 2004. 1. 8)

05

아파트 분양가
원가 공개의 문제점

아파트 분양가 공개를 관철하려는 시민단체들의 목소리가 높다. 이에 비해 담당 건교부 공무원들은 침묵만 하고 있다. 주택 분양가의 문제에는 택지취득, 개발 및 공급에서 주택건설 및 분양에 이르는 복잡한 사안들이 얽혀 있어, 찬이건 반이건 이 논의를 하는 사람들이 잘못 이해할 수 있는 부분이 꽤 있다. 그럴 때 담당업무를 여러 해 다루어 온 공무원들의 한두 마디 훈수가 논의를 진전시키는 데 도움이 될 법도 하다. 그런데도 장관부터 사무관에 이르기까지 한없이 겸손하게 아무 말도 안 하고 듣기만 한다. 이 겸손함은 몸조심이다. 그리고 이 같은 몸조심은 권력의 소재를 가리킨다. 시민단체 대표자들 앞에서 아는 체하거나 심지어 내놓고 반대하는 것이 위험한 세상 – 이것이 현재의 대한민국이다. 정권의 동반자를 알아서 모시지 않을 때, 언제 어떤 일을 당할지 누가 알랴.

원가 공개제의 도입은 분양가 상승이 기존 주택가격 상승으로 이어지는 악순환을 막는다거나, 아파트 건설업자가 지나친 폭리를 취한다 거나, 건설공사의 투명화로 비리를 막는다거나, 좀 더 전문적으로는 선 분양을 허용하는 대가로 원가 공개 정도는 해야 한다는 등등의 효과를 거둘 것으로 주장된다. 쉽게 생각하고 피상적으로 관찰하면 그럴 듯하 지만, 주택문제와 같이 복잡한 사안을 가벼이 접근하는 것은 위험하다. 과거의 주택문제, 주택정책을 회고하고 경제적 합리성을 따져보면 원 가 공개제는 논리적으로나 경험적으로나 바람직하지 않다.

원가 공개의 논의에서 전제가 되어야 할 점이 두 가지 있다. 첫째로, 원가 공개가 과거에 시행하던 분양가 규제보다 주택사업자에게 더 큰 부담이라는 점이다. 분양가 규제는 주택가격 상한을 지키는 한, 땅값을 얼마 지불하든지, 인허가에 어떤 비용이 들어가든지, 자재를 얼마에 구 입하든지 관청이 간여하지 않았고 기업도 정확히 수치를 뽑기 위해 애 쓸 필요가 없다. 이에 비해 원가 공개는 언제, 어떤 목적으로, 어디에, 얼마나 돈을 썼는지를 일일이 증빙서류를 갖추어 정확히 계리하고 이 에 대해 관청뿐 아니라 시민단체들의 감시, 감독을 받아야 한다. 심지 어는 분양 당시 아직 지출되지 않는 비용, 예컨대 입주 후 하자보수 경 비 같은 것도 미리 확정해야 한다. 아파트 분양 후 원자잿값이나 인건 비가 오르내리는 일이 생길 때 분양 당시 공개한 원가가 실제와 어긋나 고 그 때문에 기업이 불이익을 당할 수 있다.

이런 기술적인 문제를 인식한다면 원가 공개를 요구하는 사람들도 100% 완벽한 수치를 원하는 것은 아니라고 할 것이다. 그렇다면 충분 한 오차 범위를 허용한다는 이야기인데, 그 정도라면 차라리 원가 공개 하자고 하는 시민단체들이 땅값, 자잿값, 인건비를 조사해서 아파트 건 설 원가 추정치를 공표하는 것이 기업에 새로운 부담도 주지 않고, 소비자들에게 원가 관련 정보도 공개하고, 시민단체도 할 일이 생기고 모든 사람에게 좋아질 일이다.

둘째로, 원가 공개는 결코 공개에 그치지 않고 가격 규제로 이어진다. 원가를 공개하더라도 분양가 자체가 규제되지 않는다면 주택사업자는 '팔릴 수 있는' 값에 주택을 분양한다. 그리고 이 분양가는 건설 원가보다 훨씬 높을 수 있다. 지난번 서울시 도시개발공사의 아파트 원가가 공개되었을 때도 기미가 있었지만, 모모 아파트 단지에 주택사업자가 폭리를 취했다는 등의 기사들이 나가기 시작하면, 원가 공개 주창자들의 의지와 무관하게 분양가 규제로 여론이 모일 것이다. 대중 영합 정치 시대에서 이 여론은 분양가 규제의 재도입으로 귀착된다. 따라서 시장 기능을 살리기 위해 분양가 규제는 곤란하고 원가 공개 정도는 꼭 해야 한다는 식의 주장은 애초에 비현실적이다.

원가 공개로 도입되어, 이후 분양가 규제로 전환될 이 제도의 효과는 어떤 것인가? 과연 시민단체들이 주장하듯이 분양가를 낮추면 전체 주택 시장에서도 가격이 안정될까? 이에 관해 도시경제학 교과서들은 매우 명확한 결론을 내린다. 새로 지어지는 주택의 숫자가 전체 주택스톡에 비해 미미하므로 새 집 가격이 기존 주택들의 가격에 영향을 미치지 못한다는 것이다. 오히려 기존 주택의 가격이 새 집이 팔릴 만한 가격을 결정할 뿐이다. 이 결론은 이론에 그치지 않는다. 우리나라에서 1977년 이후 20여 년간 분양가를 규제했지만, 그 효과는 신규 분양을 받은 사람에게 횡재를 안겨주는 것이었을 뿐, 기존 주택가격의 등락을 제어하지 못했다. 주택 시장 전체적으로 가격 변화 요인이 있을 때, 원가 공개든 분양가 규제든 이를 거스르기에는 역부족이다. 이처럼 이론적 경험적으로 명확히 결론이 난 사항에 대해 더 이상의 왈가왈부는 불필요하다.

원가 공개나 분양가 규제가 전체 주택가격을 내리지 못한다 해도, 주택사업자나 토지 소유자가 가져가는 이득을 분양받는 소비자들에게 돌려줄 수 있다. 실제 과거의 분양가 규제는 우리나라 중산층 자산 형성에 기여했다. 그러나 그 부작용도 만만치 않다. 주택을 분양받으면 그 즉시 큰돈을 벌기 때문에 주택 분양 경쟁이 더욱 치열해진다. 또, 주택건설 호수가 줄어들어 주택공급 부족과 가격 상승을 가져온다는 지적을 할 수 있는데, 다만 우리나라의 상황에서는 집 지을 땅이 부족한 문제가 주택건설에서 더 큰 애로다. 그보다 확실한 부작용은 주택의 질이 낮아진다는 문제다. 실제로 분양가 규제 시기에 지은 집들과 그 이후의 집들을 비교하면 품질 차이가 크다. 그보다 가격 차이가 훨씬 더 크다는 비판이 있지만, 그 판단은 소비자에게 맡겨야 한다. 남들이 보기에 비싸도, 그 가격에 좋은 집에 들어가 사는 것이 더 낫다고 생각하는 소비자들이 많으면 그 가격은 적당한 것이다.

주택사업자나 토지 소유자가 폭리를 취한다는 비판도 적절하지 않다. 주택가격의 장기 추이를 보면 2, 3년 급등하다가 7, 8년 안정되는 패턴을 보인다. 우리 시장에서 주택가격안정은 곧 미분양 아파트의 급증을 의미한다. 미분양은 주택사업자에게 치명적이다. 결국 이들은 가격 급등기에 큰 이득을 보지만, 그 밖의 장기간 손실의 위험을 감수해야 한다. 즉, 주택사업은 위험한 업종이다. 위험에 상응하는 이득이 없다면 주택사업이 위축될 수밖에 없다. 주택사업자는 제각기 대박의 꿈을 안고 사업을 벌이지만, 일부만이 단기간 이득을 볼 뿐이다. 실제로 1980년대에 주택사업에서 큰돈을 벌었던 많은 건설업체 중 지금 살아남은 기업들은 많지 않다. 원가 공개나 가격 규제를 통해 주택사업자들로부터 대박의 꿈을 앗아간다면 주택 시장에서 기업가 정신이 사라질 것이다. 그 상태에서 주택을 지어가려면 산업 전체가 국가관리 체제하에 들어갈 수밖에 없다.

다른 어떤 나라에서도 상상조차 하지 않을 기기묘묘한 제안이 우리나라에서 심각한 정책현안이 되는 것은 우리나라의 권력분점 상황을 반영한다. 큰 권력을 쥔 시민단체들은 최소한 자기들이 하는 말이 어떤 의미인지를 이해하는 정도의 전문성을 확보해야 한다. 예컨대, 주택이 공공재라는 어이없는 주장은 하지 말아야 한다. 원가 공개가 주택가격을 안정시킬 것이라는 주장도 틀렸다. 그리고 강남 고급 아파트 분양가격이 아무리 높아져도 다른 지역의 소형 주택 전세가가 안정되어 있는 한 서민 주거생활이 불안해질 턱이 없다.

주택에 관련된 논의들은 어떻게 가난한 이웃들의 주거복지를 증진할까에 모여야 한다. 이 관점에서 보면, 강남 아파트 분양가를 2,500만 원에서 2,000만 원으로 낮추는 것은 아무 의미가 없다. 우리나라 현재 상황에서 저소득층 주거 안정을 위한 예산을 확보하는 것은 어렵지 않다. 그보다는 집 지을 땅이 없는 것이 문제다. 대도시 지역의 가용택지 잠재력을 보면, 결국 그린벨트로 묶여 있는 땅을 얼마나 집 짓는 데 활용할 것인가의 문제에 직면하게 된다. 시민단체들이 주택문제에 대해 진정으로 고민한다면 그린벨트 보호라는 또 다른 운동메뉴를 서민 주거 안정을 위해 얼마나 내어줄 수 있는지에 대해 어려운 결정을 내려야 할 것이다.

(데일리안 2004. 5)

06

문제가 많은
종합부동산세

종합부동산세의 도입에 관련된 정책적 이슈는 두 가지다. 하나는 보유과세의 세 부담을 높이는 문제이고, 다른 하나는 현재 지방세로 되어 있는 부동산 보유과세를 국세와 지방세로 이원화하는 문제다. 언론에 보도되는 종합부동산세 도입 의도는 주로 세 부담 강화 쪽에 초점이 맞추어져 있다. 보유세 부담을 강화해 부동산을 과다 보유하지 못하게 하자는 것이다. 이 문제부터 검토하자.

부동산의 공급이 변하지 않는 경우, 보유과세 강화는 이론적인 수준에서 임대료를 변화시키지 않으면서 가격을 하락시킨다. 임대료 일부를 정부가 빼앗아 가니까 부동산 소유권의 가치, 즉 가격이 하락하는 것이다. 집값, 땅값이 하락하니 무주택 서민이나 중소기업들은 더 좋지 않을까? 그렇지 않다. 싸게 집을 사는 대신 보유기간 동안 높은 세금을 내야 하기 때문이다. 비싸게 사고 세금이 작은 것(세금부과 이전)이나 싸게 사고 세금이 많은 것(세금부과 이후)이나 부동산의 수익률은 동일하다.

이런 문제를 피하려고 정부는 다주택 보유자에 대해 차별적으로 세 부담을 강화하는 정책을 구상했고, 종합부동산세가 그 역할을 담당할 것으로 예상된다. 이전의 종합토지세에 덧붙여 주택에 대해서도 누진 중과세하자는 것이다. 그러나 그 부작용은 매우 클 것이다.

우리나라의 임대주택 시장은 조직화·상업화된 공급 부문이 없다. 대개 여분의 집을 한두 채 더 가진 개인들이 전월세를 주는 형태다. 다주택 소유 중과세는 이들이 집을 팔도록 함으로써 집 없는 사람들이 내 집을 마련할 기회를 준다는 생각에서 제안된다. 여기에는 네가 집을 가지면 내가 집을 못 갖는다, 즉 나눠 먹을 파이가 똑같다는 암묵적인 가정이 있다. 이와 똑같은 시도가 김영삼 정부 초기에도 있었지만, 검토 결과 결국은 포기했었다. 주택이 지속적으로 투자되어야 할 인간 노력의 산물임을 인식했기 때문이다. 다주택 보유에 대한 누진과세는 본질적으로 주택에 투자를 많이 한 사람에게 불이익을 주는 정책이다. 이처럼 주택에 대한 수익률을 줄여서 결과적으로 투자를 막는 정책을 계속한다면 주택의 공급이 줄어든다. 헨리 조지(Henry George)의 이야기를 인용해보자.

"세금은 과세 대상의 품목을 제거할 목적 또는 줄이기 위한 목적으로 부과하는 것입니다. 미국의 대부분 주나 군에서는 개의 숫자가 많아지면 개를 줄이기 위해 개에게 세금을 부과합니다. 그렇다면 주택을 없애기를 바라지 않으면서 왜 세금을 부과합니까? 주택에 대한 세금은 주택에 수요를 줄어들게 할 것입니다. 영국의 경우에는 오래된 집에는 '창문세'라는 것이 부과됩니다. 이 창문세는 오늘날 프랑스에서 시행이 되고 있는데 센서스

보고에 의하면 세금을 내지 않기 위해서 창문을 전혀 달지 않은 집이 20만 가구에 달한다고 합니다."

세금의 부과는 반드시 인센티브 체계에 변화를 가져온다. 정부가 다주택 소유자들을 적대시해서 중과세하고, 그 결과 주택 부문의 투자가 줄어갈 때, 5년 후, 10년 후 공급부족과 가격 급등이 초래될 가능성이 크다. 현재의 주택 가액별 누진과세도 작은 집을 여러 채 가진 사람과 큰 집을 한 채 가진 사람들 간의 형평성 문제를 낳고 있다. 세제를 손보는 길에 아예 정률세로 바꾸는 것이 바람직하다. 토지세에 관해서도 누진세율 채택은 소유편중을 완화하고자 하는 시도였다. 종토세를 시행한 지 15년이 지난 이제, 이 세제 때문에 소유편중이 완화되었다는 확실한 증거가 없다면 다시 정률 과세로 돌리는 것이 맞다. 토지분, 건물분 재산세를 정률세로 하고 세율에 관해서 지자체에 큰 폭의 자율성을 주는 것이 바람직하다.

두 번째 이슈인 부동산 보유과세를 국세와 지방세로 이원화하는 문제는 지자체들이 중앙정부 정책 방향에 협조하지 않았다는 경험에 바탕을 두고 있다. 그러나 부동산 보유과세는 세원이 지역적으로 국한되고 숨길 수 없으며, 응익의 원칙과 응능의 원칙 모두를 충족시키기 용이한 우수한 지방재원이다. 지방자치제가 진전되어 세수 증가 또는 감소 필요성이 제기될 때, 이를 충족시키기 좋은 세원이다. 이 세원의 잠재력을 중앙정부가 가져가겠다는 것은 지방자치의 큰 흐름에 역행된다. 강남 부동산 가격을 잡으려고 세금을 올리고 싶은데, 자치구가 협조하지 않았다는 등의 사건은 지방자치하에 언제든 있을 수 있는 일이다. 수시로 오르기도 하고 내리기도 하는 부동산 가격을 통제하기 위해 얼마 되지도 않는 지방재정의 자율성을 회수하고 지방자치의 흐름을 돌이키는 오류는 용납될 수 없다.

이론적으로나 현실적으로나 보유과세를 증가시키면 여러 경제적 효과가 발생한다. 앞에서 논의된 사항들 외에 흔히 간과되는 근본적인 문제는 왜 정부가 커져야 하는가 하는 의문이다. 세금을 강화해서 세수가 늘어나면 정부가 쓸 수 있는 돈이 많아지고 반대로 민간이 쓸 수 있는 돈이 적어진다. 돈을 쓸 때 정부는 상당히 비효율적인 주체다. 몇 년 전, 공무원 숫자가 1/3로 줄어도 대한민국의 경쟁력에는 아무런 손상이 없을 것이라는 진단이 있었다. 이 시점에서 세금을 몇 배씩 증가시켜 정부에 돈을 많이 주어야 할 이유가 분명하지 않으며, 그에 대한 국민의 합의도 없다. 특히 강남구, 서초구 등 지자체가 원하지 않는데도 억지로 세수를 증가시켜줄 이유가 무엇인가에 대해서는 설명할 도리가 없다.

종합부동산세는 도입될 필요가 없다. 정히 부동산 보유세를 개편하고자 한다면 종합토지세를 현재 수준보다 조금 강화하되, 건물에 대한 합산 누진과세는 시도하지 말아야 한다. 그리고 이 모든 일은 종합적인 부동산 세수의 중립성을 선언하고 추진해야 할 것이다. 즉, 취득세, 등록세, 종토세, 기타 부동산에 관련된 전체적인 세수는 증가시키지 않겠다는 약속하에 세목 조정만 하는 정도로 작업을 해야 한다. 이 정부가 NATO(No Action, Talk Only)라는 우스갯소리가 있지만, 부동산에 대해서는 NTAO(No Thinking, Action Only)다. 앞날을 보면, 이 점이 걱정된다.

(데일리안 2004. 6. 19)

07

재건축 개발이익 환수방안
과연 옳을까?

세계적 경기 회복세에서 우리나라가 소외되고 있다. 국민총생산에서 수출과 수입이 차지하는 비중이 높은 나라가 '나 홀로 불황'이라는 것은 국가 내부 문제, 특히 경제정책에 문제가 있음을 뜻한다. 많은 실패에도 정부는 그나마 부동산 정책만은 성공했다고 자평하는 듯하다. 강남 아파트의 가격 상승세를 잠재웠기 때문이다.

그러나 우리나라처럼 부자들이 사는 집이 비싸진다고 정부가 나서는 예는 없다. 강남 집값을 잡기 위해서 무슨 짓이라도 하겠다는 정부 입장은 이해하기 힘들다. 목소리만 높인다고 모든 문제가 해결된다면, 왜 부작용 없는 정책을 구상하느라 많은 전문가가 골머리를 앓겠는가?

과표 현실화, 종합부동산세, 주택 공개념, 주택거래 신고제 및 허가제, 그리고 재건축 아파트 개발이익 환수제 등 연이은 정부 대책들은 당장 강남 집값을 잡으라는 아우성 때문에 허겁지겁 발표된 정책들이다.

구체적으로 무슨 일을 할 것이고, 효과 및 부작용에 대해 신중한 고려 없이 두세 줄짜리 추상적인 설명과 함께 발표되었다. 이후 여러 사람을 끌어모아 제목 안에 어떤 내용을 담을지를 생각하기 시작했다. 생각 없이 내뱉은 정책들이 제도화되기 쉬울 리 없다.

그중 최근 발표된 재건축 개발이익 환수방안도 재건축 아파트의 가격 상승을 막아보겠다는 의도로 발표했고, 이후 재건축사업에서 개발이익을 환수할 개념적·기술적 문제들을 해결하지 못하자 결국은 같은 제목하에 전혀 다른 정책, 즉 임대주택공급이라는 내용을 담게 되었다. 정부 발표에 의하면 애초 의도했던 직접적인 개발이익 환수에서 간접적인 방법으로 전환하면서 전세가와 서민 주거를 안정시키며 주택공급을 확대하기 위해 임대주택 공급의무를 부과한다는 것이다.

구체적으로 사업승인 전 단계에 있는 단지는 재건축으로 증가한 바닥면적의 25%에 해당하는 주택을 지자체, 국가, 주택 공사에서 매입해 임대주택으로 활용하되 주택건설 비용은 표준건축비로, 토지비는 임대주택으로 제공하는 면적만큼의 용적률 인센티브로 보상한다. 사업 시행 인가를 받았지만, 분양승인 전 단지는 용적률을 더 주기 어려우므로 임대주택 비율을 10%로 하고 공시지가 및 표준건축비로 보상한다는 것이다.

이런 정책들은 재건축 조합원의 대지 지분을 감소시킨다. 대지 지분이 감소하니 재건축을 앞둔 아파트의 가치가 떨어진다. 이런 가치하락분을 가격안정이라 부른다면 이 정책은 가격안정에 도움이 된다. 또 용적률이 늘어난 만큼 집을 더 지으니 주택공급도 늘어난다. 장기 임대주택이 전체 주택의 3%에 미달하는 상황에서 임대주택 건설도 환영할 일이다.

정부가 이 같은 긍정적인 효과를 강조하지만, 부작용도 작지 않을 것이다. 첫 번째로, 살던 집이 낡아서 자기 땅 위에 새로 집을 짓는 재건축이 왜 개발이익 환수 대상이 되어야 하느냐는 원초적 의문이 생긴다. 전통적으로 개발이익은 토지 용도변경이나 공공 투자 사업과 결부되어 논의·제도화되었는데 재건축사업은 여기에 해당하지 않는다.

두 번째로, 주택건설 호수가 많을수록 좋다면 왜 모든 재건축단지에서 용적률을 대폭 올려주지 못하는가? 그간 용적률을 제한하기 위한 정부와 조합 간 갈등은 다 무엇이었나? 주택건설 호수가 늘어나는 만큼 도로 등 주변 기반 시설에 걸리는 부하가 늘어나고 생활환경이 열악해질 것이다.

세 번째로, 당장은 집값이 내려가는 것처럼 보여도 재건축 이후를 보면 어떨까? 조밀화 등 재건축단지 환경이 열악해지면 이 대책의 영향을 받지 않는 아파트에 수요가 몰리고 가격이 더 오를 수 있다.

마지막으로, 임대주택이 늘어나는 것은 환영할 일이지만 왜 그 부담을 재건축 조합이 해야 하는지 의문도 생긴다. 국가적으로 수행할 사업의 비용을 일부 사람들에게 선택적으로 부담시키는 것은 옳지 않다.

쉽게 뱉어지고 어렵게 제도화되는 부동산 대책들은 어쩔 수 없이 부작용과 무리수가 따른다. 특히 단기적으로 부동산 가격이 오르는 현상을 숨기려는 의도는 주택에 대한 투자를 줄이고 공급을 위축시킬 수 있다. 이런 결과가 누적되어 장기적으로 더 큰 재앙이 초래되지 않을까 걱정이 커진다.

(서울경제 2004. 6. 28)

08

너무 과격한
부동산 정책

    며칠 전 여당 정책위 의장이 경제인들과의 만남에서 곤욕을 치르면서 "무엇이 정책 혼선이고 어떻게 불안한지 구체적으로 말해달라"는 주문을 했다고 한다. 부동산을 연구하는 사람으로서 한마디로 답한다면, "이 정부의 부동산 정책 같은 것이 경제의 다른 부문에서도 시도될 가능성이 사람들에게 불안감을 준다"라고 하고 싶다.

    첫째로, 어떤 문제의 원인을 일부 특정한 사람들의 책임으로 전가하고 이들을 사회적으로 매도함으로써 자신들의 책임을 회피한다. 경제위기 기간 3년간의 주택건설 호수는 예년의 절반 수준을 약간 상회할 뿐이었다. 여기에 저금리, 경기회복 등의 거시경제 요인들, 그리고 공교육의 붕괴와 같은 사회적 요인들이 맞물려 강남을 중심으로 주택가격 폭등이 빚어졌다. 소수의 투기자가 주택가격 폭등을 책임질 수 없었다. 그러나 정부는 다주택 보유자들의 강남지역 투기를 잡으면 모든 문제가 쉽게 해결될 것처럼 호도했다. 문제의 근원적 해결을 추구하기보다

냄비 여론에 속죄양을 던져주는 행태다.

둘째로, 일단 공격 대상이 정해지면 물불을 가리지 않고 몰아치는 집요함이 징그럽다. 부동산 조세에 관한 과거의 논의들에서는 보유세를 늘리는 대신 취득 과세를 줄여준다거나, 실거래가를 과세하면서 세율을 낮춘다거나 하는 등의 보완 조치들이 당연히 고려되었다. 그런데 정부는 아무 보완 조치 없이 취득세, 보유세, 양도소득세를 급격하게 올렸다. 부동산 가격을 잡는다는 것이 지상의 과제일 뿐, 그 장단기 경제적 효과가 어떨지에 관심이 없다. 요즘에는 주택 등 건물까지 합산, 누진 과세하는 종합부동산세를 도입하려고 하는데, 그렇게 세금을 많이 매겨서 누가 주택을 짓고 투자할지 걱정된다. 또, 세금은 민간에서 정부로의 강제적 재원 이전인데, 사유재산권을 침해한다고 할 정도로 세금을 많이 올리면서도 그 돈을 써서 납세자들에게 어떤 서비스를 더 해 줄 것인지 아무 말이 없다.

셋째로, 과거에 대한 기억력이 없다. 정부가 추진하는 여러 가지 제도들은 과거에 이미 실행했거나 논의되었던 것들이 많지만, 상당수가 부작용이 크고 실효성이 없어 폐지되었다. 대표적인 것이 공개념 제도인데, 오랜 기간에 걸쳐 토지 공개념 제도들이 실패했음을 경험하고도 이제는 주택 공개념이라는 황당한 간판을 내걸고 있다. 주택 분양가 규제의 경험을 통해 분양가 규제로 기존 주택가격을 내릴 수 없음을 확인, 재확인했지만 여전히 주택 분양가를 내리는 것이 주요 정책과제다.

정부가 무지와 무식을 방패로 삼아 부동산 시장을 유린하는 모습은 유리 가게를 헤집고 다니는 성난 황소를 연상시킨다. 지난 1, 2년간의 각종 대책이 드디어는 수업료를 내라고 되돌아왔다. 미분양 주택이 한 달 새에 11% 증가해 3년 내 최고 수준이 되었고, 거래 신고구역에서는 거래 건수가 70% 이상 급감했다. 집을 사지도 팔지도 못하는 상황이다. 주택건설업체들의 부도와 종사자들의 실업문제가 뒤따를 것이다. 세계 경제가 정점을 향해 나아가는데, 우리 경제만 경제위기로 되돌아가는 것이다.

(머니투데이 2004. 8. 6)

09

많은 부동산 상식이
오류인 이유

　주택·도시를 연구하려고 유학 갔던 사람들이 그곳 교수들과 이야기를 나누다가 한국 사정에 대해 질문을 받고 곤란해하는 일이 종종 있다. 그곳의 상식으로, 또는 논리적인 추론으로서 당연하다고 생각되는 일이 왜 한국에서는 당연하지 않은가를 이해시키기 어렵기 때문이다. 유학생들도 그런 질문을 대하고서야 아직 심도 있는 고민을 해보지 않았다는 것을 깨닫게 된다.

　많은 사람이 공통으로 질문받는 것 중의 하나가 "왜 전세가가 매매가보다 낮은가?"라는 점이었다. 우리야 날 때부터 전세가가 매매가보다 낮았으니 당연하게 생각하고 한 번도 의심했던 적이 없는데, 갑자기 그런 질문을 받으면 어찌 설명해야 할지 당황하게 된다. 그런데 이 질문은 "티라노와 마징가가 싸우면 누가 이기냐?"라는 식의 황당한 질문이 아니다. 꼭 같은 주거 서비스를 향유하면서 세금이나 감가상각을 부담하지 않는 전세 세입자가 그런 비용들을 모두 부담하는 자가 거주자보다 오히려 더 낮은 실질 임대료를 지불하는 것이 모순일 수 있기 때문이다. 이 문제는 자본이득을 감안해야 해결된다. 오랜 시간 동안 전세가가 매매가보다 낮을 수 있는 조건은 매매가가 지속적으로 오를 것이라는 기대가 있기 때문이다. 이런 생각을 하면 "아하, 우리 주택 시장에는 집값이 꾸준히 오른다는 광범위한 기대가 있구나"라고 이해하게 된다.

다른 예를 들면, 많은 사람이 "부동산이 돈벌이 수단이 되어서는 안 된다"라고 주장하며, 정책도 그런 이념하에 수립되고 있지만, 도대체 그런 주장이 가능한지 또는 바람직한지의 문제다. 부동산은 자산이 아닐 수 없고, 자산의 가격은 변하기 마련이다. 자산으로서 가격이 등락할 수 있고, 가격이 움직일 때 차액을 노리는 투자가 있을 수 있으며, 때로는 여러 주택에 대해 고액의 투자를 할 수도 있다. 한 걸음 더 나아가 시장이 허용하는 한 가격을 조금이라도 더 받기 위해 노력할 수도 있다. 이 모든 과정에서 세금을 제대로 내고 관련 규제를 잘 지키는 한 사회적으로 매도될 하등의 이유가 없다. 그런데도 그처럼 오랫동안 많은 사람이 "토지와 주택이 돈벌이 수단이 될 수 없다"라는 신념을 가지는 것은 놀라운 일이다.

내 경우에는 직장을 잡고 일할 때도 유사한 경험을 했다. 학위를 마치고 귀국해 국토연구원에 취직해 토지실에 배속받았다. 1980년대 말 당시는 하루가 멀다고 토지, 주택가격이 뛰어서 서민들의 주거가 불안할 뿐 아니라 "토지 소유계층과 비소유계층 간의 계급투쟁이 벌어질 것"이라는 말이 있을 정도로 사회적 갈등이 컸다. 토지 정책의 많은 부분, 특히 개발이익 환수에 관해서 영국의 사례가 주요 모델이 되었기 때문에 하루는 도서관에 앉아서 영국 책들을 들여다보고 있었다. 그런데,《토지법(Land Law)》이라는 단순명쾌한 제목을 가진 책의 맨 첫머리에 "토지 정책의 목표는 토지 가치를 올리는 것이다"라는 명제가 있었다.

어떻게 해야 토지 가격을 낮출지, 또는 최소한 오르지 못하게 할지를 골머리 앓고 있었는데 이 책은 오히려 그 반대가 정책 목표라고 주장하고 있었다. 가격과 가치가 다르다는 등의 설명이 가능하지만, 그러나 양자 간 괴리가 있는 경우는 예외적이다. 그 후, 시장과 정책의 효과를 관찰하면서 곰곰 생각해보면 역시 "정책의 목표는 부동산 가격을 올리는 것"이라는 명제가 옳다고 느낀다. 부동산 가격은 부동산의 생산성이나 효용을 반영하는데, 부동산 정책이 생산성과 효용을 극대화하는 것이어야 하기 때문이다.

명시적이거나 암묵적으로 부동산 정책을 움직이는 우리의 인식에 어떤 오류들이 있는지, 그 결과로 얼마나 많은 사회적 낭비가 초래되는지를 바로잡는 것이 중요하다. 그래야 장기적으로 안정된 정책이 시행될 수 있고, 정책 부문의 불확실성 때문에 민간 경제활동이 위축되는 현상을 줄일 수 있을 것이다.

(Noble Asset 2005. 2)

10

아파트 문화 단상

이제는 기억도 아련한 대학 초년시절에, 그전까지 절대 금기였던 술, 담배, 그리고 미팅에 하루하루가 짧았다. 누구를 만나면 으레 신상 명세서 빈칸을 채우곤 했다. 가족, 취미, 최근에 본 영화, 아는 친구들, 학교와 전공 등등에 뒤이어 "어디 사세요?"라고 하기 마련인데, 때로는 "아파트에 살아요" 하는 답이 나왔다. 그러면, "아파트에 살 만한가요? 나 같으면 답답해서 못살 것 같은데…", "겨울 아침에 세수하고 문손잡이에 손이 얼어붙지 않아서 좋겠네요", "개도 못 기르면 아이들이 불쌍해요" 등등의 대화가 이어지곤 했다.

1970년대 중반을 막 넘었을 때이니 아파트가 확산하는 초기였고, 아직 아파트 내부를 구경해보지 못한 사람들이 대다수였다. 그로부터 거의 30년이 되어간다. 그간 우리나라 도시들은 아파트 숲이 되었다. 전국 주택의 약 절반이 아파트이고, 1990년대 후반 같으면 새로 짓는 주택의 80% 이상이 아파트였다. 대도시에서는 그 비중이 더 높다. 아파트는 우리 국민의 주거복지가 개선되는 데 일등 공신 역할을 했다. 문간방에 세 들어 주인댁 눈치를 보며 쥐 죽은 듯 살아야 했던 수많은 사연들이 내 집 마련의 기쁨으로 끝맺음 되는 장소는 대개 새 아파트 현관 앞이었다.

물론 모든 것이 좋을 수는 없는 법. 초기 아파트들은 대량생산에만 초점을 맞추어 몰개성, 무취미, 획일성을 특징으로 하는 콘크리트 덩어리들이었고, 그 틀 안에서 이루어지는 접촉들도 차가울 수밖에 없다. 아이들 키우는 데 편리하고, 집 비우고 돌아다니면서도 안심되고, 더운물 쓰고 난방하는 데 아무 신경 쓸 필요 없는 편리함에 온 국민이 익숙해지도록 했지만, 전통적인 주택들이 가진 정서적 따뜻함을 결여시켰다. 그런 불만 때문에 소수의 용감한 사람들은 전원생활에 뛰어든다. 마당에 화초와 과실 나무를 기르고 개도 한두 마리 뛰놀게 하는 그런 생활을 동경하면서도, 역시 출퇴근, 아이들 교육, 관리 및 치안 등등을 생각하며 도시에 남는 사람들이 대부분이다.

오히려 최근 몇 년간 전원생활과 정반대의 주거 대안이 활발히 제시되었다. 경제위기 이후의 초고층 주상복합 붐이 그것인데, 주상복합은 아파트보다 훨씬 인위적인 편리함을 강조한 주거 형태다. 아파트보다도 밀폐된 주거 공간이지만 건물 밖으로 나갈 필요가 없는 정도의 편의성으로 완벽히 무장했다. 주상복합이 새로운 주거문화 일부로 자리 잡았음을 부인할 수 없지만, 현재의 철근 콘크리트조 아파트처럼 광범위하게 확산할지는 아직 두고 보아야 한다.

또, 요즈음의 아파트 문화는 가히 정점에 달한다고 할 정도로 세련되었다. 정보통신 시설 등 각종 설비가 첨단화된 것은 물론이고, 건물의 모양과 배치, 최신 자재들을 통해 채광과 풍동까지 고려해 자연 친화적인 초고층 건물이라는 역설이 등장하고 있다. 우리나라의 아파트 설계, 시공, 그리고 마케팅 기법은 세계적이라고 해도 과언이 아니다. 얼마 전 베트남에 갔을 때, 한국의 중소기업이 고급 아파트를 분양하는 것을 보고 놀랐는데, 아마도 우리 시장에서 단련된 건설사라면 어디 가서든 성공할 수 있을 것이다.

대도시 지역에서는 물론이고 전국적으로도 아파트는 우리 국민의 기본적 주거 형태로 남을 것이다. 다른 한편으로는 전원형 저밀도 주거 형태들도 좀 더 많이 나왔으면 좋겠다. 아이들이 나가고 사회적으로 많이 돌아다닐 필요가 없는 나이가 되면 화초, 나무, 애완동물들을 가까이하고 싶을 것이기 때문이다. 아파트 문화의 확산 과정을 돌아보면 믿을 만한 대기업이 대단지 형태로 공급할 때 비로소 수요가 창출될 수 있었다. 단독주택이나 타운하우스 등은 아파트나 주상복합에 비해 아무래도 맞춤형에 가깝게 될 수밖에 없고, 또 땅값이 비싸게 먹혀서 채산성이 높지 않을 수도 있다. 그래도 전원형 주거를 꿈꾸지만 혼자 지어서 나갈 용기는 없는 사람들을 모아보는 큰 실험을 할 회사가 없을까 모르겠다. 다양한 주거 수요에 맞는 개성 있는 주택들이 적극적으로 개발되기를 희망한다.

(Noble Asset 2005. 2)

11

수요 높은
고급 아파트를 늘려야

1991년 이후 주택가격은 내내 하향 안정세였으며 경제위기 때 크게 폭락했다. 2001년 이후 경제가 안정되고, 금리가 낮아지며, 주택대출이 자유화되는 등의 거시적·금융적 환경 변화와 주택공급 위축, 공교육 붕괴에 따른 강남 선호 현상 등의 미시적 요인들이 겹쳐 주택가격이 올랐다. 그러나 최근 1년을 놓고 "당신 집값이 올랐습니까?"라고 물으면 그렇다고 답할 사람이 많지 않다.

전반적인 주택가격은 2003년 하반기 이후 꺾였고, 신규 건설이 줄어드는 가운데 미분양이 늘어나고 있어 주택 경기는 이미 하락기에 접어든 것으로 보인다. 다만, 강남·분당·용인의 대형 평수를 중심으로 특정 지역, 특정 유형 주택의 가격만 오르는 차별화가 심해지는 상황이다. 이 모든 가격 움직임은 수급에서 비롯되며, 다른 어떤 요인도 부차적이다. 특히 중개업자들이나 아파트 부녀회를 탓할 필요가 없다.

양질의 주거 여건을 가진 고급 대형 주택가격만 오르는 것은 그런 주택이 부족함을 말해준다. 정상적인 정책담당자라면 수요가 넘치는 주택 유형의 공급을 늘리는 길을 모색했을 것이다. 이 정부의 정책담당자들은 공급 측면의 배려 없이 수요 억제책만으로 강남 집값을 잡으려 했다. 오히려 시장이 원하는 주택의 공급을 억제하면서도 가격을 통제할수 있다고 생각했다. 대형 평형을 줄이는 데 그치지 않고 재건축 자체가 아예 어려워질 만큼 규제를 남발하면서도, 시장 참여자들이 그 결과를 예상 못하는 수준이길 바랐던 재건축 규제가 대표적인 예다.

돌이켜 볼 때 정부는 정책 개입의 효과를 과신하고 시장의 힘을 얕잡아 보았다. 그러나 40여 년에 걸친 우리나라 부동산 정책 역사는 시장을 거스르는 정책이 성공하지 못한다는 교훈을 분명하게 전한다. 정부가 다시 조세를 강화해 투기를 근절할 것이라지만, 오기를 부려서 무슨좋은 성과가 있기를 기대할 수 없다. 그렇다면 어떤 정책 방향이 바람직하고 또 가능할까? 다음과 같은 시나리오가 가능하다.

정부는 국민 주거복지 향상이나 거시 금융시스템 안정의 측면에서 강남 주택가격 상승이 우려할 문제가 아니라는 선언을 한다. 집값 자체는 거래자들이 알아서 정할 일이고, 다만 정부는 정해진 세율대로 엄정히 세금을 거두겠다고 천명한다. 그러나 시장이 지나치게 양극화되는것이 바람직하지 않으므로 시장이 원하는 대형 고급 주택의 공급을 허용한다. 강남 재건축단지와 판교신도시가 일차적인 관심사이지만, 기존 시가지에서도 대규모 초고층 주상복합단지를 조성할 수 있는 후보지를 찾을 수 있을 것이다. 주택 조세는 다주택 소유에 대한 벌금의 성격에서 벗어나 단순화를 통한 실효성 제고를 추구한다.

중산층 30~40대 가장들을 위해서는 일정한 기간, 예컨대 7~10년 안에 적어도 세 번의 주택구입 기회를 얻도록 약속하는 프로그램을 발표한다. 도심으로의 출퇴근 거리, 주택 사양 및 기타 주거환경, 그리고 가격 등의 조합으로 몇 가지 표준을 정하고, 주택부금 형태의 구입자금 적립 프로그램을 시작한다. 가입자의 수와 희망이 집계되는 대로 이들의 주택수요를 충족시키기 위한 강력한 택지개발 수단을 도입하고 주택공급 시에는 장기 대출을 지원한다. 물론, 주택을 구입할 능력이 없는 저소득층을 위해서는 기존의 국민임대주택 등 공공임대주택 건설을 차질 없이 추진한다.

부자들이 얼마에 고급 주택을 사고파는지는 흥미의 대상일 수는 있어도, 정책적으로 억제할 대상은 아니다. 그보다는 정부의 도움이 필요한 사람들을 도와 자가든, 임대주택이든 안정적으로 생활할 수 있도록 지원하는 것이 정상적인 정부의 역할이다.

(문화일보 2005. 6. 21)

12

판교를
어찌할까?

공영 개발이란 용어는 지난 수십 년간 토지 공사 등의 공공 개발사업자가 사업 대상지를 전면 매수해 개발하는 특정한 개발방식을 의미했다. 1980년대 초 이래 대규모 개발사업에서 공영 개발이 보편화된 이유는 개발과정을 신속하게 진행하면서 공공 부문에서 개발이익을 환수한다는 당위성 때문이었다. 판교 신도시도 이미 공영 개발사업으로 추진 되고 있음은 물론이다. 정부가 택지분양 일정을 중단시키면서 새삼스럽게 공영 개발 도입 운운하는 것은 생뚱맞다. 언어의 혼란을 초래하면서 새로 등장한 뉴 - 공영 개발은 아마도 토지 개발뿐 아니라 주택건설도 공공에서 한다는 의미와 함께 임대주택을 늘린다는 의미를 가진 것 같다. 그러나 이런 방향의 정책추진은 장단기 주택문제에 아무 도움이 되지 못할 뿐 아니라 더 많은 문제를 초래할 것으로 우려된다.

첫째로, 개발이익 환수를 위해 공영 개발을 한다지만 이미 그렇게 진행되고 있다. 판교의 중대형 택지는 채권입찰제를 적용받는다. 건설업체는 팔릴 만한 주택가격을 예측하고, 거기서 건설 원가를 차감해 부담할 수 있는 채권상한액을 써낼 것이다. 이 때문에 판교는 건설업체들이 큰 이익을 기대하기 어려운 사업이 되었다. 판교가 가지는 상징성 때문에 중견 건설사들이 적극적으로 사업을 준비하고 있지만, 대형 건설사의 관심은 낮은 이유다.

둘째로, 이 같은 사업구조에서 공기업이 분양가를 낮추는 것은 한계가 있다. 토지 분양가를 낮추거나 개발밀도를 상향 조정하지 않는다면, 또 민간기업의 효율성이 높은 게 일반적이라면 민간이 더 좋은 집을 더 싸게 건설한다. 당장 분양가를 낮추기 위해 그저 그런 자재와 공법으로 싸구려 집을 지어 도시를 망치지 말아야 한다. 또 분양가를 낮추는 것이 정부가 원하는 것인지 의문이다. 분양가가 낮으면 청약경쟁률도 그만큼 높아진다. 그렇지 않아도 과열 경쟁이 불 보듯 뻔한데, 더 높은 경쟁률을 어찌 감당할 것인지 모르겠다.

셋째로, 분양 대신 임대주택만 지어도 사정이 나아지지 않는다. 시세보다 임대료가 저렴하면 장기에 걸친 임대료 차익이 임차자에 대한 보조금인데, 보조금이 클수록 임차권을 둘러싼 경쟁이 치열할 것이다. 중형 임대주택을 많이 짓자는 주장이 나오지만, 중산층 입주 대상자가 수천만 원 내지 그 이상의 보조를 받아야 할 근거가 없다. 반면 임대료를 시세만큼 받을 것이라면 왜 공공이 임대사업을 해야 하는지 의문이 제기된다.

저소득층 임대주택 외의 광범위한 주택에 대해 정부가 소유권을 갖도록 하자는 주장은 사회주의를 실험하자는 의미다. 그러나 과연 어떤 사회주의 국가에서 국민 주거 수준을 자본주의 국가 이상으로 높였는지 둘러본다면, 아마도 그런 주장을 하기 어려울 것이다. 싱가포르처럼 장기 임대주택 비율이 높은 나라들에서도 임대주택을 매매, 재임대하거나 저당 잡히는 것이 자유로워서 실제로 자가 주택과 거의 동일하다. 자가 주택에 대한 투기가 발생할 환경이라면 임대주택에 대한 투기도 피하기 어렵다.

판교를 분양하면 수백 대 일 또는 그 이상의 경쟁률을 보이면서 온 나라가 시끄러울 것이다. 그러나 분양을 연기 내지 포기할 경우의 부작용은 더 크다. 현재 전국적인 주택 시장은 침체국면에 접어들었고, 오로지 강남의 주거 여건을 대체할 수 있는 특정 지역의 대형 아파트 가격만 오르고 있다. 고급 대형 주택의 공급 확대가 아니고서는 차별화 수요를 진정시킬 수 없다. 정부는 목소리 큰 시민단체의 주장보다는 1960년대 중반 이후 수없이 되풀이되었던 투기 억제 대책들에서 얻을 수 있는 교훈에 귀 기울여야 한다. 그것은 시장을 거슬러 가는 정책은 한 번도 성공한 적이 없었고, 앞으로도 성공할 가능성이 없다는 결론이다.

(중앙일보 2005. 6. 23)

13

부동산 가격 상승,
무엇이 문제인가?

서울 명동의 땅값은 얼마나 되어야 적당한 것인가? 강남의 아파트 가격은 어느 수준이어야 하나? 이런 질문에 정답은 없다. 그런데도 땅값이 급등할 때마다 "정부가 나서야 한다"라는 주장이 나오는 것은 몇 가지 우려가 있기 때문이다.

우선 저소득층의 주거 안정이 걱정된다. 저소득 가계에는 주택임대료가 소득의 큰 부분을 차지하게 마련인데, 임대료가 급격히 상승하면 주거가 불안해진다는 것이다. 우리나라 같으면 월세보다 전세가 보편적인 임대차 계약 형태이기 때문에 문제는 더 심각하다. 자기 집을 마련하려는 사람들은 아무리 아끼고 저축해보아야 꿈은 점점 더 멀어진다. 1980년대 말 전세가가 폭등하자 많은 영세민이 하루아침에 길거리에 나앉은 것은 물론, 내 집 마련을 꿈꾸던 수많은 사람이 절망했다.

또 다른 문제로 부동산 가격 거품을 지적할 수 있다. 부동산 가격이 오를 것 같아 투자한다면 실제로 가격이 오른다. 이것은 부동산의 내재가치와는 무관하다. 부동산은 덩치가 큰 자산이기 때문에 보통 은행 돈을 빌려 투자하게 되는데, 부동산 가격이 올라가면 점점 더 많은 은행 돈이 부동산에 묶이게 된다. 거품은 영원히 지속될 수 없으므로 거품이다. 가격 거품이 꺼질 때 투자자가 도산하는 것은 물론, 은행 역시 막대한 부실자산을 안게 되고, 그 여파로 금융 부문의 실물경제 지원기능이 마비된다. 이런 연쇄 작용의 실례를 우리는 1990년대 초 일본에서 보았다.

또 한 가지 국민 위화감 문제도 언급된다. 가난한 사람이 더 어려워지지 않아도, 거시경제적으로 거품의 문제가 없어도, 부자가 더 부자 되는 것에 대한 거부감이 크다. 1980년대까지는 주로 토지 가격 급등이 문제였던 데 비해, 2002년 이후 10·29 대책 등 여러 가지 대책들은 주로 강남의 고가 아파트 가격 상승을 억제하려는 것이다. 외국의 경우 정해진 세금을 내는 한 부자들의 고급주택 가격이 오르는 데 대해 정부가 간섭하지 않는다. 고가 주택들이 주택정책의 주된 관심사가 되는 것은 우리나라의 독특한 정서를 반영할 뿐 정상적이라고 보기 어렵다.

이런 문제들이 있을 수 있지만, 많은 경제학자는 부동산 가격이 오르고 내리는 것 자체에 개입하는 것은 바람직하지 않다고 본다. 가격에는 귀중한 정보들이 집적되어 있기 때문이다. 가격이 오르는 것은 공급자들에게 더 많이 생산해서 공급을 늘리라는 신호를 준다. 실제로 2000년 이후 주택가격이 회복되자 공급은 급속히 늘었고, 10·29 대책 이후 가격이 내리자 주택건설이 곤두박질쳤다. 가격이 오르면 수요자에게는 수요를 줄이라는 신호가 간다.

공급이 늘고 수요가 줄면 시장은 새로운 균형을 찾게 된다. 시장 조정 과정에서 정부가 억지로 가격을 낮추려고 하면 가격신호 기능이 왜

곡될 수 있다. 공급이 늘지 못하고 수요는 줄지 않아서 많은 문제가 발생한다. 수많은 수요자와 공급자 간의 상호작용 결과 찾아진 시장 가격은 부동산의 희소성에 대한 귀중한 정보를 전달한다.

부동산 가격 상승이 반드시 부작용만 있는 것은 아니다. 일례로 경제학자들이 '자산효과'라고 부르는 현상이 있다. 2000년 미국 주식 시장에서 기술주 가격이 폭락하자 많은 사람은 미국 경제가 심각하게 침체할 것이라고 걱정했다. 주식 가격 거품에 의존해 유지되던 회사들이 도산하거나 투자를 크게 줄이는 데 덧붙여, 보유 자산의 가치가 줄어든 개인들도 소비를 줄일 수밖에 없기 때문이다. 이처럼 보유 자산의 가치가 줄거나 늘어 소비를 줄이거나 늘리는 행태가 바로 자산효과다. 미국 경제의 침체는 곧 세계 경제의 위축으로 이어질 것이므로 다른 나라의 전문가들도 우려하지 않을 수 없었다. 과연 미국 경제는 이전 시기의 호황에 비해 위축되었지만, 그 정도는 예상보다 훨씬 완만했다. 주식 가격 폭락으로 거대한 액수의 자산이 허공 중에 사라졌지만 왜 그 파급효과가 크지 않았을까?

한 가지 유력한 가설은 주택가격의 상승이 주식 가격 폭락을 상쇄했다는 주장이다. 경제학자들이 분석한 바에 따르면 주택가격 증감에 따른 자산효과는 주식 가격 자산효과보다 최소한 2배는 크다. 따라서 주택가격이 덜 올랐다고 해도 주식 가격 폭락의 악영향을 상쇄할 수 있었다는 것이다. 미국의 집값 상승이 세계 경제를 구했다고 해도 과언이 아니다. 만약에 주식과 주택가격이 같이 내려갔다면 세계 경제가 깊고도 긴 침체기에 접어들었을 것이다.

부동산 가격 상승이 여러 문제를 낳을 수 있지만, 실상 그런 문제가 현실적으로 나타나는 것은 자주 있는 일이 아니다. 최근의 강남 아파트

가격 문제만 해도 저소득층 주거 안정에 아무런 피해가 없었고 거품이 생성된 것도 아니었다. 과거를 회고해볼 때도 부동산을 잡아야겠다고 난리를 피웠지만, 그 난리는 아마도 올라야 할 가격을 정상적인 것으로 인정하고 받아들이는 통과 의례가 아니었는가 한다. 가격의 움직임에 대해 일희일비하기보다는 거기에 담겨 있는 정보를 존중하고 받아들여서 누구나 건강하고 안정적인 주거생활을 할 수 있도록 돕는 일이 정책의 목표여야 한다.

(이코노미스트 2005. 6. 27)

14

투기 탓하지 말자

　정부가 2005년 8월 31일에 '서민 주거 안정과 부동산 투기 억제를
위한 부동산 제도 개혁 방안'을 발표했다. 국민을 놀라게 하는 황당한
내용이 없는, 한편으로 그간 고집스럽게 거부하던 중대형 주택의 공급
확대를 중요하게 다루어 안도의 한숨을 내쉬게 한다. 주요 내용은 공급
확대 대책과 함께 종합부동산세 과세 대상 확대, 실거래가 과세를 통한
다주택자 양도소득세 강화 등이다. 이번 대책들에 대해 몇 가지 보완할
점들을 살펴보고자 한다.

　지난 몇 년간의 주택가격 급등 양상은 1980년대 말과 매우 달랐다.
당시에는 주택 유형이나 지역에 무관하게, 그리고 매매·임대 가리지
않고 주택가격이 상승했으나 이번에는 범강남지역의 대형 아파트 위주
로 가격이 올랐다. 이는 이 지역 주거 여건이 갖는 프리미엄이 커졌다
는 것을 의미한다. 알게 모르게 평당 2,000만 원을 주고라도 좋은 집,
좋은 동네에 살겠다는 국민이 많아진 것이다. 이런 상황에서는 아무리

소형 주택을 많이 지어도 강남 주택가격을 안정시킬 수 없다. 많은 전문가가 판교 신도시를 망쳤다고 생각하는 이유가 여기에 있다. 이번에 강남을 대체할 수 있는 입지와 주거 여건을 가진 중대형 주택을 대량 건설하기로 한 것은 잘한 일이다. 강남 집값이 주거 여건에 대한 총체적 평가를 담고 있다는 점에 유념해 교육을 포함한 양질의 도시환경을 신속히 갖추도록 해야 할 것이다.

세제개편안은 그 내용이 미리 조금씩 비쳤기 때문에 국민이 어느 정도 내성이 있어 입법 과정이 특별히 어렵지 않을 것 같다. 보유세 강화, 거래세 인하, 실거래가 기준 과세를 통한 양도소득세 실효성 제고라는 기본 정책 방향에 대해서는 그간 학계에서도 공감대가 있었다. 그러나 이런 부동산 조세의 강화가 민간과 정부의 자원배분을 정부 쪽으로 쏠리게 하는 효과에 대해서는 걱정된다.

세수의 중립성과 같은 대원칙 없이 부동산 부자에 대한 벌금의 성격으로 세제를 개편하다 보니 전체적인 조세부담이 커졌다. 정부는 한 걸음 더 나아가 세수의 배분 메커니즘을 통해 이 조세에 대해 기득권을 갖는 지역과 계층을 만들려고 한다. 우리나라가 현재보다 '큰 정부'를 가져야 하는지, 부동산 보유과세가 소득 재분배에 맞는 정책 수단인지, 그 외에 정부가 세금을 더 거두어 가는 대신 무슨 서비스를 더 해줄 것인지 등에 대해 국민에게 동의를 구했어야 했다. 정부가 커질수록 경제의 활력이 떨어지고 성장이 둔화한다는 것이 선진국의 경험이다.

부총리가 주장하는 것처럼 주택가격이 내리고, 서민 주거가 안정되며, 경제 전체의 성장 잠재력이 확충될까? 세금이 오르면 부동산에서 얻어지는 수익이 줄기 때문에 단기적으로는 부동산 소유권의 가치가 떨어지며 주택가격이 내릴 것이다. 그러나 장기적인 효과는 낙관적이지 않다. 수요에 부응하는 공급이 없다면 세금이 얼마가 되든 가격은 오른다. 보유과세와 양도과세 인상이 주택공급을 위축시킬 것이므로 장기적인 가격 상승이 걱정된다. 1% 보유과세를 부과하면 투기가 억제되고 집값이 안정된다는 일종의 미신도 있지만, 그 수준의 재산세를 가진 미국 대도시 지역들에서도 지난 몇 년간 부동산 가격이 걷잡을 수 없이 올랐다.

더 근본적으로는 투기가 부동산 가격을 올린다는 인식에서 벗어나야 한다. 투기는 가격 상승의 결과 또는 과정이지 원인이 아니다. 1980년대 말에는 공한지 보유자가, 현재는 1가구 다주택 보유자가 집중적인 공격 대상이지만, 모든 사람이 1가구 1주택만을 가진다면, 집 살 돈이 없는 서민들은 누구로부터 집을 임차할 것인가? 무엇을 뜻하는지도 불확실한 '투기'에 책임을 돌리지 말고, 시장이 원하는 양과 질의 주택공급이 원활히 되도록 돕는 것이 국민 주거 안정의 첩경이다.

(중앙일보 2005. 8. 31)

15

행복도시 건설은
장밋빛이 아니다

정보통신 기술이 급속도로 발전하던 1990년대 중반 이후 도시경제학자들이 공통으로 관심을 가졌던 의문이 있다. '통신비용의 하락, 정보처리 기술의 발전, 화상회의나 재택근무 확산 등으로 물리적 근접성이 덜 중요해진다면, 도시구조도 도심 집중이 줄어들고 도시 외곽지역이 상대적으로 더 발전하지 않을까?' 하는 의문이었다. 결과적으로 보면 이런 경향이 일부 나타났다.

일례로 미국의 경우 콜센터들은 임대료와 임금이 저렴한 곳을 찾아 입지하기 때문에 소비자들로부터 수백, 수천 킬로미터 떨어져 있고, 심지어는 지구 반대편에 있는 콜센터도 많다. 그러나 전체적으로 보면 도시의 공간구조가 크게 변화하지 않았다. 그 이유는 급속한 기술 발전이 예전보다 더 많은 정보에 기초한 더 빠른 의사결정을 요구하기 때문이다.

만나서 얼굴을 맞대고 정보를 교류하고, 의견을 조율하며, 중요한 결정을 내리는 과정은 이메일과 화상회의가 대체할 수 없다. 결국 기업의 본사 기능이나 이를 지원하는 법률, 회계, 컨설팅 등 경영지원 서비스는 여전히 도심에 집중되어야 한다.

국가로 치면 급변하는 국내외 정세 속에서 정치·경제·행정·문화의 중추 의사결정 기능들이 집적되어 신속히 정보를 주고받으면서 주요 결정을 내려야 할 필요성은 더욱 커지고 있다. 이런 마당에 중앙정부 기능을 분할하고, 정부 투자·출자·출연기관들을 산지사방으로 흩뿌리는 작업이 추진되고 있다. 당연히 사회적 비용이 클 것이다. 매주 초대형 태풍이 한 번씩 몰아치는 만큼의 비용지불을 해야 하지 않을까 걱정이다.

행복도시법의 합헌결정이 내려진 지 얼마 되지도 않은 때에 헌재 결정 자체에 논란을 제기하는 것은 비생산적이다. 그러나 헌재의 결정은 근거법이 위헌이 아니란 것뿐이지, 수도를 분할하고 옮기는 것이 국가적으로 최선의 결정임을 보장하지 못한다. 법리적인 공방이 끝났으므로 2005년 말 토지 보상이 시작되고 도시 건설의 삽을 뜨게 된다.

차기 대선이 행복도시 건설의 주요 고비일 것이고, 예기치 못한 남북 관계의 변화가 또 다른 고비가 될 수 있지만 한번 시작한 공사는 진행될 수밖에 없다. 현재 시점에서는 수도 분할에 따른 사회적 비용을 최소화하고, 또 투자의 사회적 수익률을 높이는 것이 과제다. 우선은 공사비용을 줄이려는 노력이 필요하다.

벌써 평당 약 20만 원으로 계획된 보상비가 2배까지 오를지 모른다는 우려가 있다. 들뜬 분위기가 넘치지만 국민 세금을 함부로 낭비하지 않도록 항목별 예산 상한 같은 견제 장치가 필요하다. 민원인과 공무원들이 오갈 필요성을 줄이기 위한 정부 권한 분산 및 규제 완화가 지속적으로 추진되어야 한다. 그리고 이전 대상 부처의 축소 등 계획이 변경될 경우를 대비한 대책들도 미리 강구되어야 한다.

이렇게 행복도시가 건설되면 국토 균형발전에 대한 여망이 충족되어 수도권 주민을 포함한 국민이 행복해질까? 이에 대해서는 그리 낙관적이지 않다. 정부는 수도권에서 50만 인구가 빠져나갈 것으로 전망하지만, 기존의 정부청사와 공기업 본사 건물들을 비워놓지 않는 한 수도권의 인구는 크게 변하지 않을 것이다. 전후방 경제적 연관효과가 더 높은 민간기업들이 건물을 쓰게 된다면 인구는 늘 수도 있다. 따라서 수도권의 과밀과 혼잡이 해소되어 일거에 국가경쟁력이 향상된다는 전망은 픽션이다.

공주·연기지역을 제외한 다른 모든 지역의 상황도 크게 나아질 것 같지 않다. 서울이 성장하는 가운데서도 인접한 경기 북부 지역은 전국 최하위의 발전양상을 보였던 것이 상기된다. 따라서 지방에서는 여전히 지역 균형을 외칠 것이고, 수도권 규제 완화와 같은 사안에 대해 반대 입장을 견지할 것이다. 결과적으로 행복도시의 건설은 충청지역 표에 대한 일회성 반대급부에 그치고 말 가능성이 크다.

(한국경제 2005. 12. 1)

16

토지초과이득세의
교훈

　언론에 보도된 3·30 대책의 후속대책 주요 내용은 재건축 개발부담금 부과, 안전진단 강화, 재건축 세무조사 강화, 신도시 면적 확대, 서민 주거 안정 방안 등이다. 신도시 면적 확대를 통한 인프라 투자 규모 확대는 신도시의 매력도를 높여 양질의 주거 대안을 제공할 것이며, 대대적인 국민임대주택 건설 투자는 주택 부문에서 참여정부 최대 업적으로 손꼽히기에 부족함이 없다.

　그러나 정부가 재건축 규제를 강화하면 시장은 장래 공급물량이 줄 것을 예상하고 결과적으로 가격이 더 올라가는 지난 몇 년간의 숨바꼭질이 되풀이될 것이 걱정이지만, 이 문제는 특별히 새로울 것이 없다. 이번 대책에서 처음 제도화되는 것이 재건축 개발부담금인데, 개발이익 환수제도 자체는 우리에게 낯설지 않다.

　1980년 전후에 이미 국토연구원을 중심으로 개발이익 환수에 관한 연구가 시작되었고, 이를 바탕으로 1989년 제도화된 토지 공개념 3법

중 2개, 즉 개발부담금제와 토지초과이득세가 개발이익 환수를 목표로 했다. 그 이후의 제도 시행, 토지초과이득세의 헌법불합치 판정, 개발 부담금의 부과 유예 등을 거치면서 얻어진 교훈을 되짚어 보면 다음과 같다.

첫째로, 개발이익 환수제도들은 양도소득세와 중복으로 부과되는 문제를 가진다. 개발이익이란 개발 관련 인허가나 용도지역 변경 등 공적 규제의 변경에 기인한 토지 가격 상승을 일컫는데, 이는 자본이득의 한 특수한 형태다. 원인 불문하고 자본이득을 과세 대상으로 삼는 양도소득세는 당연히 개발이익에 대해서도 과세한다. 따라서 별도의 개발이익 환수 장치가 있다면 양도소득세와의 이중과세를 피하기 위한 상호 비과세, 감면 등의 조치가 필요하다. 어차피 내야 할 세금의 일부를 미리 부담금으로 내는 것이므로 개발이익 환수는 양도소득세 예납의 성격을 갖는다.

둘째로, 개발이익 환수는 양도소득세를 미리 내되 미실현 상태에서 거둔다는 특징을 갖는다. 자산 가치가 오르지만, 수중에 돈이 없는 상태에서 개발부담금을 부과하면 일부 소유자는 자산을 팔지 않을 수 없다. 자산 처분을 강요하는 조치는 많은 국민에게 수긍하기 어려운 요구다. 토지초과이득세에 대해서 헌법재판소는 미실현 자본이득에 대한 과세 자체가 위헌은 아니지만, 극히 예외적인 제도로서 채택에 신중을 기해야 한다고 한 바 있다. 재건축이 헌법재판소의 조건에 맞는 정도의 큰 문제를 내포하는 것인지에 대해 서로 다른 의견이 있을 수 있다.

셋째로, 개발이익 환수제도를 실제 집행하는 데는 많은 기술적 문제가 있다. 토지의 가격은 미래에 대한 기대를 반영하기 때문에 어떤 인허가나 규제변경이 있기 전부터 오른다. 어떤 두 시점을 끊어서 개발이익을 산정할 것인가를 정하는 데 자의성이 개재될 수밖에 없고, 또 실제 거래 없이 공적 평가에 의존해서 계산해야 하므로 정확성을 기하기도 어렵다. 이에 비해 양도소득세는 산 가격과 판 가격을 기준으로 하므로 실거래가가 알려진다는 전제하에서는 훨씬 간단하게 과표가 계산된다. 조금 참을성을 가진다면 미실현 상태의 개발이익 환수보다는 양도소득세 부과가 더 나은 대안이다.

재건축 개발부담금도 앞의 모든 문제를 피할 수 없다. 이에 덧붙여 재건축 이익을 개발이익으로 볼 수 있는가 하는 근본적인 문제가 있다. 재건축은 단적으로 말해 땅 주인들이 이미 허용된 용적률만큼을 찾아 먹는 것일 뿐이기 때문이다. 야심 차게 시작되었던 토지초과이득세가 폐지되었던 전철을 새 제도가 밟지 않기를 바란다.

(한국경제 2006. 3. 28)

17

합리적 대처가 필요한
강남 주택문제

 정부와 강남 주택 시장의 기 싸움이 3·30 대책으로 새로운 국면으로 접어들었다. 강남 주택가격 상승을 막아야 한다는 여론은 아직도 높은 편이고, 여기에 힘입어 정부는 재건축을 사실상 불가능하게 할 대책을 내놓았다. 또, 주택자금 대출에 대한 기준을 강화해 자기 돈이 없으면 강남에 입성하는 것이 어렵게 되었다. 2005년 8·31 대책 때 "투기는 이제 끝났다"라는 호언장담이 무색하게도 정부는 제4, 제5의 추가 대책을 더 내놓을 수 있다는 강경 입장을 천명하고 있다.

 3·30 대책이 실제 시행될 경우의 문제점, 특히 재건축 개발이익 환수제에 대한 여러 측면의 분석과 문제점은 지난 며칠간 언론에서 상세히 논의되었다. "재건축이 개발이익 환수의 대상이 될 수 있는가?" 하는 원론적인 회의부터 양도소득세와의 이중과세 문제, 당장 낼 돈이 없는데 몇억 원씩을 부담해야 하는 문제, 평가의 자의성 문제, 장기적 주택공급 위축 문제 등등이 모두 심도 있게 논의되어야 한다. 그런데 이

런 디테일에 대한 논란들 가운데 왜 정부가 강남 주택가격 상승을 막아야 하는가 하는 출발점은 거의 잊힌 듯하다. 좀 더 큰 그림을 되짚어 보면서 합리적인 접근이 가능한지를 검토해보아야 할 것이다.

10·29 대책 직전인 2003년 9월부터 2006년 2월 말까지의 2년 5개월간 주택가격은 전국이 2.5%, 서울이 6.5% 올랐다. 이 기간에 전세가는 전국과 서울이 각각 3.1%, 6.6% 떨어졌다. 같은 기간 중 소비자물가가 7.2% 올랐으니 실질적으로 전세든, 매매든 집값은 모두 내려갔다. 강남지역마저도 전세가는 4.1% 떨어졌으니 집값이 올라서 서민의 주거가 불안해졌다는 주장은 맞지 않는다. 그보다는 서울 강남지역 아파트가 16.2% 오르는 등 지역별, 주택유형별 격차가 커서 언젠가 강남지역에 집을 마련하려던 꿈을 가진 중산층이 좌절하고 있는 것이 문제의 본질이다.

이들의 불만에는 두 가지 측면이 있다. 첫 번째 불만은 범강남권이 제공하는 양질의 주거 서비스를 누리기 어려워졌다는 점이다. 각종 편익 시설과의 근접성, 효율적인 공공서비스와 질 높은 사교육 시스템 등의 측면에서 강남권과 다른 지역 간에 큰 격차가 있다는 인식이다. 두 번째 불만은 강남권 주택의 자산 가치 상승이 상대적으로 큰 데 따른 박탈감이다. 공부도 할 만큼 했고 일도 열심히 하는데, 계층적으로는 여전히 같은 자리라는 허탈감이다.

3·30 대책은 강북지역에 광역개발을 촉진해 첫 번째 문제를 해결하고자 한다. 강북을 강남처럼 만들겠다는 것이다. 수요자들의 욕구를 적극적으로 담아내려는 노력에 대해 긍정적인 평가를 할 수 있지만, 많은 세심한 보완책이 필요하다. 무엇보다도 중산층 주택을 짓기 위해 저소득층을 몰아내지 않는 원칙에 따라 사업이 추진되어야 할 것인데, 이

경우 사업비가 상승하는 현실적 문제가 대두된다. 강북을 강남화 하는 것보다는 30여 년 전에 '후세대를 위해 비축한' 그린벨트 토지를 적극적으로 활용한다거나, 김포 신도시의 인프라를 '도심까지 20분'에 접근할 수 있는 정도로 완비하는 등의 대책이 더 현실적이다.

재건축을 억제하는 대책들은 두 번째 불만을 해결하기 위한 것이다. 온갖 규제들에 덧붙여 개발부담금까지 매기는 것은 재건축 아파트의 근본 가치를 떨어뜨리려는 목적을 가진다. 이런 규제들 때문에 가격이 일시적으로 떨어지고 재건축 자체가 몇 년 늦추어질지 모르지만, 강남 지역 아파트들의 노후화가 진행되면서 재건축은 필연으로 다가온다. 문제를 늦춘다고 해서 해결되지 않는다.

강남 주택소유자들이 다른 지역보다 더 큰 자산 가치를 향유하는 문제는 동일한 기회를 좀 더 많은 사람에게 나누어줌으로써 해결할 수 있다. 한 가지 현실적인 대안은 재건축 임대아파트를 부동산 투자 회사에 넘기는 방안이다.

강남 재건축단지의 임대주택은 어차피 저소득층을 위한 것이 아니므로 공공이 소유하고 운영할 이유가 없다. 부동산 투자 회사가 이들 주택을 인수, 운영하게 하고 중산층 투자자들에게 지분을 나누어준다. 그리고 10년 정도 후 주택을 매각하도록 한다. 중산층 투자자들은 그간의 임대 수입과 매각 수입을 거둠으로써 강남 집값이 상승해도 남의 일이라는 박탈감에서 벗어날 수 있다. 1주당 액면가 5,000원에 누구라도 강남 주택의 일부를 살 수 있기 때문에 강남 주택문제가 계층 간 갈등의 원인이 되는 것을 막을 수 있다. 시장 참여자들의 욕구를 파악하고 이에 순응하면서 문제를 풀 수 있는 대안으로 이 방안에 대해 진지한 토론이 시작되기를 바란다. (매일경제 2006. 4. 2)

18

부동산과 일자리

벌써 몇 년 동안 청년실업이 큰 사회문제가 되고 있지만 해결의 기미가 보이지 않는다. 3월 중순에 통계청이 발표한 고용동향 자료에 따르면 20~29세 청년층 취업자 수는 405만 명 수준으로 전년 동기 대비 4.7%나 줄어들어서, 외환위기 직후인 1999년 3월 이후 가장 크게 떨어졌다. 이처럼 취업이 어려우니 실업통계에도 잡히지 않는 구직 단념자도 점차 늘어나고 있다. 경제성장이 5%는 되어야 고용 시장에 나오는 청년들에게 일자리를 줄 수 있다고 한다. 여러 이유로 경제가 계속 침체되니 젊은이들이 크게 좌절을 겪는 것이 답답하다.

모두가 경제성장률만 바라보며 한숨 쉬지만, 얼마 전에 다른 대학에 근무하는 한 후배로부터 발상을 전환하면 새로운 돌파구가 열릴 것이라는 말을 듣고 일부 공감했다. 즉, 일자리를 만들어주려고 하기보다는 일할 수 있는 능력을 키워주는 것이 급선무라는 것이다. 국제적으로 통할 만한 능력을 갖춘 인재라면 세계 어디에서든 일자리를 찾는 데 문제가 없으니, 그런 능력을 키우는 데 주력하면 실업문제는 자연히 해결된다는 것이다. 다른 나라에서든, 국내에서든 능력 있는 인재들은 자기 일자리를 스스로 만들 것이라는 말이다. 이는 경제성장보다는 교육이 문제라는 진단이다. 수준 높은 인재를 키울 수 있는 교육 시스템이 마비된 상황에 비추어보면 일리가 있는 주장이다.

교육은 그야말로 100년을 내다보고 조심스럽게 접근할 분야이지만, 부동산 산업은 그보다 쉬운 해결책을 제시한다. 부동산 산업은 그 자체의 종사자 수나 부가가치 규모도 무시할 수 없지만, 건설업이라는 거대한 산업을 견인하는 역할을 한다. 건설업과 이를 뒷받침하는 부동산업을 일자리 유지 및 창출의 전략 섹터로 인식해야 한다. 직접 고용효과를 보면, 2005년 12월 기준 부동산 및 임대업 취업자는 51.7만 명, 건설업 취업자는 176.5만 명으로 총취업자의 2.23%와 7.78%를 차지한다.

부동산업과 건설업은 광범위한 전후방 연관효과를 가지기 때문에 실제의 성장 및 고용 기여율은 이런 직접 고용효과보다 훨씬 크다. 2004년에 발표된 주택산업연구원의 산업연관표 분석에 따르면, 주택건설업에 1조 원을 투자할 경우, 추가적인 생산유발효과가 1조 800여억 원에 달한다. 취업은 총 27,383명이 유발되는 것으로 나타나서 고용 및 취업유발 효과는 반도체, 자동차, 조선 등 3대 제조업에 비해 압도적으로 높다.

최근에 여러 기업이 중국이나 베트남 시장에 나가 활약하고 있다는 소식을 흔히 접하는 바와 같이, 전문성과 국제감각으로 무장한 부동산 전문가들의 영역은 이제 국내에 머무르지 않는다. 해외로 나아가서 외화를 벌어들이고, 우리나라 청년들에게 일자리를 창출하는 수출 산업

으로 변신하고 있다. 부동산을 투기와 부정의 카지노판으로 보는 1980
년대적 사고에서 벗어나서, 부동산 산업의 가치를 국가적으로 재인식
하고 전략적으로 지원해야 할 때다.

(Noble Asset 2006. 4)

19

부동산 거품론의
네 가지 오류

기획된 것이 분명한 동시다발적 강성 발언들에 대해 시장은 어리둥절하다. 거품이란 자산의 가격이 그 내재가치보다 높은 상황이 지속될 때, 자산 가격과 내재가치(또는 시장 근본가치)의 차이를 지칭하는 개념이다. 거품은 대체로 몇 가지 특징을 보인다. 거품은 계속 자라지 않으면 존재할 수 없으며, 거품이 커지면서 자산의 내재가치가 가격에서 차지하는 비중이 점점 줄어든다. 현실적으로 부동산과 같은 고가의 자산에 거품이 생기고 자라기 위해서는 금융 부문의 지원을 받아야 한다. 1980년대 말 일본의 경우 부동산 가격의 100%를 넘는 대출까지 나갔고, 이 때문에 거품이 꺼졌을 때 금융시스템 전체의 불안이 초래되었다.

가격 거품의 존재는 꺼지기 전에는 사전적으로 알 수 없다. 자산의 내재가치가 현재뿐 아니라 미래의 임대료, 이자율, 세금과 같은 변수들에 의해 결정되는데 미래는 항상 불확실하기 때문이다. 압구정동 현대아파트가 1억 원을 넘었을 때, 삼풍아파트 가격이 평당 1,000만 원을 넘었을 때, 테헤란로 주변 상업용지 가격이 평당 3,000만 원에 달했을 때 사람들은 거품을 확신했다. 그러나 오늘날 돌이켜 보면 이 가격들도 싸다.

거품의 존재를 검증하는 여러 방법이 제안되었지만, 모두가 미래의 불확실성이라는 한계를 극복하지 못한다. 따라서 아파트 가격의 몇 %가 거품이라는 등의 주장은 신뢰하기 어렵다. 거품이 꺼지고 급격히 자산 가격이 내려간 이후에야 비로소 거품의 존재를 확인할 수 있다. 강남 주택도 거품 유무를 확실히 판단할 수는 없지만, 크게 걱정하지 않을 이유가 있다.

첫째, 거품이 자랄 때 자산을 매입하는 사람들은 자산의 내재가치가 낮더라도 다른 투자자가 더 높은 가격에 사줄 것을 확신한다. 이런 믿음이 사라지면 시장은 공황 상태에 빠지고 자산 가격은 급락한다. 일본의 경우 부동산 대출 총량규제 등의 정부 정책이 거품을 터뜨렸다. 서울 강남지역을 주 타깃으로 수십 차례 발표된 정부의 강력한 대책들에도 불구하고 가격이 급락하지 않았다는 사실 자체가 거품에 대한 강력한 반증이다.

둘째, 강남지역 아파트의 매매가 대비 전세가 비율이 낮다는 사실이 거품의 증거로 거론되지만, 이 사실은 단순히 시장 참여자들의 장래 기대를 반영할 뿐이다. 과거 추세를 보든, 현재 시장 상황을 보든, 강남 아파트의 장래 가격 상승률을 높게 보는 예상은 지극히 합리적이다.

셋째, 설사 강남 주택에 거품이 있더라도 크게 걱정할 필요가 없다. 은행은 담보가액의 40%밖에 대출을 못 하고 있고, 일부 저축은행 등이 추가로 대출해준다. 어떤 이유로든 주택가격이 하락한다고 해도 그 하락률이 높지 않다면 금융회사들이 대출을 회수하는 데 큰 문제가 없다.

과도한 대출을 한 일부 금융회사는 큰 어려움을 겪을 수 있지만, 이는 시장의 규율일 뿐 전체 금융시스템의 붕괴를 초래하지 않을 것이다.

넷째, 거품이 존재하고 있고 거품의 붕괴가 금융시스템의 불안을 가져올 위험이 있다면 현재와 같은 강공책들은 절대로 시도되지 말았어야 한다. 결국 정부도 이 시장에 거품이 존재하지 않는다는 전제하에 각종 대책을 시행한 것으로 보아야 한다.

그러면 강남 주택가격은 내려가지 않을 것인가? 거품이 꺼질 때처럼 폭락하지는 않겠지만 금리가 오르거나 종합부동산세가 실제 부과되면 다소 하락할 수도 있다. 그러나 금리나 세금은 모두 자산의 내재가치에 영향을 주는 요소들이다. 정부는 거품과 무관하게 내재가치를 떨어뜨리려 애쓰고 있다. 정부는 투기 때문에 거품이 생겼다는 진단을 내리고 강남 수준의 주택공급 확대를 도외시해왔다. 때아닌 대국민 심리전보다는 시장이 원하는 수요를 충족시키려 노력하는 모습을 보여줄 수는 없을까?

(한국경제 2006. 5. 22)

20

국토 균형발전과
수도권 규제

　5·31 지방선거 이후 수도권 규제 완화를 골자로 한 수도권 시도지사 당선자들의 '대(大) 수도론'에 대한 타 지역의 반발이 확산되고 있던 차에, 신임 경제부총리는 수도권 규제 완화를 고려하지 않겠다는 선언으로 업무를 개시했다.

　국토 균형발전을 표방한 정책들은 '균형'이 갖는 좋은 어감 때문에 적어도 원론적으로는 필요하고 바람직한 것으로 다가온다. 특히 1960년대 중반 이후 내용을 달리하며 지속적으로 추진되어온 정책이기 때문에 통일이나 국가경쟁력 제고 등과 같이 국가의 장기 기본 정책 방향으로 각인되어 있다. 그러나 '균형발전'은 한 번도 엄밀히 정의된 바 없으며, 균형발전이란 정책 목표는 그때그때 정부가 하고 싶은 일들의 포장지 역할을 했을 뿐이다. 특히 오랫동안 수도권 집중억제가 균형 정책의 근간이었고, 이를 위해 소위 인구 집중 유발시설들의 입지를 규제해왔다.

'과연 수도권 집중이 문제인가? 수도권 정책 때문에 대상 시설들이 지방으로 내려갔는가? 그 결과로 수도권의 인구가 줄었고, 지방이 발전했는가? 총체적 국가경쟁력이 제고되었는가?' 등의 구체적 질문을 하기 시작하면 수도권 정책, 더 나아가서 국토 균형 정책의 허구성이 보인다.

수도권은 국토 면적의 11.8%를 차지하지만, 총인구의 48%, 중앙부처의 100%, 100대 기업 본사의 91%, 금융거래의 70.4%가 집중되어 있다. 그러나 이 수치들 자체는 큰 의미가 없다. 집중 때문에 형평이나 효율, 안정 등의 측면에서 국민이나 기업이 어떤 구체적인 고통을 겪고 있는지, 국가발전에 어떤 저해 요소가 발생하는가를 따져보아야 한다.

예를 들어, 균형이 형평을 제고한다는 막연한 기대가 있지만, 모든 지역이 면적 비율만큼의 인구와 관공서, 기업 본사, 대학, 공장을 가지는 균형이란 존재할 수 없다. 만약 그렇다면 수도권에 대규모 공장이 좀 더 들어서고 대규모 관광지들이 개발되어야 균형이 이루어질 것이다.

수도권 집중의 과밀과 혼잡문제는 한 도시의 최적 인구 규모가 존재하는가의 문제와 관련된다. 도시 규모가 커짐에 따라 집적의 경제라는 편익에 비해 혼잡비용이라는 사회적 비용이 더 커지기 때문에 양자가 균형을 이루는 규모 이상으로 도시가 커지지 않도록 해야 한다는 주장이 가능하다. 그러나 도시경제학의 연구 성과들은 어떤 일정한 적정인구 수준이 존재하지 않는다는 결론을 내린다. 어느 지역의 인구가 과다한가의 여부는 인구 수용 능력과 대비되어 평가되어야 하는데, 후자가 가변적이기 때문이다.

최초의 '대도시 인구 집중 방지책'이 나왔던 1964년의 서울 인구는 280만에 불과했지만, 당시의 교통, 주택, 학교 등 기반 시설의 인구수용 능력이 현재보다 현격히 낮았으므로, 당시의 서울이 지금보다도 더 과밀했을 수 있다. 기업입지와 국민 주거이전의 자유를 보장하면서, 기반 시설의 확충을 통해 과밀, 혼잡문제를 해결하는 것이 바람직한 접근법이다.

다른 한편으로 수도권 규제가 지방발전을 촉진하기보다 국가 경쟁력을 하락시키는 부작용이 커지고 있다. 공장총량제와 관련된 한 설문 조사는 수도권을 떠나서 생존할 수 없는 중소기업들이 주로 피해를 보고 있으며, 이들 기업은 공장건설이 무산되었을 때 공장건설을 연기하거나 아예 해외로 나가는 것을 대안으로 생각하고 있었다. 오늘날의 개방경제에서 지역 간 나누어 먹기 게임으로 기업입지를 관리하기는 애초에 불가능한 것이다. 또 경제부총리가 "결국 기업들이 하고 싶은 대로 다 했다"라고 하지만, 해당 기업들이 규제의 산을 넘느라 얼마나 많은 시간과 노력과 돈을 허비했는지를 무시한 발언이다.

수도권의 현 상황은 기존 수도권 정책이 발전되어오던 시기와 근본적으로 달라졌다. 수도권 집중이 지속된다고 하지만, 수도권의 인구증가는 2020년까지 연평균 0.8% 미만일 것으로 전망되는데, 이 정도의 인구증가 때문에 수도권 문제가 악화할 것으로 보기는 어렵다. 현 수도권 정책의 문제의식은 서울 인구가 매년 10% 가까이 증가하던 1960년대 후반에 형성된 것이다. 이제는 오히려 서울의 공동화 문제를 걱정하기 시작해야 할 때다.

1960~1970년대식 수도권 정책은 더 이상 타당하지 않다. 다만, 지방에서 느끼는 상대적 불이익 등 정서적인 문제에 대한 배려가 필요하다. 그렇지만 수도권과 지방의 경제적 보완관계 속에서는 양자가 제로섬 게임의 틀에서 갈등해야 할 이유가 작다. 국가 경제라는 파이는 크

기가 고정된 것이 아니기 때문이다. 수도권이 세계도시로서 상하이, 베이징, 도쿄 대도시권들과 경쟁해 국가 경제의 파이를 키우는 선도적 역할을 하고, 이를 배경으로 지방도 동반 성장하는 구조가 더 현실에 가까운 것이기 때문이다.

(머니투데이 2005. 7. 27)

21

전세난과
고장 난 시계

　주택 시장과 정책을 연구하는 전문가들이 주고받는 우스개 중 하나는 정부의 주택정책이 반드시 성공한다는 예언이다. 주택가격은 경기 변동에 따라 오르기도 하고 내리기도 하는데, 정부는 가격이 내릴 때까지 계속 대책을 내놓을 것이기 때문이다. 멈춘 시계가 하루 두 번은 정확히 시간이 맞는 것과 마찬가지다.

　필자를 비롯한 많은 전문가는 그렇게라도 좋으니 정부의 주택정책이 성공하기를 진심으로 바라고 있다. 그날이 늦게 올수록 국민에게 혼란과 불편을 주고, 주택산업을 망가뜨리며, 시장을 왜곡해 장기적으로 더 큰 문제를 농축해가는 괴상한 대책들이 하나라도 더 나올 것이기 때문이다.

　이런 바람에도 불구하고 주택 시장은 잠잠할 날이 없다. 5월 이후 매매 시장이 잠잠해졌나 했더니 이제는 전세난에 아우성친다. 아직은 시장 전체적인 전세가 상승률이 두드러지지 않지만, 서울 강북지역 아파트 단지를 중심으로 소형평형의 전세 매물이 부족하고 가격이 상승하고 있다. 이 현상은 연초까지 소위 범강남권 아파트, 특히 중대형 평형 매매가의 차별적 상승이 시장을 특징지었던 것과 뚜렷이 대비된다.

국지적인 전세난이 광역으로 확산될 것인가, 또 언제까지 지속될 것인가에 세간의 관심이 집중되어 있다. 정부는 일시적 수급 불균형에서 원인을 찾고, 10월 이후 안정세가 회복될 것으로 보고 있다. 비판적인 관점에서는 보유세 부담이 늘면서 집주인들이 전세를 월세로 전환하고 있으며, 부동산 정책의 부작용으로 주택공급이 절대적으로 감소했다는 주장이 나온다. 단기적으로는 정부의 낙관론이 맞을 수 있지만, 중장기적으로 수급 불균형이 고착되어 더 큰 문제가 빚어질 수 있다는 비판적 관점이 옳다고 생각된다.

참여정부의 주택정책은 1가구 다주택 보유 억제, 재건축 억제, 그리고 임대주택공급 확대를 주된 내용으로 한다. 특히 1가구 다주택 보유에 대해서는 보유 및 처분단계에서 가히 벌금이라 해도 좋을 만큼 세금을 올렸다. '네가 가지면 내가 갖지 못하는' 파이 나누기 게임이라면, 다주택 보유자가 내놓은 매물은 곧 무주택자의 매수 기회일 뿐 다른 부작용이 없다.

그러나 주택은 택지공급에 애로가 없는 한 자본을 투하해 얼마든지 생산할 수 있는 재화다. 주택에 대한 세금은 주택 부문에의 자본유입을 감소시켜 공급을 위축시킨다. 일례로, 현재 지방 주택 시장에 미분양이 쌓이고 있는데, 실수요자들만이 살 수 있는 구조하에서는 문제해결이 요원할 수밖에 없다.

또한, 정부의 인식과 달리 주택 시장에서 다주택 보유자들이 기여하는 부분을 무시할 수 없다. 우리나라 주택임대 시장은 1가구 다주택자들의 잉여 주택 덕분에 유지되고 있기 때문이다.

　이처럼 참여정부의 주택정책은 근본적인 오류에 입각해 있어서 여러 부작용을 키워가고 있다. 주택에 대한 중과세뿐 아니라 재건축 문제도 강도를 점점 높여가면서 내연시키고 있을 뿐, 결코 해결되지 않았다. 전세든 매매든, 강남이든 강북이든, 가격이든 물량이든 점점 더 큰 문제들이 계속 나올 것이다. 이번에도 정부가 내놓은 대책은 주택금융공사를 거덜 나게 할 위험이 있는 금융지원 대책과 소수의 중산층 임차인에게 특혜를 줄 중형 임대주택공급계획이다. 민간이 스스로 임대주택을 공급하는 것은 범죄 취급하면서 왜 정부가 세금으로 중형 임대까지 담당해야 하는지 설명할 길이 없다. 고장 난 시계도 하루 두 번은 시간을 맞추는데, 왜 정부는 지금까지 제대로 겨냥조차 못 하는지 답답할 뿐이다.

(조선일보 2006. 9. 19)

22

고분양가 논란과
후분양제

　은평 뉴타운의 분양가가 너무 높다는 논란이 일자 서울시는 시(市)가 공급하는 모든 공공아파트에 후분양제를 적용한다는 요지의 대책을 발표했다. 그러나 주택문제는 수요와 공급에 영향을 미치는 수많은 요인이 상호작용한 결과이므로 한두 가지 급진적인 대책으로 해결될 수 없다. 참여정부는 세금을 몇 배씩 올리면서 "투기는 끝났다"라고 선언했지만, 그 이후에도 크고 작은 문제들이 계속 나오고 있다. 후분양제도 분양가를 낮추고, 투기도 막으며, 개발이익도 환수하고, 기존 주택가격까지 안정시키는 만병통치약일 수는 없다.

　오히려 후분양제는 분양가를 올릴 것이다. 현재의 선분양은 수분양자가 건설업자에게 돈을 빌려주는 대가로 최소한 금리부담만큼 집값을 할인해서 사는 거래관계다. 만약 그 할인 폭이 충분하지 않다면 소비자들은 아파트를 청약하지 않을 것이다. 분양가가 높다는 불평에도 불구하고 청약 경쟁이 치열한 것은 시세에 비해 분양가가 여전히 낮기 때문이다. 청약 시장은 신규 분양 아파트보다 훨씬 다양하고 이미 검증된 기존 아파트가 거의 완전한 대체재 역할을 하는 시장이다.

그런데 선분양하에서 분양가 할인 폭은 금리부담보다 크다. 건설업자가 미리 분양함으로써 2, 3년 후 자금투입이 끝나고 집이 완공되었을 때 팔리지 않을지도 모른다는 불안감을 덜 수 있기 때문이다. 즉 선분양은 소비자와 공급자가 사업위험을 분담하는 구조이며, 선분양받아 위험을 감수하는 소비자에게 금전적 이득을 준다.

후분양제가 되면 이런 할인 혜택이 없어진다. 불과 몇 달 후 입주하는 마당에 인근 주택가격과 비교해 낮은 가격에 아파트를 팔 이유가 없다. 아파트 분양가는 해당 주택의 단지 특성이나 자재, 평면 등을 고려한 시장 가격 추정치 수준에서 책정될 것인데, 그 수준은 새로 지은 것을 반영해 기존 아파트보다 높을 것이다. 서울시 대책과 같이 후분양과 더불어 분양가를 통제하는 정책이 시행된다면, 분양 과열 현상이 선분양보다 오히려 심할 것이다. 몇 달 후 완공되는 아파트가 시가보다 현저히 낮다면 누가 청약하지 않겠는가?

한편, 후분양제하에서 건설업체는 아파트를 짓는 동안의 자금을 금융기관 대출에 의존할 수밖에 없다. 금융기관은 중소건설업체에 높은 이자를 부담시키든지 아니면 아예 대출을 꺼리므로, 주택산업 전체가 소수의 대형업체 위주로 재편될 가능성이 크다. 이는 또 하나의 분양가 상승요인이며, 소비자의 선택폭도 그만큼 줄어든다.

후분양은 사업위험을 전적으로 공급자에게 부담시키므로 분양가가 올라가는 또 다른 요인을 제공하지만, 이 문제는 오히려 부차적이다. 주택 경기의 변동, 주택의 입지, 설계, 시공에 관련된 모든 위험을 건설업자나 금융기관 등 공급자들이 지므로, 이들은 현재보다 훨씬 보수적인 태도를 견지하게 된다. "확실하지 않은 사업은 하지 않는다"라는 태도가 보편화되면, 시장 전체적으로 공급이 크게 위축되고 가격 상승을 유발할 것이다.

선분양은 나름대로 장단점이 있는 거래다. 이를 금지하고 모두 후분양하도록 강요하는 것은 시장의 자유를 불필요하게 제약한다. 중앙정부의 정책 실패들에 이제는 보수정당 시각을 가진 지방정부까지 엉뚱한 발상을 덧붙이는 것을 보면 실망이 크다.

(중앙일보 2006. 9. 26)

23

땅값이 비싸서
분양가가 비싸다?

경제학의 발전과정은 여러 쟁점에 대해 첨예한 논쟁들로 점철되어 있다. 이 논쟁들은 당시의 경제, 사회 문제들에서 잉태되어 자랐지만, 보편적인 경제원리를 탐구하고 정립해나가는 계기가 되었기 때문에 오늘날에도 숙고의 대상이 된다. 19세기 초 영국의 곡물조례를 둘러싼 리카르도(D. Ricardo)와 맬서스(T. Malthus)의 지대논쟁만 해도 우리나라 주택 시장에 곧바로 적용될 수 있는 시사점을 준다.

나폴레옹 전쟁 당시 대륙으로부터의 곡물 수입 길이 막히면서 영국의 곡물 가격과 농지 지대는 폭등했다. 이후 전쟁이 끝나고 곡물 수입이 가능해진 상황에서 지주 계층을 중심으로 "지대가 너무 높아서 영국의 농업은 경쟁력을 가질 수 없다. 따라서 수입이 개방되면 안 된다"라는 주장이 나왔다. 이에 대해 리카르도는 지대가 높아서 곡물의 가격이 높은 것이 아니라 곡물의 가격이 높아서 지대가 높아지는 것이라는 이론을 폈고, 이후의 경제학자들은 이를 뒷받침했다. 공급이 고정된 생산요소인 토지의 지대는 생산물의 가격에서 다른 비용들을 제한 잉여임을 의미한다.

곡물에 아파트 분양가를, 지대에 택지 가격을 대입하면 그때의 논쟁이 오늘날 우리 주택 시장에도 그대로 적용된다. 아파트를 짓는 개별 사업자의 입장에서는 시장에서 성립하는 토지 가격을 어쩔 수 없는 원가로 받아들인다. 그러나 토지의 시장 가격은 여러 잠재적인 사업자들이 나름의 계산으로부터 제시하는 가격에서 가장 높은 수준으로 결정된다.

사업자 나름의 계산이란 '이곳 땅을 한 평 사면 용적률을 계산해서 두 평의 아파트를 지어 팔 수 있다. 인근의 유사 아파트가 평당 1,000만 원이니 땅 한 평에서 2,000만 원 매출이 난다. 건축비와 기타 경비, 적정이윤을 다 해서 분양 평당 500만 원 비용을 잡으면 땅 한 평에 평당 1,000만 원 주어도 수지를 맞출 수 있다'라는 식으로 진행된다.

여러 사업자가 이런 계산을 바탕으로 땅을 사겠다고 경쟁한 결과 토지 가격이 결정된다. 개별 사업자 입장에서는 토지 가격이 아파트 가격을 결정하는 것처럼 보이지만, 실제 시장 전체적으로는 아파트 가격이 토지 가격을 결정하는 것이다.

최근의 고분양가 논쟁에서도 토지 가격이 높아서 분양가가 높아지는 것을 어쩔 수 없었다는 식의 변명은 애초부터 성립되지 않는 궤변이다. 아파트가 팔릴 만한 가격을 예상하고 그로부터 역산해서 최대 얼마까지 지불할 것인지를 정한 결과 토지 가격이 정해졌기 때문이다. 은평뉴타운도 높은 보상가를 지불할 뿐 아니라 최고급 환경을 갖추도록 구상할 수 있었던 것은 그 정도 아파트를 지으면 평당 1,500만 원을 받을 수 있다는 계산이 있었기 때문이다.

이제 와서 분양가를 낮추도록 강요하면 사업자가 손해를 볼 것이요, 원가를 공개해도 어차피 그 가격에서 크게 낮아지지 않을 것이다. 이미 높은 보상가를 지불했고, 단지 설계나 평면, 자재 등에서 원가가 많이 들도록 설계했기 때문이다. 녹지를 줄이고 용적률을 높이거나 평면이나 자재에서 원가를 낮추는 등, 한마디로 아파트의 질을 떨어뜨려서 '팔릴 가격'을 낮추지 않으면 분양가를 내리기 어려울 것이다.

(머니투데이 2006. 10. 26)

24

주택정책의
뱀 장사꾼들

요즘은 흔치 않지만, 거리의 뱀 장사들이 지나다니는 사람들을 불러 모으는 재주는 보통이 아니다. 사람들의 관심을 끌기 위해서 우선 흥겨운 쇼를 앞세운다. 청중이 어느 정도 모이면 숨은 건강 고민을 족집게처럼 짚는다. 진단과 처방은 결국 양기가 부족해 모든 문제가 나타나는 것이니 이를 보충해야 한다는 지극히 단순한 원리지만, 단순하므로 더욱 손님을 잡아둘 수 있다. 뱀 장사는 어떤 과학적 증거에 의지해 약을 파는 것이 아니다. 과학이 설명하지 못하는 어떤 묘한 원리가 나에게만은 작용할 거라는 요행 심리에 크게 기대는 것이고, 이 또한 효과적인 전략이다.

지난 몇 년간 주택과 관련되어 고민이 많았던 우리 국민에게 여러 뱀 장사들이 약을 팔았다. 부동산 세금 강화, 분양 원가 공개, 후분양, 공영 개발, 그리고 소위 반값 아파트에 이르기까지 만병통치 효과 만점인 처방들이 쏟아져 나왔다. 주택문제에 다급했던 정부는 그렇게 팔리는 약을 가리지 않고 사들였다. 그 처방들이 어떤 경로로 어떻게 문제를 풀어갈 것인지에 대한 변변한 논리나 경험적 증거도 없이 목소리 큰 사람들에 떠밀려 세계적으로도 유례없이 강한 규제와 세제들을 도입했다.

주택이 마약이나 불법무기 수준의 규제 아래 놓여 있다 보니, 국민의 많은 수가 세금(종합부동산세) 때문에 집을 팔아야 하지만, 세금(양도 소득세) 때문에 집을 팔 수 없는 상황에서 고민한다. 주택업체들은 몇 년간 새로운 구조와 평면, 자재로 소비자들의 요구를 충족시켰지만, 앞으로는 1998년 이전의 분양가 규제체제로 돌아가서 다시 성냥갑 아파트를 지어야 한다. 또 후분양이 본격화되면 그나마 명맥을 잇던 중소형 주택 건설업체들이 설 자리를 잃게 될 것이다.

새로 집을 분양받은 사람들은 최고 10년까지 주거이전의 자유가 없다. 전국적으로 미분양 주택이 10만 호에 이르고 조만간 15만 호에 달할 것이란 전망 가운데, 서울 강남지역의 재건축 시장은 여전히 압력밥솥에 불을 때고 있는 형상이다. 요행 심리에 기댔던 무리한 정책들의 성적표가 하나씩 들어오고 있다. 최근 0.1대 1의 청약경쟁률을 보여 실패한 반값 아파트를 두고 청와대가 발뺌하는 것을 보며 실망하지 않을 수 없다. 하고 싶었든, 하고 싶지 않았든 정부가 했던 모든 시책에 대해 이 사람들이 무한책임을 질 것을 기대하면 무리인가? 참여정부가 시도한 수많은 정책 중 어떤 것에 대해 선별적으로 책임을 지려 하는지가 궁금하다.

물론 도대체가 말도 되지 않는 정책을 당론으로 채택해 밀어붙였던 한나라당도 무슨 이념과 정강을 가진 집단인지 다시 보게 된다. 개인의 자유와 책임, 그리고 시장에 대한 원론적인 믿음이 보수이념의 기초다. 기초를 망각하고 손님 끌기에만 골몰해 한바탕 쇼를 벌인 집단을 무슨 정당이라고 부르기도 민망하다.

거리의 뱀 장사는 무익한 약을 팔아 행인들의 푼돈을 긁어내려 할 뿐이지만, 주택정책의 뱀 장사들은 국민 주거생활에 두고두고 해악을 미친다. 이번 대선에서도 후보들이 팔려고 하는 주택정책들에 대해서 국민이 유심히 따지는 지혜를 발휘해야 한다.

특정 지역에 사는 부자들에 대한 한풀이 시각에서 주택을 보지 않고 경제문제로 보면 의외로 쉽게 해결방안을 찾을 수 있다. 다소 시간이 걸려서 그렇지, 토지와 자본만 있다면 주택은 얼마든지 생산해낼 수 있기 때문이다. 주택건설을 위해서든, 주택구입을 위해서든 자금 공급이 충분한 현 상황에서는 집을 지을 적당한 토지를 찾는 것이 문제해결의 핵심이다. 쓰지 않고 모셔만 두고 있는 토지를 활용하는 데는 약간의 용기와 정치력이 필요할 뿐이다.

중산층 이상을 위한 분양주택은 정부가 적시에 충분한 토지를 공급하는 데 매진하고, 나머지는 시장이 알아서 해결하도록 두어야 한다. 저소득층의 안정적 주거생활을 위해서는 임대주택공급 등의 정책을 지속적으로 추진한다. 이 두 방향의 정책추진을 핵심으로 하고, 그 외 많은 불필요한 시책들을 서서히 정리해가는 것이 차기 정부의 임무다. 그러나 이제까지 일을 저질러 온 범여권이든, 반값 아파트를 들고나왔던 한나라당이든 약 파는 데서 주의를 돌려 제대로 일을 할 것인가를 그려보면 한숨만 난다.

(한국경제 2007. 10. 21)

Chapter 02

찔끔찔끔
규제를 완화했던
이명박 정부
(2008. 2~2013. 2)
시기

25

차기 정부의
부동산 정책 방향 제안

　참여정부 부동산 정책은 경제문제에 대한 대응이 아니었다. 첫째로, 집값 상승은 소위 범강남권(소위 버블세븐 지역)에 집중되었고 그 지역에서도 전세가는 안정되어서, 집값 상승 때문에 서민들이 길에 나앉는 상황이 아니었다. 이 점은 1980년대 말의 위기 상황과 뚜렷이 구분되는데, 그 당시 매매가, 전세가가 동시에 오르고, 가격도 전국적으로 상승해서 집 없는 서민들의 고통은 감당하기 어려웠다. 둘째로, 집값이 오르다가 폭락할 경우 은행들이 망할 것을 걱정할 필요도 없었다. 정부가 나서서 주택 시장에 거품이 있다고 억지 주장을 폈으나, 세상에 어떤 거품도 참여정부 부동산 정책처럼 강도 높은 공격을 견디고 살아남을 수는 없다.

　또 주택담보 대출 비율이 40~50%에 불과한 마당에 집값이 폭락한다고 해도 은행이 따라서 망할 가능성은 희박하다. 경제 정책적 관점에서 보면, 정부가 나서서 강남 집값을 잡아야 한다고 주장하는 여론은 분명 비합리적이었다.

그런데도 참여정부가 편집증 환자처럼 집요하게 부동산 문제를 물고 늘어진 것은 정치적 표 계산에서 유리하다는 판단이 있었기 때문이라고 생각된다. 그만큼 많은 사람이 참여정부식의 부동산 정책을 지지했다는 말이다. 범강남권의 '남의 집값' 오르는 데 대한 배 아픔이든, 자신이 꿈꾸던 내 집 마련이 늦추어진 데 대한 불만이든, 주택으로 돈벌이하면 안 된다는 엉뚱한 믿음에서든 많은 사람이 참여정부 부동산 정책에 박수를 보냈고, 그 힘이 종합부동산세, 다주택자 양도소득세 중과세, 재건축 억제 정책 등등의 정책 도입으로 이어졌다.

새 정부도 이런 정서를 무시하지 못할 것이다. 누구나 지나치다고 생각할 만한 몇 가지 조항들, 예컨대 1주택자의 종합부동산세 과세나 양도소득세 납부 등에 대해서 숨통을 트는 정도 이상을 기대하기 어렵다. 강남 재건축 문제도 일거에 쌓인 민원을 해소하기에는 큰 부담이다. 참여정부가 비비 꼬아놓은 시장을 점진적으로 펴는 작업의 시작 정도를 전망할 수 있다. 따라서 새 정부가 들어선다고 해서 부동산 정책의 빅뱅 같은 큰 변화를 섣부르게 논의하기는 어렵다.

이런 정치적 제약 아래에서라도 새 정부가 할 수 있고 또 해야 할 과제는 많다. 4~5월쯤 새 정부의 종합적 주택정책 패키지가 발표되고 이에 따라 국민과 기업들이 안정적으로 미래를 계획할 수 있게 되었으면 좋겠다고 생각하는데, 주택정책의 목표가 '투기 억제를 통한 가격안정'에서 '국민 주거복지의 향상'으로 전환되어야 하고 이 기조 아래 다음과 같은 몇 가지 내용들이 종합대책에 포함되기를 희망한다.

첫째로, 혹시나 하는 기대에서 참여정부 정책을 지지했던 선량한 국민의 좌절과 바람을 담아내는 일이다. 필자의 생각으로 이는 저소득층의 문제라기보다 오히려 중산층의 문제다. 몇 년 더 열심히 벌고 저축해서 범강남권에 내 집을 마련하려고 계획했던 중산층 가장들이 맛보았던 좌절감을 어떻게 달래는가가 중요한 과제다. 이 과제는 저소득층 소형 임대주택을 아무리 많이 지어도 해결되지 않는다. 중산층 가장들이 원하는 주거환경과 주택 유형을 겸허히 듣고, 그 수준의 주택을 몇 년 내에 확실히 공급해준다고 약속하는 정책 프로그램이 필요하다.

이 정책은 주택금융, 주택건설 및 공급, 관련 세제 등을 아우르는 종합적인 대책일 수밖에 없으나 집 지을 땅을 어디에서 구하는가의 문제가 관건이다. 새 정부는 좋은 땅을 잘 찾아내는 일로부터 부동산 정책을 풀어가야 한다. 재건축을 활성화하는 것이 하나의 대안이지만, 떠오르는 중산층 가장들을 만족시킬 만한 꽤 괜찮은 집을 대량 공급하기에 수도권 재건축 대상 아파트는 이미 가격이 높고 물량이 한정되어 있다. 수도권 외곽에서 건설되고 있는 신도시들이 좋은 대안이지만, 인프라가 충분히 갖추어져 있는지 의문이다. 특히 서울로 출퇴근해야 하는 사람들이 선택할 수 있는 입지인지를 따져보아야 한다.

그 외에 30여 년간 모셔두고 있던 그린벨트의 토지나 도시 주변 농지가 풍부한 택지 공급원이 될 수 있다. 그린벨트이지만 그린이 아닌 곳만 풀더라도 엄청난 토지 공급이 가능하다. 물론 그린벨트와 농지를 광범위하게 활용하는 데는 환경 지상주의자들의 반발이 클 것이다. 이를 극복하는 데 새 정부의 정치력이 발휘되어야 한다.

둘째로, 2009년 4, 5월쯤이면 지방의 미분양·미입주 아파트가 20만 호를 초과할 것이란 전망이 나오고 있다. 미분양·미입주는 기업 부도와 실업으로 이어질 뿐 아니라 주택 소비자들에게도 피해를 준다. 참여정부가 건설업체와 보수언론, 그리고 부동산으로 돈을 번 기득권층을 동일시해 주택을 통한 경기부양을 죄악시했으나, 이런 편견에서 벗어나 지방 주택 시장의 활성화를 모색할 방안을 다각도로 제시해야 한다. 아마도 전매제한이나 금융규제, 다주택 중과세 등 참여정부의 무리한 대책들을 원상태로 되돌리는 것만 해도 큰 도움이 될 것이다.

셋째로, 서울의 재건축 문제를 더 이상 외면할 수 없다. 눌러서 사그라들 문제가 있지만, 재건축 문제는 시간이 갈수록 풀기 어려워지는 종류의 문제다. 재건축이 가능하게 하되, 일시에 물량이 몰리는 문제를 피해 가는 대책이 필요하다. 아마도 규제 완화와 더불어 연도별 총량제를 시행하는 정도가 가능하지 않을까 한다. 재건축과 약간 다른 이야기지만, 서울시를 비롯한 여러 도시가 야심 차게 추진하는 소위 도시재생에 대한 중앙정부 차원의 적극적 지원도 필요하다.

넷째로, 주택금융과 관련해 변동금리 대출을 억제하고 고정금리 대출을 확대하는 조치가 필요하다. 경제위기 기간 중 이루어진 금융규제 완화 이후 주택담보 대출이 비약적으로 늘었지만, 대부분이 변동금리여서 금리가 빠르게 오르거나 주택 시장이 침체되면 많은 사람이 큰 어려움에 빠지는 구조다. 변동금리 대출은 금리 위험을 은행이 지지 않고 채무자에게 전가하는 상품이기 때문이다. 미국에서 대공황기에 수많은 사람이 집을 잃고 은행들이 파산한 이후 장기 고정금리 대출을 일반화하기 위해 정부 차원에서 노력했던 역사를 교훈 삼아, 우리나라에서도 고정금리 대출을 확산하기 위해 정부가 나서야 한다. 연도별 주택대출 증가액의 일정 비율을 정부가 제시하는 정형화된 고정금리 대출로 하도록 하는 강제 규정이 몇 년간 시행되면 좋겠다고 생각한다.

새 정부는 시장을 중시하는 성향을 지녔다고 이해된다. 시장을 중시하는 것은 시장에 참여하는 수많은 국민의 노력과 희망과 성취를 존중

하는 것이어서 환영한다. 국민을 존중하는 기본자세만 갖더라도 부동산 문제를 풀어가는 좋은 첫걸음을 디뎠다고 할 수 있다.

(주택과 사람 2008. 1)

26

신도시, 재개발, 재건축, 그린벨트 : 주택개발의 최적 대안은?

지난주 국민과의 대화에서 대통령은 주택공급 물량이 감소한 데 대한 우려와 주택가격이 더 낮아질 희망을 표명하면서, 신도시 건설보다 재개발·재건축을 선호하는 기존 입장을 강조했고 그린벨트를 풀 수도 있다는 의지를 보였다. 여러 문제 제기가 가능하지만, 아직도 집을 대량 공급할 필요가 있는가, 집을 더 지어야 한다면 신도시와 재개발·재건축 중 어느 쪽이 바람직한가, 그리고 그린벨트 개발을 본격화해야 하는가의 세 가지 핵심 문제들을 살펴보자.

첫째로, 수도권, 특히 서울 통근권에서는 여전히 주택을 대량 공급할 필요가 있다. 2006년 이후 강북, 저가, 소형 주택가격이 급등한 것이 주목된다. 강북의 소형 주택가격(특히, 전세가) 급등이 지속된다면, 범강남권의 매매가만 올랐던 2005년 이전과는 차원이 다른 사회문제를 일으킬 것이다. 남의 집값 올라서 배는 좀 아파도 강만 건너면 얼마든지 싼 집이 있었던 때와 오도 가지도 못하고 길거리에 나앉아야 하는 상황은 비교조차 할 수 없다.

이런 현상이 빚어진 것은 선제적인 주택공급을 등한시했기 때문이다. 2000~2003년간 수도권 및 서울의 연평균 주택건설은 각각 31만 7,000호, 12만 3,000호였지만, 그 후 4년간은 연평균 수도권 22만 호, 서울은 5만 3,000호에 그쳤다. 강남은 무거운 세금과 금융규제에 덧붙여 2009년까지 약 2만 5,000호의 재건축 입주 물량이 있지만, 뉴타운 사업이 본격화될 강북에서는 주택 부족과 가격 폭등이 빚어질 가능성이 크다.

둘째로, 재개발·재건축 등으로 기존 시가지에서 지을 수 있는 주택만으로는 충분한 공급이 어렵다. 2004년 이후의 재건축·재개발사업 승인 실적이 서울에서 8만 호 정도인데 규제 때문에 사업 진행이 더디고, 기존 주택 호수에서 늘어나는 순 증분은 10~30% 정도다. 재개발·재건축은 도시의 미관과 기능을 높인다는 의미가 더 크며, 신도시개발과 대체 관계라기보다 보완적이다.

신도시 개발이 불가피하지만, 현재 추진되는 신도시들이 과연 서울 통근이 가능한 위치에 있는지, 이에 필요한 광역 교통망을 완비하고 있는지, 또는 서울 통근이 불필요할 정도로 많은 일자리를 가졌는지 의문이다. 특히 일자리의 확보는 고령화, 인구감소 시기에도 도시가 존속될 수 있도록 하는 주요인이다. 현재대로라면 상당수 신도시가 서울의 주택 부족을 메우지도 못하고 자체 사업성도 확보하지 못할 가능성이 있다.

마지막으로, 그린벨트는 서울과 가까운 좋은 입지이며 개발에 소요되는 기반 시설 투자비가 많지 않고, 넓은 평지를 가지고 있는 데다가 '그린'이 아닌 땅도 많다. 그런데도 그린벨트 규제 완화를 위해서는 거의 전쟁을 치를 각오를 해야 한다. 지난 두 정부에서 간신히 2020년까지의 해제 총량을 확정했는데, 이를 다시 뒤집는 것은 만만하지 않다. 공론화를 시작하되, 단기간에 많은 건설 물량을 기대하기는 어려운 대안이다.

주택을 값싸게 공급하기 위해서 다양한 토지 확보방안이 마련되어야 하며, 이를 위해 과감한 규제 완화가 필요하다는 대통령의 인식은 옳다. 재개발·재건축과 그린벨트 활용이 모두 필요하지만, 역시 대규모 주택공급은 신도시 방식으로만 가능하다. 다만 광역 인프라 구축과 일자리 확보 측면에서 개선책이 강구되어야 한다.

(중앙일보 2008. 9)

27

종합부동산세 폐지가 답이다

장사가 잘되는 어떤 노점의 한 달 순수입이 500만 원인데, 권리금이 5,000만 원이라고 가정하자. 어느 날 인근 불량배가 와서 "오늘부터 내가 보호해줄 테니 수입의 10%를 내라"라고 협박했고 노점상은 어쩔수 없이 그러기로 했다. 수입이 준 만큼 권리금도 10% 줄어든 4,500만 원이 될 공산이 크다. 이 노점상이 4,500만 원에 좌판을 넘긴다고하면, 싸게 넘겨받은 사람은 횡재할까? 그렇지 않다. 싸게 산 대신 매달 자릿세를 내야 하기 때문이다. 그런데, 불량배가 걷어가는 자릿세는 노점의 '공급'에 영향을 준다. 예컨대 새로 노점을 차리는 데 이래저래 4,700만 원이 소요된다면, 노점을 차려보았자 그 가치가 4,500만 원밖에 되지 않으니 앞으로 노점이 생기지 않을 것이다.

세금이 주택 시장에 미치는 영향도 유사하다. 우선, 세금이 증가하면 한 차례 주택가격이 내려간다. 그러나 가격이 내려가도 다음에 주택을 산 사람에게 큰 이득이 없다. 싸게 집을 사는 대신 보유기간 동안 높은 세금을 내야 하기 때문이다. 또한, 세금 때문에 주택의 공급이 줄어든다. 주택은 토지와 자본의 결합인데, 세금이 자본의 흐름을 줄이기 때문이다.

노무현 정부 부동산 정책의 사상적 배경이라는 헨리 조지(Henry George)를 인용하면, "세금은 과세 대상의 품목을 제거할 목적 또는 줄이기 위한 목적으로 부과하는 것입니다. (중략) 주택을 없애기를 바라지 않으면서 왜 세금을 부과합니까?"라고 설파했다.

종합부동산세는 다주택 소유자가 집을 팔도록 해서 집 없는 사람들에게 내 집 마련 기회를 준다는 단순한 생각에서 나왔다. 여기에는 "네가 집을 가지면 내가 집을 못 갖는다", 즉 "나눠 먹을 파이 크기가 일정하다"라는 암묵적인 가정이 있다. 그러나 주택은 투자를 통해 공급이 늘어나는, 인간 노력의 산물이다. 단기적으로 부작용이 눈에 띄지 않지만, 단기가 영원히 지속되지 않는다. 4~5년이면 장기가 도래하고 공급을 줄인 데 대한 비용을 치러야 한다. 노무현 정부 때 주택건설을 등한시한 결과, 2006년 이후 강북을 중심으로 가격이 폭등한 경험을 상기할 수 있다.

우리의 노점상으로 돌아가서, 자릿세 때문에 노점의 '공급'이 부족하다면 남아 있는 노점들이 물건값을 올릴 가능성이 크다. 주택 시장에서도 주택의 자산 가격이 내려가면서도 임대료(전세가)가 올라가는 현상이 빚어질 수 있다. 특히 우리나라의 임대주택 시장은 대개 여분의 집을 한두 채 더 가진 개인들이 전월세를 주는 형태다. 이 여분의 집을 처분하도록 강요하면, 주택임대 시장이 붕괴되어 전세가 급등이 초래될 수 있다.

그런데 종합부동산세가 집을 여러 채 가진 것보다 한 채라도 고가 주택을 가진 데 대한 불이익 조치임이 주목된다. 일종의 부유세 개념이지만, 다른 한편으로는 빚을 얻어 간신히 집을 산 중산층이나 자기 돈으로 산 부유층이나 같은 액수의 세금을 내므로 그 개념에도 충실하지 않다.

마지막으로, 종합부동산세는 지방재정의 자율성 여지를 말살하는 문제가 있다. 부동산 보유과세는 세원이 지역적으로 국한되고 숨길 수 없어서 지방세수를 늘릴 때 활용하기 좋은 세원이다. 이 잠재력을 중앙정부가 가져간 것은 지방자치의 큰 흐름에 역행된다. 더 근본적인 물음은 "왜 정부가 커져야 하는가?" 하는 의문이다. 우리나라는 2003년에 이미 OECD 30개국 중 부동산 세금을 가장 많이 걷는 나라 중 하나였으며, 지금쯤은 1위가 되었을 가능성이 크다. 세수가 늘어나면 정부가 쓸 수 있는 돈이 많아지고 민간이 쓸 돈이 적어지는데, 정부보다는 민간이 돈을 쓰는 것이 경제 전체적 효율을 높인다.

결론적으로, 부작용이 많은 종합부동산세가 폐지되는 방향으로 정책 전환이 있기를 바란다.

(문화일보 2008. 9. 24)

28

주택공급은
긴 호흡으로

경제 개발기 이후 우리나라는 간헐적인 부동산 가격 폭등을 경험했고, 그때마다 정부는 단기적으로 수요자들을 윽박지르는 투기 억제 대책들과 함께 장기적인 공급 확대 정책을 병행해 대처했다. 노무현 정부는 투기 억제 대책의 극한까지 밀어붙였던 반면 공급 확대 필요성을 외면했다. 참여정부의 정책입안자들은 아마도 단기적으로는 투기 심리를 가라앉히는 데 주력하고, 장기적으로 여유가 있을 때 공급 쪽도 손을 보겠다고 생각했던 것이 아닐까 한다.

그런데 부동산이 '심리'의 문제라고 하지만, 그 심리는 수급이라는 근본 요인의 뒷받침 없이 지속되지 않는다. 1988년 12월의 에피소드가 생각난다. 당시 박승 건설부 장관이 분양가 자율화를 시사하자, 시장이 크게 요동쳤다. 놀란 정부는 분양가 자율화를 거론하지 않기로 했지만, 이번에는 주택이 계속 부족하리라는 예측 때문에 가격 상승이 가속화했다. 결국 어차피 오를 가격이 올랐고, 장관의 발언은 우연한 계기가 되었을 뿐이다. 분양가 상한제로 주택공급이 거의 중단되었던 반면 3저 호황으로 시중에 유동성 자금이 넘치던 수급 사정이 가격 상승의 진짜 원인이었다.

참여정부의 문제는 근원적인 수급 문제를 도외시하고 단기적인 심리 처방을 너무 길게 끌고 갔다는 것이다. 2000~2003년간 수도권과 서울의 연평균 주택건설은 각각 31만 7,000호, 12만 3,000호였지만 그 후 4년간은 연평균 수도권 22만 호, 서울 5만 3,000호 공급에 그쳤다. 이렇게 공급을 줄였기 때문에 2006년에 들어서면서 그때까지 잠잠하던 강북지역에서 주택가격이 급등하고, 매매가뿐 아니라 전세가도 올랐다. 마침내 참여정부도 정책 노선의 순수성을 따질 겨를이 없어졌다. 그 이전 부동산 대책들에서 찾아볼 수 없었던 공급 확대 대책이 11·15 대책에 포함되어 처음 나왔다.

경제위기 기간 3년간 주택건설이 부족했던 것이 2001년 이후의 주택가격 상승을 가져온 주요 요인이었음을 상기하면, 온갖 규제와 중과세 조치들에도 불구하고 왜 주택 시장이 계속 불안한가를 이해할 수 있다. 현재 주택 시장이 하향 안정 국면에 접어든 데 대해 혹자는 종합부동산세의 효과라고 하지만, 금융규제와 세계적인 경기침체에 기인한 바가 더 클 것이다. 충분한 공급이 없을 때 6개월, 1년 후 어떤 일이 있을지 걱정하지 않을 수 없다.

이런 맥락에서 지난 9월 19일 발표된 주택공급대책은 환영할 만하다. 향후 10년간 500만 호를 짓되, 이 중 150만 호는 서민용 보금자리 주택으로 활용하겠다는 것이다. 필요하면 그린벨트를 풀어서라도 일반 주택보다 약 15% 저렴한 가격으로 보금자리 주택을 공급한다는 내용도 있다.

이 대책이 미분양 해소에 어려움을 줄 수 있다는 우려가 있지만, 미분양은 지방의 문제이고 이번 대책은 주로 서울 통근권의 문제이므로 양자를 연결하기는 어렵다. 또, 2기 신도시보다 우수한 입지 조건을 갖춘 곳에 주택을 건설하면 2기 신도시가 실패할지 모른다는 비판도 있다. 일부 걱정되는 바도 있으나 신도시에 짓는 주택을 재건축·재개발 또는 보금자리 주택으로 나올 수 있는 주택과 차별화하는 것이 가능하다. 그린벨트를 푸는 문제는 현실 정치적으로 쉽지 않지만, '그린'이 아닌 부분만 풀어서 지하 셋방에 사는 서민들이 햇빛을 보며 살도록 할 필요성을 국민에게 설득해야 할 것이다.

더 중요한 문제는 수요가 있을까 하는 걱정이다. 우리나라 주택 분양 시장은 가격이 오를 때 과열되었다가 가격이 안정되면 찬바람이 분다. 공급물량 목표를 지나치게 강조하면 주택 경기 진폭을 확대할 가능성이 있다. 이번 대책에서 약속한 물량 목표를 신축적으로 맞추어가야 하겠지만, 정부가 책임져주어야 할 택지를 미리미리 확보해가는 데 노력이 집중되어야 한다. 택지만 있으면 집은 언제라도 쉽게 지을 수 있기 때문이다.

(세계일보 2008. 9. 28)

29

부동산이
대폭락할까?

일본에서 주택 시장의 대폭락을 예상하면서, 내 집이 '미래 구속 장치'이며 '평생 감옥'이라는 주장이 나오더니, 우리나라에서도 유사한 전망들이 관심을 끈다. 비관론들은 대개 부동산 거품이 꺼지면서 가격이 폭락할 수밖에 없고, 가격이 하락하면 과도하게 대출받아 주택을 마련한 사람들이 파산 위기에 빠지며, 은행들도 대규모의 부실채권을 감당하기 어려울 것이라는 요지다. 향후 1년 정도의 기간을 놓고 보면, 국제경제 여건, 금융 시장 경색, 이자율 상승, 실물경제 침체 등으로 인해 부동산 가격이 하락할 가능성이 크다. 그러나 금융과 실물 분야의 악화로 인해 자산 가치가 떨어지는 현상과 이유 없이 올랐던 가격이 이유 없이 폭락하는 '거품붕괴'는 다르다.

우리나라 시장에서 거품이 없었다고 주장할 수 있는 근거는 여럿이다. 무엇보다도, 부동산과 같은 고가의 자산에 거품이 생기고 자라기 위해서는 금융 부문의 지원을 받아야 한다. 1980년대 말 일본의 경우 부동산 가격의 100%를 넘는 대출까지 나갔고, 부동산 가격 하락이 금융시스템 전체를 망가뜨렸다. 최근의 미국 서브프라임 사태도 대출의 건전성 기준을 무시하고 아무에게나 함부로 돈을 빌려준 데 근본 원인을 둔다.

우리나라에서는 2000년 이후의 주택담보 대출 증가율이 높았지만, 워낙 주택대출의 베이스 수치가 낮은 데서 출발했기 때문이지 대출 총액이 과다했기 때문이 아니다. GDP 대비 주택대출의 비율을 보면 미국이 71%, 유럽 여러 나라들이 50% 내외인 데 비해 우리나라는 아직도 35% 정도다. 또 정부의 주택담보 대출 비율(LTV), 총부채상환비율(DTI) 규제도 주택대출 채권의 안정성을 크게 높였다. 설사 주택가격에 거품이 있고, 또 가격이 크게 하락하더라도 위기 상황이 벌어질 가능성이 작다. 2007년 말 기준의 LTV 평균이 37%인데, 이는 주택가격이 반토막 나더라도 금융기관이 대출을 회수할 수 있음을 말해준다. 과도한 욕심을 부렸던 개인이나 금융기관들이 어려움을 겪을 수 있지만, 이는 시장의 규율일 뿐 전체 금융시스템의 붕괴를 초래하지 않을 것이다.

일부에서는 미분양 아파트가 금융위기를 가져올 것을 우려한다. 그러나 시중은행의 경우 부동산 PF대출이 총대출 잔액의 4.4%에 불과하다. 저축은행은 이 비율이 24.1%에 달하고 연체율도 14.3%로 높아서 정부 차원의 대책이 불가피해 보이지만, 그 심각성이 감당하기 힘든 정도는 아니다. 이런 이유로 해서 부동산에 대해 과민반응을 보일 필요가 없다. 다행히도 실제 시장의 움직임도 아직 지켜보자는 쪽이지 패닉이 몰아닥치는 상황이 아니다. 신문이나 방송에서도 "집값이 폭락한다"라는 제하에 "주간 하락률이 0.3%"라는 등, 창피할 정도로 빈약한 기사 밖에는 내지 못하고 있다.

필자는 세계 금융 시장이 안정을 찾는 시점에 오히려 주택가격 상승을 걱정하고 대비해야 한다고 생각한다. 2000~2003년간 수도권 및 서울의 연평균 주택건설은 각각 31만 7,000호, 12만 3,000호였지만, 그 후 4년간은 연평균 수도권 22만 호, 서울 5만 3,000호에 그쳤다. 강남은 2009년까지 약 2만 5,000호의 재건축 입주 물량이 있지만, 뉴타운 사업이 본격화될 강북에서는 경기가 회복되는 시점에 주택이 부족하고 가격이 오를 가능성이 크다.

부정적인 측면만 수집해 모자이크하면 암울한 그림이 나올 수밖에 없다. 전체적으로 균형된 시각에서 본다면 적어도 1990년대 말의 경제위기보다 더 나쁜 상황이 빚어지지는 않을 것이다. 당시에도 1999년 하반기까지 약 1년 반 정도만 가격이 하락했고, 2001년부터는 본격적인 가격 상승이 시작되었던 것이 기억난다.

(한국경제 2008. 10. 21)

30

종합부동산세 위헌 이후의 보완대책

헌법재판소는 13일 종합부동산세법 중 세대별 합산 부과 규정에 관해 위헌결정을, 거주목적 1주택 보유자에 관한 부과 조항에 대해서는 헌법불합치 결정을 내렸다. 이로써 말 많고 탈 많던 종합부동산세는 사실상 위력을 잃었고, 점진적으로 재산세에 흡수될 전망이다.

위헌결정은 당연한 것으로 존중받아야 한다. 일부에서는 1% 부자를 위한 감세라는 비판을 하지만, 종합부동산세 도입목적인 형평적 소득 재분배, 부동산 투기 억제 및 시장 안정, 재정 불균형 해소 등이 오로지 이들 1%의 책임인가를 반문해야 한다. 이 1%가 부동산 가격 상승을 가져왔고, 이들의 소득이 너무 높아서 분배구조가 악화했으며, 이들로부터 거둔 부동산세가 다른 지역 살림살이를 돕는 최적의 수입원이 아니라면 1%를 거론할 이유가 없다. 1%와 99%를 대립시켜 정치적 이익을 보려는 불순한 동기가 아니라면 말이다.

소수로부터 많이 거둬서 다수가 나눠 갖는 것이 그리도 좋다면 차라리 '재벌세'를 신설하자. 쩨쩨하게 6억 원, 9억 원 정도가 아니라 100억 원 이상 재산을 가진 사람들에 대해 재산가액의 1%씩만 매년 거두어도 꽤 짭짤한 세입원이 될 것이고, 이 돈으로 지방을 돕든, 저소득층을 돕든 좋은 일에 쓰면 된다. 100억 원 이상 가진 사람들은 분명 1%보다 작은 숫자일 테니 종합부동산세에 집착할 필요가 없지 않은가? '재벌세'가 나쁜 세금이라면 동일한 이유로 종합부동산세도 나쁘다.

이제는 종합부동산세가 폐지된다는 전제하에 보완대책을 마련해야 한다. 첫째로, 투기가 재연되고 주택가격이 급등할지 모른다는 우려가 있다. 종합부동산세 도입 당시 정부가 무슨 명분을 내세웠든지 상관없이 그 진정한 의도는 강남 주택가격 상승을 막으려는 경기조절 목적이었다. 현재는 부동산 시장이 극심한 침체에 빠져 있고, 건설업체들의 대량 부도가 걱정이니 최소한 원래 상태로 회귀하는 게 당연하다.

물론, 국민 생활에 심대한 영향을 미치는 부동산 조세를 경기조절 수단으로 활용하는 것은 크게 잘못된 일이다. 부동산 조세 본연의 기능이 무엇인가 하는 기본적인 문제로부터 참여정부가 잘못 꿴 단추를 풀어야 한다. 부동산 가격의 안정은 조세보다는 거시경제의 안정과 미시적 수급균형 대책으로 접근해야 한다. 이 점에서 참여정부가 주택공급을 소홀히 한 것이 걱정이다. 주택 수급을 보면, 침체된 경기가 회복되는 시점에서 강북지역을 중심으로 주택가격 급등이 가능한 상황이기 때문이다.

둘째로, 종합부동산세 세수를 이용한 부동산 교부세가 지방정부의 재정을 늘렸는데, 이 재원이 끊어지는 문제가 제기된다. 부동산 교부세는 2005년 약 6,500억 원에서 2007년에는 약 1조 9,000억 원, 2009년 예산은 무려 3조 4,000억 원 규모다. 이 액수 전액이 신규재원은 아니었다. 2006년 이전까지는 재산세 및 거래세 감소분에 대한 보전액이 상당 부분이었으므로, 실질적으로 지방 정부들이 종합부동산세로부터 큰 혜택을 본 것은 2007년부터다. 냉정하게 말하면 2007년의 거액 교부세를 우연한 횡재로 치부하라고 할 수 있다. 그 이전 수십 년간 부동산 교부세 없이도 살 수 있었으니 말이다. 그러나 현실 정치 역학상으로는 무언가 중앙정부가 따로 재원을 만들어주지 않을 수 없을 것이다.

셋째로, 중산층 붕괴 등에 덧붙여 종합부동산세 폐지가 소득분배 구조를 악화시킬 것이라는 걱정도 있다. 그러나 최근 진행되고 있는 연구는 종합부동산세가 역진적인 성격을 강하게 가지고 있다는 사실을 보여준다. 종합부동산세 대상 주택에 사는 사람들이 꼭 고소득자가 아니기 때문이다. 그에 앞서 소득분배의 문제를 재산세로 풀려고 했던 것은 잘못이다. 소득 재분배가 필요하면 소득세로 접근해야 한다. 유럽 여러 나라들이 주는 교훈처럼 소득세도 일정한 한도 내에서 활용되어야 한다. 결국 경제활동의 결과를 세금으로 보정하는 데는 한계가 있다. 부자들의 소득을 낮추는 데 힘쓰기보다는 저소득층을 돕는 기본적인 사회안전망 구축과 함께 이들의 고용과 소득을 높이는 교육, 훈련에 주력하는 것이 더 바람직한 접근이다.

(세계일보 2008. 11. 14)

31

정밀하게 접근해야 하는
부동산 시장

세계 금융위기의 여파로 우리나라에서도 실물경제가 본격적인 침체에 접어들고 있다. 특히 부동산과 금융 시장이 밀접히 연계된 현실에서 주택 시장 위기가 국민경제 전체를 수렁에 빠뜨릴 것이라는 비관론이 나온다. 한국부동산분석학회와 한국주택학회는 지난주 '금융위기와 주택 시장'을 주제로 학술대회를 열었다. 부동산 분야 연구에 일생을 건 학자들이 열띤 토론을 벌인 이 자리에서도 다양한 시각과 가능성이 제기되었다. 주관적으로 요약한다면, 일부 비관론에도 불구하고 통계에 기초한 객관적 전망은 최악의 시나리오와는 거리가 있다.

첫째, 주택가격이 폭락한다는 잇단 보도에도 불구하고 정부의 주택가격 공식통계, 실거래가 자료, 경매 낙찰가율 중 어느 것도 폭락설을 뒷받침하지 않는다. 거래가 동결된 상태에서 가끔 나오는 급매물 가격을 일반적 가격 동향으로 보기는 어렵다. 주택가격 하락이 국제경제 악화, 금융 시장 경색, 실물경제 침체 등을 반영하는 데 그치지 않고 이유 없이 오른 가격이 폭락하는 '거품붕괴'라고 보기는 어렵다. 부동산과 같은 고가의 자산에 거품이 생기고 자라기 위해서는 금융 부문의 지원을 받아야 하는데, 우리 시장에서는 LTV, DTI 등의 대출 규제가 이를 막았다. 최근 몇 년간 주택가격은 강북지역의 주택 수급, 금융 규제, 재건축 규제, 부동산 중과세 등 모두 나름대로 설명이 가능한 범위에서 등락했다.

둘째, 은행권의 LTV는 6월 기준 평균 48.8%다. 미국의 서브프라임 모기지는 2006년 LTV가 94%에 이르러 조금만 가격이 하락해도 대출이 부실화한 것에 비해, 우리는 그럴 위험이 적다. 실제 2008년 2분기 시중은행의 주택담보 대출 연체율은 0.4%다. 일부 주택은 저축은행의 추가 대출로 LTV가 80~90%에 달하지만, 그 전체 규모가 걱정할 정도로 큰지는 알 수 없다. 주택가격이 계속 하락하면 과도한 욕심을 부렸던 개인이나 금융기관이 큰 어려움을 겪을 수 있지만, 이는 시장의 규율일 뿐 금융시스템의 붕괴를 부르지는 않을 것이다.

셋째, 전국적으로 15만 7,000호에 이르는 미분양 주택은 방치할 수 없는 문제다. 그러나 6월 말 기준, 시중은행 부동산 PF대출은 총대출 잔액의 4.4%에 불과하고 연체율도 0.68%다. 저축은행의 PF대출은 대출 잔액의 24.1%에 달하고, 연체율도 14.3%로 높아 대책이 불가피하다. 최근 정부가 공적자금 투입을 결정했지만, 수요 진작을 위해 전향적 조치가 더욱 필요하다. 일부 건설 회사와 저축은행의 부실화는 피할수 없겠지만 국민경제를 휘청거리게 할 가능성은 작다.

2009년 전망은 어떤가? 밝은 면을 본다면, 금리가 크게 오를 가능성이 작아 소비자 대출이 부실화하고 주택가격이 폭락할 가능성도 작다. 경제위기 극복을 위해 각국 정부가 쏟아내는 유동성이 4조 달러에 달한다는 추산이 있는데, 이 돈이 돌기 시작하면 자산 시장에서 유동성 장세가 벌어질 가능성도 있다. 부정적 측면에서는 세계 경제가 장기 침체에 접어들 가능성이 커 부동산 시장이 침체될 수 있다. 1990년대 말 경제위기가 세계 경제 호황 덕에 V자형 패턴이었다면, 이번에는 L자 패턴을 보일 가능성이 크다. 그렇다고 해도 균형된 시각에서 본다면 10년 전 경제위기보다 더 나쁜 상황이 오지는 않을 것이다.

최근 여야는 부동산 감세안에 합의했지만, 부동산 가격이 올라 걱정하던 때 도입되거나 강화된 세금을 원상태로 복구하는 데까지 이르지 못했다. 지금처럼 부동산 가격 하락이 큰 걱정거리일 때, 정치권이 상황인식을 올바로 하지 못하는 게 아닌가 한다.

(한국일보 2008. 12. 11)

32

소통과 포퓰리즘은 다르다

　필자가 유학 가서 처음 보았던 1981년의 미국 경제는 최악이었다. 반도체, 전자제품, 자동차를 비롯한 많은 제조업 분야에서 미국은 속수무책으로 일본 기업들에 시장을 내주고 있을 정도로 경쟁력을 잃었고, 국가 경제도 두 자릿수 실업률과 두 자릿수 물가상승의 스태그플레이션 현상에 시달렸다. 레이건(R.Reagan) 대통령은 소련과 핵무기 경쟁으로 군사비 지출을 늘리면서도 세금을 낮추는 보수주의 정책에서 한 치도 양보하지 않아 재정적자가 눈덩이처럼 불어났다.

　핵전쟁에 대한 공포, 재정적자에 대한 우려, 실업자들의 아우성, 물가상승 때문에 못 살겠다는 여론 등 레이건 정부에 대한 비난의 소리가 높았던 것은 당연하다. 게다가 대통령은 어떤 사안에 대해서도 깊이 알지 못하는 것이 분명했고, 툭하면 공식 석상에서 졸거나 말실수하곤 했다. 당시 인기 있던 둔스베리(Doonesbury)라는 연재 시사만화는 '레이건의 두뇌'를 탐험하는 리포터가 온갖 비현실적인 풍경을 보게 되는 스토리를 그리면서 대통령을 조롱했다.

그런데도 레이건 대통령은 연임에 성공한 것은 물론, 역대 훌륭한 대통령의 한 사람으로 꼽힌다. 진보 지식인들의 보루인 캘리포니아 버클리 대학에서 공부하면서 알게 모르게 레이건 대통령에 대해 부정적으로 인식하고 있던 필자는 이런 현상을 예상할 수 없었다. 몇 년 동안이나 경제가 엉망이고, 진보 지식인들이 목소리 높여서 대통령을 비난해도 왜 대중은 레이건 대통령을 지지할까?

이 현상을 이해하기 위해서는 레이건 대통령을 야유하고 심지어 혐오하던 진보 지식인들마저 그가 위대한 소통자(Great Communicator)라는 것을 부인하지 못했던 데서 실마리를 찾아야 한다. 레이건 대통령의 진단은 정확했고, 메시지는 단순했으며, 정책은 일관성을 가졌다. 경제 측면에서의 메시지는 세금을 낮추고 규제를 풀어서 기업 활동을 자유롭게 하면 경제는 저절로 회복된다는 것으로 요약할 수 있다. 실업, 인플레이션, 재정적자가 악화되는데도 일관된 정책을 꾸준히 밀고 나갔다. 세부적인 사항은 알려고도 하지 않았고, 아마 알지도 못했을 것이다. 그러나 그는 큰 방향에서 단순하지만 적확한 처방을 바탕으로 미래에 대한 희망을 주었다. 힘들어 지칠 때쯤 TV나 라디오로 따뜻한 위로의 말과 함께 정책을 쉽게 설명해주면서 밝은 미래를 전망해주는 대통령에게 사람들은 고개를 끄덕였다. 대중은 미래가 밝다면 현재의 고통을 참아줄 수 있었던 것이다.

그로부터 30년 가까운 세월이 흐른 오늘의 한국에서 '소통'의 문제가 끊임없이 제기된다. 대통령이 시장 바닥을 돌고, 서민들과 대화하는 모습이 연출되기도 하고, 정부도 서민들을 위한 정책들을 많이 준비하는 것 같다. 경제가 어렵더라도 우리가 우리 중의 약자들을 도우면서 힘을 모아야 하는 것은 당연하다. 그러나 서울 강남지역의 LTV 규제를 강화하고, 다주택 보유자의 전세금 이자소득에 대해 소득세를 부과하는 등 새로 거론되는 부동산 정책들은 '소통'과 거리가 먼 포퓰리즘 정책이다. 모든 사람이 나누어 먹는 파이의 크기가 정해져 있다면 부자를 때리는 정책이 곧 서민을 위하는 정책이다. 그러나 경제는 운용하기에 따라 커지기도 하고 작아지기도 한다. 다주택 보유를 억제하면 서민들이 금방 집을 살 수 있게 될 것 같지만, 셋집이 없어지고 전체 주택공급이 줄어드는 결과를 초래한다. 결국 부자와 서민이 다 같이 못살게 된다.

'소통'은 중요하다. 그러나 감정에 호소하는 소통을 위해 올바른 정책 방향을 포기해서는 안 된다. 오히려 올바른 정책의 추진을 위해 국민을 이해시키는 소통을 해야 한다. 대통령이 정책의 세세한 내용을 챙길 이유가 없다. 그저 큰 방향이 올바르게 잡히고, 국민이 그 안에서 미래를 설계할 수 있도록 다독여주면 될 것이다.

(Noble Asset 2009. 7)

33

주택 시장의
큰 흐름

　우리나라 사람들 중 교육과 부동산, 그리고 축구에 대해 전문가가 아닌 사람이 없다지만, 정확한 사실을 찾아보고 정리하는 일은 쉽지 않다. 교육과 축구는 다른 전문가들에게 맡기고, 여기서는 통계에서 보이는 우리 주택 시장의 큰 흐름에 대해 일견하도록 하자.

　다음 (표 2-1)은 지난 10년, 15년, 그리고 22년간의 연평균 주택가격 변동률을 다른 경제변수들과 대비한 것이다.

　1998년부터 10년간의 평균을 보면 주택가격은 전국적으로 매년 5.57% 올라서 소비자 물가상승률(2.93%)을 크게 앞선다. 서울지역 (8.52%), 특히 강남 아파트(13.02%)의 상승률은 전국보다 훨씬 높다. 지난 10년만 놓고 보면 우리 국민의 주택구입 부담은 감당하기 어렵게 증가했다. 그러나 지난 10년간의 주택가격 동향은 예외적이었다. 기점인 1998년이 IMF 경제위기로 주택가격이 폭락한 때였기 때문이다. 낮았던 연도부터 시작해서 상승률을 따지면, 그 값이 크게 나올 수밖에

(표 2-1) 주택가격과 여타 경제변수의 연평균 변동률 비교 (단위 : %)

구분		1986~2008 (22년 평균)	1993~2008 (15년 평균)	1998~2008 (10년 평균)
주택가격지수	전국	4.27	3.10	5.57
	서울	5.30	5.02	8.52
	강남	6.78	6.27	10.33
	강북	3.63	3.61	6.46
APT가격지수	전국	6.76	5.09	8.03
	서울	8.18	7.46	11.59
	강남	9.01	8.63	13.02
	강북	6.40	5.36	9.06
소비자 물가지수		4.61	3.79	2.93
도시근로자 가계소득		10.27	6.78	6.22
지가지수		5.12	1.56	3.58

자료 : 국민은행, 'KB 주택가격 동향'

없다. 우리 주택 시장의 일반적인 동향을 보기 위해서는 더 긴 기간을 잡아야 한다.

(표 2-1)에서는 주택가격 통계가 시작된 때부터 22년간의 연평균 상승률을 보여준다. 이 기간에 전국 주택가격 상승률은 연 4.27%로 물가상승률(4.61%)보다 낮았다. 전국 평균 주택 실질가격은 지난 20여 년간 하락했다는 것이다. 서울(5.30%)이나 강남 아파트(9.01%)는 물가보다 많이 올랐지만, 근로자 가계소득 증가율(10.27%)에 미치지 못한다. 긴 기간을 두고 본다면 우리 국민의 주택구입능력은 커졌다. 우리나라 주택들이 질적으로도 크게 나아진 것을 감안하면, 평균적인 주거여건은 매우 좋아졌다는 결론이 나온다.

많은 사람에게 〈표 2-1〉의 통계는 놀랍거나 믿을 수 없는 수치일 것이다. 다른 대안이 없다는 이유만으로도, 통계가 믿을 만한 범위 안에 있다고 전제하고, 왜 통계 수치와 우리 머릿속에 주입된 '주택가격이 언제나 많이 올랐다'라는 관념 사이에 차이가 클까?

주택가격은 2~3년간의 폭등과 6~7년간의 안정 내지 하락 패턴을 보이곤 했는데, 간헐적인 주택가격 폭등은 개개인의 주거생활과 자산 축적에 결정적인 영향을 미쳤다. 가격이 폭등해 내 집 마련의 꿈이 요원해졌던 기억이나, 반대로 가지고 있는 아파트 가격이 올라서 확고히 중산층의 반열에 올랐던 기억은 지워지지 않는다. 단기간의 가격 급등 기억이 장기간에 걸친 가격안정의 기억보다 선명히 남기 때문에 주택가격이 항상 크게 오르는 것처럼 느껴진다. 예를 들어 1990년대 10년간 주택가격은 거의 하락 내지 안정되었던 데 비해 물가는 꾸준히 올랐지만, 주택가격이 실질 가치 기준으로 절반 가까이 떨어졌었다는 사실을 기억하는 사람들은 많지 않다.

전국적인 주택가격 상승이 대략 물가상승 수준이라는 명제는 이론적으로 합당하다. 만약 다른 물가에 비해 주택가격만 많이 오른다면 주택 시장 쪽으로 자원이 쏠려서 주택공급이 늘고, 가격이 하락하는 힘이 작용할 것이기 때문이다. 경제학자들이 말하는 소위 동태적 균형의 개념이다. 물론 이런 이론은 '합리적이고 그럴듯한 스토리'일 뿐이고, 실제 자료들로써 반복적으로 검증되어야 비로소 믿을 만한 법칙성을 인정받을 수 있다. 이와 관련된 실증 자료 중의 하나가 미국 주택거품을 둘러싼 논쟁이다. 2005년에 미국 주택 시장의 거품붕괴를 경고하고 나선 예일대학의 쉴러(Robert Shiller) 교수가 내세운 주된 근거는 1948년 이후 주택가격이 물가와 거의 유사한 상승률을 보인 것에 비해, 1997

년에서 2004년 사이의 실질 주택가격 상승률은 무려 52%에 달했다는 사실이었다.

과거 20여 년의 연평균 주택가격 상승이 4%대 초반이었다면, 앞으로는 어떨까? 주택을 전문적으로 연구하는 교수, 연구원들로 이루어진 한국주택학회 회원을 대상으로 2005년 시행한 설문 조사 결과, 향후 20년간의 상승률이 과거에 비해 낮을 것이라는 전망이 70%였다. 구체적인 수치로는 연평균 2% 내지 그 이하로 답한 응답자가 30%, 3%로 답한 응답자가 38%였으며, 나머지가 4% 이상이었다. 주택가격이 여론에 의해 오르고 내리는 것은 아니다. 그러나 경제성장률이나 물가 추이, 인구학적 변화 등을 고려할 때 앞으로 주택가격 상승이 과거보다 낮으리라고 전망하는 데 무리가 없어 보인다.

특히 고령화 및 인구감소 추세가 주목된다. 우리 인구는 2018년에 4,934만 명을 정점으로 감소하기 시작해서 2037년에는 현재 인구 수준으로 되돌아올 것으로 전망된다. 그러나 고령화 등의 추세 때문에 급격히 주택수요가 줄고 가격이 폭락하는 등의 사태가 빚어질 것을 예견하기는 이르다. 우선, 아직도 주택이 매우 부족하다. 인구 1,000명당 주택 수를 보면 우리나라는 전국 330호, 수도권 315호다. 미국, 영국, 일본 등 대부분의 선진국은 인구 1,000명당 주택 수가 420호 내외이므로, 선진국 수준으로 수치를 높이려 한다면 약 500만 호의 주택이 더 필요하다.

또 인구구조의 변화, 소득과 주택가격의 변화에 대한 여러 시나리오 하에서 장기 주택수요 변화를 전망한 실증 연구를 보면 최악의 시나리오에서도 2025년 이후에야 주택수요가 마이너스로 돌아선다. 가능성이 더 큰 시나리오라면 2030년 이후에도 주택수요는 증가한다. 전체인구가 줄어도 가구 수가 증가하고, 주택수요 연령대의 인구가 늘어나며, 소득이 상승하기 때문이다. 결국 현재와 같은 수준의 주택건설과 소비가 적어도 10년 이상 지속된다고 볼 수 있다. 인구는 주택수요를 결정하는 많은 요인 중 하나일 뿐이다.

한편, (표 2-1)에서 주목할 점은 전국 모든 지역, 모든 유형의 주택가격 상승률이 같지 않았다는 것이다. 전국보다는 서울, 서울 중에서도 강남의 상승률이 높고, 일반 주택보다 아파트의 가격 상승이 빠르다. 기간별로 나누어볼 때도, 시기별 가격 상승률은 매우 다르다. 이 같은 현상은 시기적으로, 지역적으로, 주택유형별로 가격 상승이 편중된다는 사실을 잘 보여준다. 장기 평균적인 주택가격 상승률이 높지 않았더라도 어쩌다가 가격 급등기에 집을 사려 했던 사람들은 뼈아픈 경험을 할 수밖에 없었다. 이 현상은 앞으로도 반복될 것이다. 좋은 주거 여건을 갖춘 곳의 잘 지은 주택과 그렇지 못한 주택의 차별화가 더욱더 거세게 진행될 가능성이 크다.

지역적으로는 향후 서울의 중심성이 더 커질 것이다. 우리나라가 대외적으로 더욱 개방되어 외국과의 교류가 증가하고 외국의 고급두뇌가 많이 들어와서 일하고 살며, 경제구조가 서비스산업 위주로 재편되면서 연관된 기능들이 모일수록 생산성이 높아지는 '집적의 경제'가 커질 수밖에 없다. 고령화 추세와 연관되어서도 일본이 경험한 지방도시, 위성도시의 몰락과 도쿄 중심부로의 인구회귀 현상이 우리나라에서도 진행될 것으로 예상된다. 수도권의 2기 신도시, 지방의 혁신도시, 행복도시 등은 어려움을 겪을 가능성이 있다.

결론적으로 전국적인 주택 시장은 앞으로 안정될 것이지만, 인구가 몰리는 수도권, 특히 서울 통근권의 주택 시장은 여전히 견조한 흐름을 보일 것이 예상된다. 고령화 사회의 진전에 따라 도심 회귀 경향이 커질수록, 서울의 인프라가 재건축이나 뉴타운 사업 등을 통해 업그레이드될수록 이 흐름은 강화된다. 과거 5~6년간의 서울 통근권 주택공급이 크게 위축되었으므로 주택 수급이 걱정되는 상황이다. 이런 추세가 사회적 약자들의 주거 불안을 초래하지 않도록 보금자리 주택건설이 추진되고 있는데, 많은 세부적인 문제점에도 불구하고 큰 시각에서 옳은 방향이라고 평가할 수 있다.

(네이버 2010. 4. 21)

34

대세 하락론의
허와 실

　2008년을 돌이켜 보자. 추석 연휴를 기점으로 몰아닥친 미국발 금융위기로 자산 가격이 급락하는 가운데 제기된 '부동산 대폭락론'이 가뜩이나 심란한 마음들을 더욱 움츠리게 했다. '반값 아파트' 또는 '깡통 아파트' 제하의 신문 기사들은 손해 보고라도 집을 팔지 않으면 큰일 날 듯한 위기감을 불러일으켰다. 그러나 주택가격은 불과 6개월 만에 이전가격을 거의 회복했다. 대폭락론에 경도되어 집을 급히 팔았거나 사야 할 때 사지 않았다면 적지 않은 손해를 보았을 것이다.

　이번에는 '대폭락론'이 '대세 하락론'으로 이름을 바꾸어 관객을 모으고 있다. 유수의 금융기관 연구소들이 논쟁에 뛰어들어 하락론에 힘을 보태는 바람에 많은 사람을 불안해한다. 이 연구소들이 본연의 영역인 환율, 이자율, 주식 가격 등을 얼마나 잘 맞추는지 모르지만, 왜 부동산 예측은 금융변수들의 예측에 비해 쉽다고 자신하는지 의아하다. 이들 보고서는 "삼성전자의 PER이 인텔에 비해 낮으므로 삼성전자 주가가 폭등한다"라고 결론 내리는 수준의 분석이다. 정확한 예측을 위해서는 훨씬 정밀한 접근이 필요하며, 그나마도 틀릴 가능성을 열어 두어야 한다. 주식이든, 부동산이든 미래 예측에는 항상 신중하고 겸손해야 한다.

예컨대, 지난 20여 년의 긴 기간을 두고 보면 전국 주택가격 지수는 연평균 4.27% 올라서 물가상승률(4.61%)보다 낮았다. 주택 실질가격이 장기간 하락해온 것이다. 반면에 서울의 아파트만 골라서 보면 연평균 8.18% 올라서 물가상승률을 크게 초과한다. 그러나 서울 아파트 가격 상승도 근로자 가계소득 증가율(10.27%)에 미치지 못한다. 또 이 수치들은 우리나라 주택들이 질적으로 크게 개선된 것을 반영하지 않는다. 주택가격이 많이 올랐다거나, 그렇지 않다거나 주문대로 결론이 나올 수 있다. 이런 전체적인 모습을 보여주지 않고, 단편적인 증거만을 내세우는 것은 정직하지 못한 태도다.

2003년 이후 지역별 시장들은 크게 다른 양상을 보였다. 지방 시장은 미분양 사태로 침체했고, 신규 공급이 거의 중단되는 과정을 거쳐 간신히 회생의 기미를 보인다. 수도권 외곽지역은 '옥석 가리기'가 빠르게 진전되고 있다. 서울 통근권의 시장은 지난 5~6년간 공급이 부족했기 때문에 여러 악재에도 불구하고 가격 하락이 뚜렷하지 않다. 최근 시기만 해도 이처럼 지역별 시장 상황이 크게 다르므로 어떤 '대세'를 논하기는 무리다.

시장 경제에서 수요와 공급의 상호작용에 따라 가격은 오르기도 하고 내리기도 한다. 일반적인 수요 - 공급으로 설명되지 못하는 현상, 예컨대 부동산 가격 거품이 우리 주택 시장에 있다고 보기는 어렵다. 최근의 금융위기 때 주택가격이 하락한 것은 국제경제 악화, 금융시스템의 불안, 그리고 실물 부문의 침체 여파로 주택의 내재가치가 떨어졌던 것 때문이지, 주택 시장이 스스로 붕괴할 가격 거품을 키웠던 때문이 아니다.

LTV, DTI 규제 등으로 인해 거품이 자라는 데 필수적인 금융지원이 없었고, 참여정부 주택 대책들이나 금융위기의 충격을 버티어 냈을 거품은 상상하기 힘들다. 현재의 시장 침체가 거품붕괴라면 가격은 훨씬 더 많이, 더 빠르게 떨어지는 동시에 금융시스템이 휘청대야 한다. 1980년대 말의 일본과 2000년대 중반의 미국에서는 부동산 시장이 위기의 진원지였지만, 우리나라 부동산 시장은 경제의 다른 부문에서 촉발된 위기의 파편을 맞았을 뿐이다.

주택가격은 수급, 금융규제, 이자율, 세금, 소득 등 일반적인 수요 - 공급 요인들에 따라 변해간다. 현재와 같이 침체되기도 하지만, 이 상태가 영원히 지속되지도 않는다. 낙관적인 사람은 사는 것이고, 비관적인 사람은 팔면 된다. 여러 증거들을 분석해 조심스럽게 의견을 제시하면 될 뿐이지, 대세 하락이든 상승이든 소리 높여 주장하는 것도 삼가는 게 좋다. 내 말을 따라 했다가 손해 본 사람들에게 보상을 주지도 못하지 않는가.

(조선일보 2010. 5)

35

주택 경기를 살리기보다
시장 정상화가 우선

　지난주 관계 장관들이 모여 몇 시간씩 토론하고도 아무 발표할 것이 없다면서 그냥 헤어지는 보기 드문 일이 벌어졌다. 대기하고 있던 수십 명의 기자와 언론사 부탁으로 논평을 준비하고 있던 전문가들이 황당함을 금하지 못했다. 이 해프닝은 주택정책이 표류하는 모습을 잘 보여준다. DTI 규제, 보금자리 주택공급, 다주택자 양도소득세 중과세, 분양가 상한제, 투기지역 지정 등에 관련된 정책적 불확실성이 시장 참여자들의 혼란을 가중하고 있다. 정부가 정부의 역할을 제대로 해야 국민이 믿고 따르면서 각자의 생업에 종사할 텐데, 정부가 국민의 걱정을 더하고 신뢰를 잃고 있다. 부처마다의 정책 처방이 다른 이유는 시장 상황에 대한 진단이 서로 다르고, 감당할 수 있는 위험에 대한 입장 차가 크기 때문이다. 동의할 수 없어도, 이 같은 차이를 이해하기는 어렵지 않다.

　우리가 쉽게 주택 시장이라고 말하지만, 주택 시장은 하나가 아니다. 서울 경계 안쪽은 5년 이상 공급이 위축되었으므로 요란한 급매물 소식에도 불구하고 큰 폭의 가격 하락이 없다. 시장의 불안이 진정되면 언제든지 가격이 상승할 잠재력이 있다. 전세가 상승이 그 조짐이다. 서울 통근권의 시장은 서울의 영향 아래 있지만, 이미 서울과 뚜렷하게 구별되는 변방 시장이 되어버렸다. 서울과 통근이 불편한 외곽지역은 참여정부 말기에 쏟아낸 주택 분양 및 택지공급 물량 때문에 미입주, 미분양 사태가 대규모로 발생할 것으로 예상된다. 2011년까지도 공급 과잉에 따른 시장 침체를 피하기 어렵다. 이에 비해 지방 시장은 2004년 이래의 미분양이 지역에 따라 어느 정도 해소되고 있다. DTI 규제 완화는 각각의 시장에 서로 다른 영향을 줄 것이다. 서울 외곽지역의 미분양 해소에 약간의 도움이 될지 모르지만, 강남지역의 집값이 불안할 수 있다. 강남 집값이 오르면 안된다는 입장이라면 당연히 규제 완화에 반대하게 된다.

또, 이명박 정부가 가장 역점을 두고 추진한 두 가지 국책사업이 4대 강과 보금자리 주택인데, 4대 강 쪽에서 심각한 역풍을 맞고 있다. 보금자리 주택마저 양보한다면 결국 아무 일도 못 하고 임기를 마칠 위험이 있으니 어떠한 조정도 불가하다는 것이 정부의 입장이다. 다주택 보유자 양도소득세 중과세, 분양가 상한제, 강남 3구의 투기지역 지정 등의 문제에 대해서도 친서민을 표방하고 나온 입장에서 쉽게 경감 조치를 단행하기 어렵다. 부자들을 이롭게 하면 친서민이 아니라는 이상한 공식이 통용되고 있기 때문이다. 결국 주택가격의 등락 및 그 정치적 파장만을 고려한다면 아무 일도 하기 어렵다. 현재 정부가 빠져 있는 딜레마다.

주택문제를 정치화한 것은 노무현 정부다. 2003년 이래 '어떤 비용을 치르더라도' 강남 집값 오르는 것을 막으려 했다. 지나놓고 보면 왜 그렇게 강남 집값에 집착했는지 알 수 없다. 2005년 말까지도 강남을 제외한 모든 지역의 집값은 물가나 소득에 비해 안정되어 있었으므로, 강남이 비싸서 못 사면 강북에서 집을 살 수 있었고, 살 능력이 없으면 전세로 사는 데 문제가 없었다. 1980년대 말처럼 저소득층이 아무 데도 갈 수가 없어서 길거리에 나앉아야 하는 비극적 상황은 분명 아니었다. 여하튼 노무현 정부 아래에서 강남 집값을 잡기 위해 수십 차례 대책이 나오면서 세제, 규제 등 모든 관련 정책들이 비틀어지고 왜곡되었다. 노무현 정부 때부터 가격, 특히 강남 집값 동향이 부동산 정책의 평가 준거가 되다시피 했지만, 이는 정상이 아니다.

DTI 규제를 예를 들어보자. 이 규제는 상환능력이 있는 사람들에게만 대출이 나가게 하는 목적을 가진다. 어떤 DTI 수준에서 대출 원리금을 상환하지 못하는 사람이 많으면 DTI가 잘못 정해진 것이다. 미국의 경우 DTI가 30% 내지 35% 범위를 초과할 때 대출금을 갚지 못하는 사람들의 비율이 급격히 상승한다는 증거 때문에 이 수준의 DTI가 적당한 것으로 보지만, 채무자의 직업, 소득과 재산, 신용정보 등을 종합적으로 평가해 대출실행 여부를 결정한다. 우리나라에서는 DTI 규제 도입 당시부터 본연의 목적보다는 강남 집값을 잡을 수 있나 없나 여부가 관심사였고, 현재에도 마찬가지다. 현 규제 수준이 채무자들의 상환 능력을 정확히 반영하는가 하는 가장 중요한 문제에 대해서 논의가 없다. LTV 규제도 같은 상황이다. 금융 건전성을 목적으로 해야 할 규제들이 주택 경기 조절 수단으로 왜곡되어 있기 때문이다.

DTI나 LTV 규제는 개편되어야 하지만 그 목적이 '가격 하락을 막고 건설업체들을 살리기 위해서'라면 손대지 않는 것이 차라리 낫다. 경기가 조금만 살아나면 곧바로 다시 묶어야 한다는 말이 나올 것이고, 그만큼 시장의 불확실성을 증폭시키기 때문이다. 금융규제의 개편은 금융 건전성의 관점에서 이루어져야 한다. 국민이 누리는 금융의 혜택을 최대화하면서도 대출채권의 부실화 가능성을 최소화하는 균형을 찾아가야 한다. 아마도 LTV를 높이고 DTI는 채무자의 여러 조건과 종합적으로 고려하는 방향으로 운용해야 할 것이다.

세제도 마찬가지다. 종합부동산세 도입, 과표 인상, 다주택 보유자 중과세 등 노무현 정부의 세제개편은(지금에 와서 다른 소리를 할지 모르지만) 한마디로 말해 집값을 낮추는 목적을 가졌다. 세수 확보를 위해서 꼭 필요하다거나 시장의 실패를 치유한다는 등의 목적이 아니라 국민 재산 가치를 낮추기 위해 세금을 올린 것이다. 집값이 너무 올라서 세금을 올릴 수밖에 없었다고 주장할지 모르지만, 그렇다면 집값이 내려갈 때는 세금을 낮추어주어야 한다는 말인가? 그렇게 세금이 경기조절 수단으로 사용되면, 언제 세금이 오를지, 언제 내릴지에 대한 불확실성 때문에 시장이 정상적으로 작동하기 어려워진다. 세금은 자산 소유권의 일부를 국가로 귀속시키는 효과를 가지므로 세 부담의 등락은 국민의 재산 가치를 늘렸다 줄였다 하는 결과를 낳는다. 정부가 마음대로 국민의 재산을 줬다 빼앗다 하는 것은 바람직하지 않다.

연말이 가까워지면 현재의 다주택 보유자에 대한 양도소득세 중과세 경감 조치를 연장할 것인지, 종합부동산세를 지방세로 전환한다는 대선공약을 어떻게 할 것인지 논란이 커질 것이다. 노무현 정부 때 비상 상황에 대해 비상한 조치를 했다면, 이제 비상 상황이 지났으니 김대중 정부 시절의 정상 세제로 돌아가는 것이 당연하다. 그렇지만 이 역시도 집값을 안정시키기 위해서라거나 건설업체를 살리기 위해서라면 달갑지 않다. 세금을 경기조절 수단으로 보는 시각이기 때문이다. 세제개편도 교과서적인 원칙에 따라 좋은 세제를 만들기 위한 목적으로 추진되어야 한다.

자본주의 경제에서는 경기가 좋아지기도 하고, 나빠지기도 한다. 올라야 할 가격은 올라야 하고, 내려야 할 가격은 내려야 한다. 이를 통해 잘한 사람과 잘못한 사람이 구별되고 경제의 낭비 요소가 제거된다. 이런 시장 기능이 크게 훼손되어 있다. 경제시스템이 무너져 내리는 정도의 상황이 아니라면 시장이 뜨거나 가라앉거나 정부개입을 삼가야 한다. 현재 상황에서 부동산 정책을 개편해야 하지만, 이는 각각의 제도가 가진 고유한 목적을 달성하면서도 시장의 기능을 정상화하도록 하는 뚜렷한 목적 아래 이루어져야 한다. 그리고 지금이 그 일을 하기 좋은 때다.

(네이버 2010. 7. 26)

36

전세난은 매매가 상승의 전조인가?

전세금(이하, 전세가)이 오르고, 그나마도 전셋집을 구하기 힘들다. 전세난이 매매가 상승의 전조일 수 있다는 우려가 커지고 있다. 과연 그러할까? 전세가와 매매가의 관계에 관한 학계의 연구 결과들을 소개해 현 상황에 대한 이해를 돕고자 한다.

전세는 임차인이 매월 임대료를 지급하는 대신 목돈을 보증금으로 맡기고 임대 기간이 만료될 때 보증금 전액을 상환받는 임대차 계약 형태다. 임대인에게는 전세가에서 발생하는 수익이 임대료에 갈음되는 수입이다. 임대인과 임차인 각자에게 전세 계약은 월세에 비해 독특한 장단점이 있지만, 여기서는 그보다도 어떤 요인들이 전세가와 매매가를 결정짓는지를 검토해보자.

전세가는 전세가 × 운용 수익률 = 임대료라는 관계를 만족시킨다. 전세가, 운용 수익률은 이자율과 같지는 않겠지만, 대략 유사한 방향으로 변동할 것이다. 임대료는 현재의 임대 시장 수요와 공급으로 결정된다. 따라서 전세가는 현재의 임대주택 수급과 이자율에 의해 영향을 받는다.

매매가는 주택이라는 자산의 가치이므로 현재와 미래의 임대료에서 비용을 제한 현금 흐름의 현재가치다. 현재와 미래의 임대료는 해당 시점의 임대주택 수급이 결정한다. 세금 등의 비용 변수들이 고려되지 않는다고 할 때, 매매가는 현재와 미래의 주택 수급과 이자율에 의해 결정된다. 전세가에는 현재의 수급 요인들만이 작용하는 데 비해 매매가에는 미래 요인들까지 영향을 준다.

주택공급이 부족한 수급의 문제는 매매가와 전세가를 모두 올리는 힘으로 작용한다. 하지만 매매가에는 미래 요인들이 추가로 작용한다. 전세가만 오르고 매매가가 안정되는 임대주택의 공급이 상대적으로 부족한 수급 상황이지만, 미래에 대해서는 공급이 부족하고 가격이 오를 것으로 예상하는 사람들이 많지 않은 것을 반영한다. 거꾸로 현재 수급에 문제가 없고 미래에 수요가 상대적으로 더 많을 것으로 전망되면 매매가만 오르고 전세가가 안정되는 것도 가능하다.

결국 매매가와 전세가 어느 한쪽의 변동이 다른 쪽에 어떻게 영향을 줄지를 선험적으로 확정 지어 이야기할 수 없다. 전세가가 매매가를 "쳐올린다"라거나 매매가가 전세가를 "끌어 올린다"라거나 하는 주장에는 이론적인 기반이 없다. 다만, 어떤 충격이 전세가와 매매가에 영향을 미치는 속도에 차이가 있을 수 있다. 예를 들어, 주택 수급의 불안이 전세에 즉각적으로 영향을 미치지만, 매매가에는 좀 늦게 영향을 미친다면, 마치 전세가가 매매가를 선도하는 것처럼 보일 수 있다. 선행 – 후행의 관계가 규칙성을 가지고 있다면, 선행하는 현상으로부터 후행하는 현상을 예측하는 것이 가능하다. 이런 아이디어에서 출발해서 전세가, 매매가 변동의 관계를 연구한 결과들이 다수 있다(참고로, 이런 연구를 그랜저 인간관계(Granger causality) 검증 연구라고 한다).

전세가와 매매가의 선행 – 후행 관계에 관한 주요 연구 결과들을 보면 전반적으로 전세가와 매매가 사이에 뚜렷한 인과관계가 없다는 결론이 일반적임을 알 수 있다. 매매가 상승 또는 하락이 전세가 상승 또는 하락을 항상 선행하지 않았고, 반대의 경우도 규칙성을 찾아보기 힘들었다.

결국, 현재의 전세가 상승으로부터 매매가 상승을 자동으로 예고할 만한 이론적·실증적 근거는 없다. 전세가 상승을 가져온 요인들, 그리고 기타의 매매가 결정 요인들을 하나하나 살펴보아서 매매 시장에서 전개될 상황을 예측하는 작업이 불가피한 것이다. 일부에서 조심스럽게 예측하듯이 2011년에 주택가격이 완만한 상승세로 전환된다면, 이는 전세가가 매매가를 쳐올렸기 때문이 아니라, 주택 매매 시장의 수급 관계가 그러하기 때문일 것이다.

(네이버 2010. 10. 27)

37

고령화 – 인구감소와 주택 시장 : 걱정해야 할 문제

고령화와 인구감소 등의 인구구조 변화가 가져올 충격은 총량적인 주택수요 감소와 가격 하락이라는 문제가 아니다. 인구구조 변화가 전국적으로 균일하게 진행되지 않으므로, 국토 공간상 인구의 분포가 크게 달라지고, 그에 따라 지역 간 격차가 심화되는 현상이 더 중요하다.

인구구조가 변화할 때, 수도권 – 지방, 대도시 – 농촌, 도심 – 도시 외곽 등을 대비시켜 보면 수도권 – 대도시 – 도심지역은 비교적 인구증가세와 지역의 활력을 유지하는 반면, 지방 – 농촌 – 도시 외곽지역은 상대적으로 더 빠르게 인구감소 시기가 도래하고 급격히 활력을 잃을 것이다. 이는 주택수요의 감소, 공가(空家)의 증가를 초래한다. 이제까지도 지역 간 인구증가율에 차이가 컸지만, 그 추세는 더욱 심화될 수밖에 없다.

우리보다 먼저 고령화와 인구감소 현상을 겪은 일본의 경험을 차학봉(2006)이 요약한 내용을 보자.

"도쿄는 도심 회귀 및 인구증가가 지속되지만, 도쿄권을 비롯한 대도시 주변 뉴타운(우리나라의 신도시)은 인구감소 및 고령화가 급속도로 진행된다. 지방 중소도시에서는 인구 정체 및 감소 현상이 발생한다. 또 중심 시가지가 쇠퇴하면서 교외부 확산 현상이 발생한다. 도쿄는 산업의 서비스화, 국제분업에 따른 산업 중추 기능의 집적으로, 고령화의 파고를 일단 피해 간다. 하지만 지방 중소도시는 고령화와 인구감소의 이중고를 겪는다."

우리나라에서도 인구구조 변화는 농촌지역, 지방 중소도시, 수도권 외곽 신도시들을 먼저 타격할 것이다. 이들 지역의 쇠퇴는 출퇴근을 위한 교통서비스의 감소, 자녀 교육의 어려움, 공공 및 민간서비스의 축소에 따른 생활 기반 붕괴 등을 초래한다. 이런 문제들은 젊은 층이 대도시로 빠져나가도록 하므로 해당 지역의 쇠퇴가 더욱 가속화되는 악순환이 발생한다. 특히 우리나라 중소도시 지자체장들이 유행처럼 추진하는 도시 외곽의 신시가지 조성은 구시가지 상권의 몰락을 초래해 재정수입 감소, 실업 증가와 더불어 주민들(특히, 운전을 못 하는 고령자들)의 생활 기반 파괴를 가져올 수 있다.

이런 변화는 먼 장래의 일이 아니다. 지역적으로 보면 이미 고령화와 인구감소가 진행 중인 곳이 많으며, 특히 지방의 공가가 지속적으로 늘어나고 있다. 2005년 인구주택센서스에 의하면 전국 13,222만 호 주택 중 72만 8,000호가 비어 있어서 공가율이 5.5%였다. 서울 및 광역시 지역은 공가율이 평균 이하지만, 경기도와 제주도를 제외한 모든 도 지역의 공가율은 7%를 상회한다. 특히 강원도의 공가율은 9.7%에 달했고, 충청남도와 전라남도는 8% 이상이었다.

언제나 인구가 증가하고, 언제나 더 많은 주택과 상업시설이 필요하다는 가정하에 개발되는 신도시나 신시가지는 그 자체가 실패로 귀결될 뿐 아니라 주변 지역에 악영향을 준다. 이런 맥락에서 보면 지역 균형 개발을 명분으로 동시다발적으로 진행되는 행복도시, 혁신도시, 기업도시들이 걱정거리다. 이들 사업이 정부 계획대로 추진된다고 해도 다음의 〈표 2-2〉에서 보듯이 이주하는 인구에 비해 도시 규모가 너무 크다.

행정중심복합도시(줄여서, 행복도시)에 옮겨가는 일자리는 1만 3,000에 미치지 못한다. 정부 부처를 따라가는 일자리들이 꽤 있을 것이지만, 다 합해서 그 2배 이상이 되기는 어려울 것이다. 일자리가 옮겨가더라도 상당수 사람은 기존의 생활 본거지를 쉽게 떠나기 어렵다. 많은 사람이 합숙소 생활을 하거나 하숙, 자취를 할 수밖에 없다. 그런데, 행복도시에 무려 20만 호의 주택을 짓는 것으로 계획되어 있다. 도대체 어떤 사람들이 이 많은 집에 들어가서 살려고 할지 의문이다. 아파트 분양이 원활하지 않으면 허허벌판에 공공기관 건물 몇 채와 일부만 입주한 아파트들이 띄엄띄엄 서 있는 반 유령도시가 될 가능성이 크다.

수도권에서 행복도시로 이사 가는 사람들이 꽤 있겠지만, 상당수 입주민은 행복도시 주변의 농촌 및 중소도시에서 더 나은 생활 여건을 위해 이사하는 사람들일 것이다. 그 결과 행복도시 주변 지역에서는 고령화와 인구감소가 가속화된다. 행복도시, 혁신도시들은 수요부족으로 인해 도시가 온전히 개발되기도 어려우며, 주변 지역에서 인구(특히, 젊은이들)를 흡수함에 따라 인근지역들은 황폐화할 가능성이 크다.

(표 2-2) 행복도시, 혁신도시, 기업도시 개요

구분	행복도시	혁신도시	기업도시
위치	충청남도 연기군 및 공주시 일대	부산, 대구, 광주·전남, 울산, 원주, 진천·음성, 전주·완주, 김천, 진주, 서귀포 등	원주, 충주, 무안, 태안, 무주, 영암·해남 등
총면적	72.97km	45.22km	159.39km
목표 인구	500,000명	266,244명	250,200명
목표 주택 수	200,000세대	97,609세대	100,424세대
목표 고용 인원	250,000명	–	
이전계획 인원	12,650명 (중앙행정기관 10,374명, 정부출연 연구기관 2,276명)	38,935명 (이전 공공기관 124개 기관)	–

자료 : 행정중심복합도시 건설 개발계획 변경안(2009. 1), 2010 혁신도시 홍보 자료집, 공공기관 지방 이전 추진점검단 회의 결과 보도자료(2010. 9. 15), 기업도시 법개정공포 보도자료(2007. 7. 10), 원주, 충주기업도시 실시계획 승인 보도자료(2008. 2. 27), 무안 기업도시(한중단지) 보도자료(2009. 1. 21), 관광레저도시 가시화 보도자료(2007. 9. 11), 무주군, 해남군 홈페이지.

행복도시에 대해서는 정운찬 총리 재임 때 큰 논란을 벌였고, 원래 계획대로 추진하기로 결론 내렸다. 이런 정치 현실을 어쩌지는 못하겠지만, 향후 대규모 미분양이 발생하고 주변 도시들이 초토화되는 상황이 벌어질 때라도 가능한 범위 내에서 사업을 조정할 수 있기를 희망한다. 행복도시개발이 득보다는 실이 많다는 사실을 깨닫는 주변 지역주민들이 앞장선다면, 사업 조정의 가능성이 커질 것이다.

공기업들이 옮겨가는 혁신도시들도 행복도시와 마찬가지 문제들을 가져올 것이므로 계획의 전면적인 재검토가 필요하다.

〈참고문헌〉

차학봉, 《일본에서 배우는 고령화 시대의 국토 – 주택정책》, 삼성경제연구소, SERI 연구 에세이 064, 2006.

(네이버 2010. 11. 25)

38

전세 제도는 앞으로도
유지될 수 있을까?

2009년에 이어 2010년에도 주택 매매가는 안정되었지만 전세가가 지속적으로 올랐다. 전세를 구하는 세입자들이 많은 어려움을 겪고 있어서, 정부도 1월 13일에 발표된 물가안정 대책의 일환으로 '전월세 시장 안정 방안'을 내놓았다. 대책의 실효성을 논하기 위해서는 전세계약의 경제적 본질을 이해해야 한다.

전세는 우리나라의 독특한 임대계약 형태로 이를 외국인들에게 이해시키기는 만만치 않다. 우리나라에 파견된 외국인들이 전세금만큼의 돈을 내고 이를 계약기간 중의 월세 선납금으로 처리하는 것이 본국 담당자에게 전세 제도를 이해시키는 것보다 쉽다고 할 정도다. 필자도 처음 유학을 가서 "왜 전세가가 매매가보다 낮은가?"라는 질문을 받고 당황했던 적이 있다. 언제나 전세가가 매매가보다 낮았으니 한 번도 의심했던 적이 없었기 때문이다.

전세 세입자는 전세금의 이자 상당액만큼만 임대료로 부담하고, 나갈 때 보증금 전액을 돌려받는다. 같은 집에 집주인이 거주한다면 매매가에 대한 이자 상당액(주택 소유의 기회비용)에 덧붙여 세금, 수선 유지비, 감가상각까지 부담한다. 세입자가 자가 거주자보다 더 낮은 주거비 부담을 하는 것이 모순 아니냐는 것이 질문이 당연히 나올 수 있다.

투자 수익 측면에서도 전세는 기묘한 제도다. 전세금은 통상 매매가의 40~70% 수준이다. 집주인이 이 돈을 받아서 예금하면 매매가 대비 수익률은 예금에 비해 40~70%밖에 되지 않는다. 금리가 5%라면 주택에 투자한 투자자(집주인)의 수익률은 2~3.5%인 것이다. 집을 사서 전세를 놓는 것보다 그 돈을 예금하는 것이 절대적으로 유리하다.

이처럼 전세 제도는 집주인에게 불리한 제도로 보인다. 그런데도 전세 제도가 유지되는 것은 집주인에게 또 다른 수익의 원천이 있기 때문이다. 바로 자본이득이다. 세입자가 부담하는 전세금의 이자 상당액과 집값이 오르는 데 따르는 자본이득을 합쳐서 충분한 수익이 될 것으로 기대된다면 집주인도 기꺼이 전세 계약에 응하게 된다. 이를 수익률 개념으로 표현하면 다음과 같다.

(총임대 수익률) = (전세금 운용 수익률) + (자본이득 수익률)

여기서 총임대 수익률은 자본 시장 전체적으로 결정된다. 예를 들어, 주택의 수익률이 너무 낮으면, 투자자들은 주식이나 채권에 투자하고 주택을 사지 않는다. 아무도 사지 않는 집은 가격이 내리고, 분양도 되지 않는다. 결국은 주택이 부족해지고 가격이 오른다. 이런 조정과정을 거쳐서 주택 투자의 수익률이 주식이나 채권과 비교해서 적정한 수준을 유지하게 된다.

이 같은 조정과정이 끊임없이 작용하기 때문에 주택 투자의 수익률을 정부가 좌지우지하기는 불가능하다. 이 식의 왼쪽 항은 주어진 여건 하에서는 고정된 수치로 보아야 한다는 것이다. 언젠가 노무현 대통령이 "주택가격 상승률이 이자율만큼만 되어야 한다"라는 취지로 발언했는데, 억지로 집값이 오르지 못하게 하면(즉, 자본이득 수익률을 낮추면), 전세보증금 운용 수익률이 올라야 한다. 한 걸음 더 나아가면, 매매가가 떨어지는 가운데 전세가(임대료)가 오르는 상황이 얼마든지 벌어질 수 있다.

총임대 수익률은 외생적으로 주어지는 수치이지만, 구성 요소 간의 비중은 주택 시장 상황에 따라 다르다. 2005년 전후 강남 집값이 뜀박질할 때, 강남지역의 매매가 대비 전세가 비율은 40% 수준이었던 데 비해 강북지역은 55% 내외였다. 강북지역의 전세가 비율이 높았던 것은 강북의 집값 상승에 대한 기대가 낮았고, 전세금의 운용 수익 비중이 그만큼 커야 했기 때문이다. 강남지역은 집값이 많이 오를 것으로 기대되었기 때문에 전세금 운용 수익 비중이 작아도 무방했다.

집값 상승 전망이 낮아지면 매매가 대비 전세가의 비율은 높아진다. 만약 집값이 전혀 오르지 않을 것이 확실하다면, 전세가는 매매가보다 커진다. 자본이득이 발생하지 않으므로 투자 수익 전체에 덧붙여 세금이나 감가상각까지도 전세금의 운용 수익으로 충당되어야 하기 때문이다. 우리나라 주택 시장에서 전세가가 매매가보다 작다는 것은 크든 작든 장래 자본이득에 대해 긍정적인 기대가 있음을 반영한다.

지금처럼 주택가격 상승을 기대하기 어려운 상황이 오래 지속되면, 매매가 대비 전세가의 비율이 1에 근접하거나 초과할 수 있다. 그 경우 임차자들은 매매가에 가까운 전세금을 내느니 월세를 택할 것이고, 임대인들도 안정적인 현금흐름을 제공하는 월세를 선호할 것이다. 이런 가능성은 이론에 그치지 않는다. 많은 연구자가 장기적으로 주택가격이 과거에 비해 상대적으로 안정되며, 이에 따라 전세가 위축되고 월세 비중이 커진다고 전망한다.

월세가 보편화되면, 전월세 전환율도 낮아질 것으로 예상된다. 2000년대 초만 해도 전세금 일부를 월세로 전환할 때는 무조건 월 1%를 적용했지만, 현재는 월 0.7~0.8% 수준으로 떨어졌다. 월세 시장이 커지면서 적정한 가격이 찾아지는 과정이므로, 전환율은 점차로 시중 금리에 적정 프리미엄이 붙는 정도로 낮아질 것이다.

월세 시장이 활성화되면 월세 수입을 목적으로 하는 투자도 활성화될 것이다. 상업형 주택임대회사들이 많이 나타날 것인데, 이들은 기존 주택을 매입해 임대사업을 할 수도 있지만, 점차 임대에 적합한 유형의 주택을 건설하고 소유하면서 임대사업을 할 것이다. 선진국과 마찬가지로 주택 시장은 자가주택 시장과 임대 시장이 뚜렷이 구분되는 모습을 보이며, 자본 시장에서도 월세 임대주택 시장에 투자하는 리츠 투자가 활발할 것으로 전망된다.

자본이득을 크게 기대하기 어려운 배경 아래서 매매가 대비 전세가의 비율이 커져야 함은 이제 이해되었을 것이다. 그런데, 왜 분모(매매가)가 작아지는 대신 분자(전세가)가 커지고 있을까? 구체적으로, 왜 세입자들은 전세금을 올리자거나, 월세로 전환하자거나 하는 집주인의 요구를 뿌리칠 수 없을까?

이는 임대주택의 수요와 공급에 달려 있다. 만약에 빈집이 차고 넘치는 시장이라면 집주인이 무리한 요구를 할 때, 세입자는 금방 조건이 좋은 다른 집으로 이사 갈 것이다. 현재와 같이 집주인이 하자는 대로 할 수밖에 없는 이유는 시장 전체적으로 임대물량이 부족하기 때문이다. 이 같은 수급의 문제는 장기간에 걸쳐 자라 왔으며, 문제의 해결에도 시일이 걸릴 수밖에 없다. 이를 단기에 해결하려고 무리수를 두면 또 다른 문제가 생길 수 있다.

(네이버 2011. 1. 18)

39

다주택자의 순기능

주택가격이 오르지 않을 것으로 예상되면 매매가 대비 전세가의 비율이 오른다. 매매가가 내릴 수도 있고 전세가가 오를 수도 있다. 현재의 시장처럼 전세가가 크게 오르는 것은 시장에 나오는 임대물량이 충분하지 않기 때문이다.

여기서 말하는 임대물량은 보금자리주택같이 정부나 대규모 임대 사업자들이 법령에 근거해서 추진하는 제도권 임대주택뿐 아니라 개인들 사이의 임대차계약에 의해 공급되는 셋집까지도 포함한다. 사실 우리나라 임대주택 시장에서 제도권 임대주택은 얼마 되지 않는다. 2005년 센서스에 의한 전체 가구 수는 1,589만 가구였는데, 자기 집에 사는 사람들은 55.6%, 883만 가구였다. 남의 집에 세 들어 사는 706만 가구 중 제도권 임대주택에 사는 사람들은 불과 124만 가구였다. 나머지 582만 가구가 개인 간의 임대차계약에 의존해서 세를 살고 있었다.

비제도권이라고 해서 불법이라는 말은 아니다. 정부로부터 금융이나 세제 측면에서 특별한 지원을 받지 못하면서 개인들이 여유자금으로 한 채 이상의 집을 정해지지 않은 기간 동안 세놓는 것을 여기서 비제도권이라고 이름 붙였다. 2005년 센서스 이후에 국민임대주택이나 보금자리주택을 많이 지었지만, 현재 다른 사람이 여분으로 가진 집을 빌려서 주거를 해결하고 있는 가구가 최소 550만, 전 국민의 약 1/3에 달한다고 보아도 큰 무리는 없다.

이처럼 엄청난 물량의 집을 빌려주고 있는 사람들은 대개 다주택 소유자들이다. 이들은 자본이득을 기대하기 때문에 전세든 월세든 비교적 저렴한 임대료를 받았다. 집값이 오르지 않고 임대료만 받아서는 은행예금만도 못한 이익을 거두게 된다.

이들 다주택자를 어떻게 보아야 할까? 노무현 정부는 다주택자들이 주택을 매점매석해서 가격이 오른다는 시각에서 다주택자 세금 부담을 높이는 데 진력했다. 종합부동산세 도입, 과표 현실화, 양도소득세 중과세 등이 모두 다주택 보유자를 타깃으로 했다.

세금을 올리면 부동산의 내재가치가 감소한다. 주식이나 채권에 세금을 많이 매기면 이들 유가증권의 가격이 내려갈 것과 마찬가지다. 이런 원리로 노무현 정부의 부동산 세제가 몇 년 더 계속되었다면 많은 다주택자가 세금을 못 견디어 집을 싸게 팔았을 것이다. 이명박 정부가 부동산세를 완화해서 그런 사태에까지는 이르지 않았다. 바로 이 점에 대해 아쉬움을 가진 사람들이 있지만, 이들은 "그다음은?"이라는 질문을 해보아야 한다.

다주택자들은 전 국민의 약 1/3에 임대주택을 공급한다. 이들이 세금에 못 이겨 집을 처분하면, 마침 목돈을 조달할 수 있었던 중산층 무주택자들은 내 집 마련을 할 절호의 기회를 얻는다(이들이 꼭 이득을 보는 것은 아니다. 집을 싸게 사는 대신 세금을 많이 낼 것이기 때문이다). 한차례 주택의 손 바뀜이 있고 난 이후, 누가 다주택자들 대신 충분한 물량의 임대주택을 공급할 것인가? 정부가 공공임대주택을 지어서 공급하는 것이 대안일 수 있고, 실제로 유럽 여러 나라들에서 정부가 전체 주택의 15~20%를 공공임대주택으로 확보하고 저소득층에게 임대한다.

그러나 우리나라처럼 공공임대주택 비중이 낮은 나라에서 그 비중을 늘리는 데는 엄청난 돈과 시간이 든다. 결국 다주택자들이 수행하던 임대주택공급자의 역할을 대신할 주체는 없다. 다주택자들이 집을 던지는 때에 목돈을 만들 수 없었던 수백만의 임차자들은 아무 데서도 셋집을 구하지 못하는 상황에 부닥치게 될 것이다. 김대중, 노무현 정부의 국민임대주택을 거쳐 이번 정부의 보금자리주택에 이르기까지 정부가 임대주택을 많이 지으려고 노력했지만, 주택건설은 금방 되는 일이 아니다. 시간도 문제고 건설비도 문제다. 보금자리주택 공공임대 한 채를 짓는데 정부(국민주택기금)가 지원하는 돈이 7,000만 원이다. 100만 가구에 임대주택을 공급한다면 지원해야 할 액수가 70조 원에 달한다.

다주택자들은 임대주택의 공급자 역할을 할 뿐 아니라 주택 시장의 자율 조정 기능도 담당한다. 주택가격이 급등하면 신규주택 건설 시장도 호황을 보여 분양경쟁률이 높아지지만, 주택가격이 하락하면 미분양이 증가해 주택건설 업계가 어려움에 직면한다. 이 시기에 주택에 투자해 미분양 주택을 사두는 투자자들이 그나마 미분양 해소에 큰 도움을 준다. 이들은 미분양 주택을 사서 임대주택으로 운용하다가 집값이 오르면 시세차익을 거두면서 기존 주택 시장에 공급원의 역할을 한다. 주택이 투자의 대상이라는 본질에 눈감고 다주택 보유를 적대시하는 정책은 이런 자생적 주택비축 내지 경기조절 기능이 작동하지 못하게 한다.

다주택자들은 주택을 투자 대상으로 삼아 자신의 이해를 도모하는 가운데, 임대주택 공급자로서, 또 주택경기 조절자로서 기능한다. 국민 세금 부담 없이 이와 같은 기능이 수행되어온 것을 다행으로 생각해야 한다. 민간에 의한 자생적 임대주택 시장은 적대시할 대상이 아니라 오히려 장려해야 할 대상이다.

월세는 쉽게 구할 수 있어도 전세가 씨가 마른 상황이 대변하듯이 전세는 세입자들에게 유리한 제도다. 세입자들이 전세의 혜택을 누렸던 것은 지속적인 주택가격 상승에 대한 기대 덕분이다. 이제 그런 기대가 서서히 줄어들고 있고, 전세의 혜택을 누릴 시간도 짧아지고 있다. 전세를 유지하기 위해 주택가격을 올릴 수는 없지만, 정부가 나서서 전세의 수명을 줄이는 것도 바람직하지 못하다.

다주택 보유에 대한 각종 중과세 조치를 폐지하고 정상 과세해야 한다. 아울러 전세금의 과세 계획도 철회되어야 한다. 집주인이 전세보증금을 받아서 예금을 하든, 다른 집을 사든 그 소득에 대해 이미 과세가 이루어진다. 여기에 다시 과세하는 것은 이중과세다. 많은 사회적 기여를 하고 있는 다주택자들에게 지원은 못 해줄망정 불이익을 주려고 머리를 쥐어짜는 모습이 개탄스럽다.

(네이버 2011. 1. 24)

40

전월세 상한제 :
과연 정의로운가?

마이클 샌델(M. Sandel) 교수의 《정의란 무엇인가》 첫머리에는 2004년의 허리케인 찰리에 뒤이은 가격 폭리 논쟁을 소개한다. 전기가 끊기고 많은 집이 부서진 와중에 얼음값, 집수리비, 모텔 숙박비가 모두 4~5배씩 뛰었고, '남의 고통을 이용해 먹으려는 사람들의 탐욕'에 대한 비난 여론이 일었다. 이에 대해 시장을 옹호하는 논평가들은 "장사꾼을 악마로 만든다고 해서 복구 속도가 빨라지지 않는다"라고 반박했다.

미국에서는 한 사람의 불행이 다른 사람의 기회가 되곤 하지만, 동양의 정서는 다르다. 동일본 지진에서 상점마다 물건이 부족해서 사람들이 긴 줄을 서야 하고 때로는 끼니를 이을 음식을 구하기 어려운 상황이지만, 상인들이 폭리를 취하고 있다는 이야기는 듣지 못했다. 우리가 보기에 답답할 정도로 물자 부족 문제가 오래가는 이유가 바로 거기 있을지 모른다. 가격을 올린다면 위험을 무릅쓰고 물자를 실어 나르는 사람이 많이 나왔을 텐데 그런 경제적 인센티브가 없었다.

우리나라에 유사한 재해가 닥치면 어떤 일이 벌어질까. 샌델 책을 읽은 학생들에게 질문해보았다. 가격 폭리를 추구한다는 것은 상상하기 어렵다. 오히려 전 국민이 도우러 달려갈 것이라는 답이 다수였다. 일본과 마찬가지로 복구 기간이 길어지더라도 어려움에 빠진 사람들의 고통을 가중하면 안 된다는 정서가 강하다. 그러나 일본과 다르게 온 국민이 훨씬 창의적이고 적극적인 방법으로 서로 도울 것이라는 믿음이 있다. 이런 정서 아래서는 다른 사람들이 큰 어려움에 빠진 기회에 누군가 폭리를 취한다면 사회적으로 크게 지탄받을 것이며, 그런 짓을 못 하게 하는 정책이 당연히 도입되어야 한다.

서로의 아픔에 대해 공감하고 어루만져 주는 전통에 큰 자부심을 느끼는 것은 당연하지만, 이를 악용해서 한 건 올려보겠다는 일부의 행태는 눈살을 찌푸리게 한다. 최근 정치권이 추진하는 전월세 상한제가 그 예다. 감당할 수 없을 정도로 전월세가 올라서 고통받고 있는 사람들을 돕는 방법은 여러모로 강구되어야 한다. 그러나 전월세 상한제는 집주인들의 탐욕 때문에 전세금이 오른다는 암묵적인 전제 아래 이들에게 일방적으로 불이익을 주어서 문제를 해결하려고 한다. 잘못된 전제를 가진 나쁜 정책이다.

집주인들이 무주택자를 대상으로 폭리를 취하고 있는가? 집값 대비 절반의 전세금을 받는다면 집주인들의 수익률은 시중 금리의 절반이다. 각종 세금과 유지보수비를 따져보면 수익률이 형편없다. 집주인들은 전세 임대계약에서 사실상 손해를 보고 있다. 그런데도 집을 세주는 이유는 장기적으로 집값이 상승한다는 기대 때문이다. 세입자들은 그 덕분에 매우 저렴한 실질 비용으로 주거를 해결한다. 집값이 올라 주기만 하면 '윈 - 윈' 상황이다.

현재의 전세난이 빚어진 가장 중요한 요인은 집값 상승에 대한 기대가 낮아져서 전세 공급이 줄어들고 수요가 늘어난 것이다. 집주인들이 더 이상 손해를 보면서 전세를 주지 않으려 한다. 정치권의 처방대로 임대료 상한을 정하거나 계약 연장을 의무화하면 전세라는 제도 자체가 결정적인 타격을 받을 것이다. 다수의 임대차계약이 월세로 전환되어 세입자들에게 큰 부담을 안겨주고, 그나마 시장에 공급되는 임대물량이 현격히 줄어들 것이다. 집주인 중에는 집을 세놓아야 어차피 큰돈 버는 것도 아닌데 정부 간섭을 받으니 아예 임대 물건을 회수할 사람이 많기 때문이다.

　　전월세 상한제를 추진하는 정치인들은 집주인들이 대개 다주택 보유자이니 불이익을 좀 주어도 괜찮다는 생각인 듯하다. 그러나 이들이 제공하는 임대주택이 전 국민의 1/3 이상에게 주거를 제공하고 있다. 정부가 그 역할을 떠맡기 위해서는 수십 년의 기간과 수백조 원의 예산이 필요하다. 기회만 있으면 다주택자들을 희생양으로 매도하고 자신들의 정책 실패에는 눈감는 버릇은 버려야 한다.

(매일경제 2011. 3. 29)

41

지역개발사업이
부동산 가격을 올릴까?

    주요 국책사업들을 어떤 지역에 나눠주느냐의 문제 때문에 나라 전체가 몸살을 앓고 있다. 세종시 건설 문제를 거론한 총리가 낙마했고, 그 이후 동남권 신공항, 과학벨트, LH 본사 이전 등 골치 아픈 사안들이 줄을 잇고 있다. 지역의 입장에서는 국책사업 유치를 위해 끝까지 노력하는 것이 당연하다. 잘되면 중앙정부 돈으로 지역 발전의 계기를 만들 수 있고, 잘못되어도 본전이기 때문이다. 나라가 시끄럽든 말든, 장기적인 국가 효율성이 나빠지든 말든, 각자의 입장에서는 악착같이 자기주장을 내세울 수밖에 없다. 애초에 빌미를 만들었던 정치인들이 깊이 반성해야겠지만, 이들도 한 표가 아쉬운 선거철에 그럴 수밖에 없었을 것이다. 각자 자기 앞가림하는 데 급급하다면, 대체 대한민국 전체의 장래는 누가 지키고 있는지 걱정이다.

    지역의 발전은 구체적으로 부동산 가격 상승으로 나타난다. 지역 발전을 외치는 사람들의 상당수는 (자기가 가진 부동산 아닐지라도) 지역 내

부동산 가격 상승을 기대하는 것이다. 그런데 무차별적인 국책사업 유치가 반드시 지역 부동산 시장의 활성화로 연결되지 않을 수 있다.

얼마 전 부동산 시장에 관심을 가진 사람들의 모임에서 한 분이 "일부 지방 중소도시 교보빌딩의 공시지가가 지속적으로 하락하고 있다"라고 해서 여러 사람이 놀랐다. 잘 알려진 바와 같이 교보빌딩은 전국 여러 도시의 도심 한가운데에 일관된 디자인으로 지어져서 랜드마크 기능을 하고 있다. 도심 최고 요지에 빌딩을 지은 것은 회사의 위상을 과시하는 한편, 부동산 가치가 가장 많이 오르리라는 기대가 있었기 때문일 것이다. 어떤 시점까지는 이런 전략이 적중했다. 그러나 일부 도시에서 교보빌딩 공시지가가 하락하고 있다는 사실은 이들 도시의 도심 부동산 시장의 쇠퇴를 단적으로 보여준다.

왜 이들 지방도시의 도심이 쇠퇴하고 있을까? 도시의 전반적인 침체가 원인일 수 있다. 그러나 대개는 도시 외곽에 새로 건설되는 신시가지가 더 중요한 원인이다. 민선 지자체장들이 흔히 신시가지를 건설해 지역 발전을 도모한다. 자연발생적으로 발전되어온 결과, 현재와 같은 자동차 대량 보급을 감당하지 못하는 구도심과 달리 계획적으로 개발된 신시가지는 여러모로 편리하고 쾌적하다. 기존 도시의 중산층 이상 가구들이 대거 이주하고, 상권이 신도심 쪽으로 옮겨간다. 결국 구도심 상권은 쇠퇴하고 땅값은 떨어지는 것이다. 신시가지의 규모를 너무 크게 잡으면 구도심과 신도심이 모두 쇠락하기도 한다.

만약 인구가 계속 증가하고 주택을 비롯한 부동산 수요가 늘기만 한다면, 개발이 곧 발전일 수 있다. 그러나 우리나라 전체적으로 그런 시기는 지났고, 하물며 지방 중소도시들이 근거 없는 낙관론을 바탕으로 대형 개발사업을 벌이는 것은 무모하다. 지역에 따라서는 고령화와 인구감소의 문제가 미래의 문제가 아니라 현재 진행형이다. 이들 지역에서는 공가(空家)가 지속적으로 늘어나고 있다. 경기도를 제외한 도 지역의 공가율은 2005년 기준 7%를 상회하며, 강원도의 경우 9.7%에 달한다. 개발이 곧 재앙일 수 있는 시기가 이미 도래했다.

무모한 개발사업을 벌이는 것은 지방정부뿐만이 아니다. 지역 균형개발을 명분으로 동시다발적으로 진행되는 중앙정부 주도의 행복도시(세종시), 혁신도시들도 큰 문제다. 이들 사업이 정부 계획대로 추진된다고 해도 이전되는 일자리에 비해 도시 규모가 너무 크다.

세종시의 경우 중앙정부의 9부 - 2처 - 2청을 비롯한 36개 단위 기관이 이전하고, 17개 정부출연연구기관이 이전한다. 이렇게 이전하는 일자리의 숫자는 공무원 약 1만 500명, 연구기관은 2,300명 정도다. 이일자리가 옮겨가면 추가적인 일자리가 생기겠지만 아무리 많이 잡아주어도 세종시 개발계획이 목표로 하는 25만 개의 일자리가 생기기를 기대하기는 난망하다.

25만 개의 일자리를 어떻게 만들겠다는 것인지를 살펴보아도 도대체 근거를 찾을 수 없다. 자족도시가 되려면 인구 50만은 되어야겠고, 인구 50만을 채우려면 일자리가 25만 개는 되어야 한다는 논리만 보인다. 전망이 아니라 희망일 뿐이지만, 현실성은 전혀 없다. 향후 10년간 5만 개 일자리를 만들 수 있다면 다행일 것이다. 5만 개 일자리가 생긴다고 해도 이 모든 사람이 독립된 주택이 필요하지 않다. 미혼이라면 하숙이나 자취를 할 것이고, 주말부부도 꽤 많을 것이다. 세종시에 계획된 20만 호의 주택건설 목표는 달성될 가능성이 없으며, 건설되는 주택의 상당수가 미분양될 것이다.

더 나쁜 것은 중소도시의 구도심 - 신도심 문제가 광역적인 스케일로 재연될 가능성이다. 세종시의 생활환경이 주변 지역보다 우월하다면, 많은 인근지역 주민들이 세종시로 이주한다. 인구를 빼앗긴 주변 지역의 도시기능이 급격히 저하되며, 이는 다시 인구 유출의 원인으로 작용한다. 결국 세종시 주변 지역은 황폐해지고 부동산 가격도 크게 떨어질 수 있다.

세종시뿐 아니라 혁신도시들도 수요부족 때문에 도시가 온전히 개발되기 어려우며, 주변 지역에서 인구를 흡수함에 따라 인근 도시들의 황폐화를 초래하는 부정적인 파급효과가 나타날 것이다. 허허벌판에 공공기관 건물 몇 채와 일부만 입주한 아파트들이 띄엄띄엄 서 있는 반유령도시가 될 가능성이 있다. 지역 균형개발의 명분 때문에 전국적으로 몸살을 앓고 있지만, 이는 앞으로 다가올 더 큰 병의 전조에 불과하다는 걱정이 크다.

(네이버 2011. 5. 17)

42

부동산 정책 전환이
가능할까?

　권도엽 국토해양부 장관은 취임 초기 기자회견에서 다주택 보유자에 대한 규제 완화 방침을 밝혔다. 특히 현안인 전세난과 관련해 다주택 보유자에 대한 시각이 달라져야 전월세 문제를 쉽게 해결할 수 있다고 했다.

　말할 필요도 없이 다주택자 보유를 억제하는 조치들은 부동산 투기를 막으려고 도입되었다. 투기 억제 정책의 주된 타깃은 상황에 따라 공한지 보유자, 재벌 기업, 다주택자 등으로 변했지만, 투기가 부동산 문제의 근원이라고 보는 시각은 1960년대 이후 큰 변화가 없었다. 권 장관이 천명한 바와 같은 정책 기조 변화는 가히 획기적인 것이며, 그만큼 어려운 일이다.

　권 장관이 구상하는 방향으로 부동산 정책 기조를 바꾸려고 시도했던 유일한 선례는 IMF 금융위기 때의 김대중 정부다. 당시 급격히 무너져 내리는 부동산 및 건설 시장을 지원하기 위해 많은 대책이 긴박하게 쏟아져 나왔다. 토지 거래 신고·허가 구역을 해제하고, 토지 공개념 제도의 적용을 보류하며, 외국인 토지 취득을 자유화하는 등의 조치와 함께 세제 측면에서도 기업 구조조정을 지원하는 각종 대책이 나왔다. 주택 시장에서도 분양가 규제를 실질적으로 해제했고, 분양권 전매를 허용했으며, 부동산 대출을 자유화해 금융권 자금이 부동산 개발이나 주택구입에 흘러 들어갈 수 있도록 했다.

이와 같은 규제 완화와 개방 조치 덕에 부동산·건설 산업은 경제위기 극복의 첨병 역할을 톡톡히 했다. 외국인 투자자들이 쉽게 우리나라 기업과 자산에 접근할 수 있게 되어 외자 유치가 수월해졌고, 시장 개방으로 국제 표준 관행(global standard)을 습득한 우리 부동산 기업들이 해외 시장에 진출하기 시작했다. 주택 시장에서는 분양가 규제의 속박에서 벗어나 이전 시대와 차별화되는 고품질의 주택들이 대량 건설되었고, 많은 무주택자가 내 집 마련의 꿈을 이루었다.

장기적으로 볼 때 더 중요한 성과로 '적정 면적' 이상의 토지를 보유하지 말라든지, 어떤 법인은 어떤 종류의 토지를 보유할 수 없다든지, 토지를 취득했으면 일정 기간 내에 사용을 개시하라든지 하는 정부 간섭이 완화되어 기업 활동의 자유가 확대되었다.

김대중 정부의 이 같은 개혁 조치는 불행히도 오래가지 못했다. 2001년 이후 주택가격이 상승했고, 특히 서울 강남 아파트의 가격 급등이 두드러졌다. 경제위기 이전과 비교해볼 때 주택가격이 일반 국민의 주거를 위협할 정도로 상승했다고 보기는 어렵다. 실질가격 기준이든, 가계소득 기준이든 강남 아파트를 제외한 모든 지역, 모든 유형의 주택가격이 2005년까지도 경제위기 이전 수준을 회복하지 못했기 때문이다. 그런데도 당시의 독특한 상황에서 주택문제가 첨예한 정치·사회적 쟁점으로 부각된 것만은 분명하다.

서울 강남에 아파트를 소유했다는 것만으로 고위 공무원들이 매도당하는 사회 분위기에 일부 떠밀리기도 하고, 일부 조장하기도 하면서 노무현 정부는 김대중 정부의 개혁을 완벽히 부정하면서 투기 억제 정책 기조로 회귀했다. 노무현 정부의 포퓰리즘적 접근은 대중의 조급증에 영합해 희생양을 찾아 벌주는 방향으로 정책을 몰아갔다. 이렇게 찾아낸 희생양이 다주택 보유자이며, 이 시기 부동산 정책은 다주택자에 대한 응징을 가장 큰 특징으로 한다.

부동산을 경제적 문제보다는 정치적 문제로 보고, 가진 자와 못 가진자 간의 갈등을 부추기며, 특히 다주택 보유를 문제시하는 것, 세금으로 모든 문제를 풀어갈 수 있다고 보는 등의 시각은 노무현 정부의 유산이다. 이를 극복한다는 공약을 앞세우고 이명박 정부가 출범했으나 만에 하나 강남 아파트 가격을 올릴까 봐 두려워 어떤 적극적인 액션을 취하지 못하는 엉거주춤한 상태로 4년이 흘렀다. 과연 권도엽 장관이 노무현 정부의 대못을 빼고 부동산 시장을 정상화할 수 있을지 기대하고 지켜보아야겠다.

(매일경제 2011. 7. 6)

43

투기 타령은
이제 그만

    정부는 8월 18일에 '전월세 시장 안정 대책'을 내놓았다. 2011년만 해도 다섯 번째의 주택 대책이고 세 번째 전세 대책이다. 그만큼 시장 전망은 위태롭고, 뚜렷한 해결책은 보이지 않는다. 이번 대책은 여윳돈 이 있는 사람들은 주택에 투자하라는 메시지이지만, 주택가격(특히 강남 아파트 가격)이 조금만 올라도 정부가 뒤통수를 칠 수 있다는 우려가 있다. 김대중 정부가 대폭 완화했던 부동산 규제와 세제를 노무현 정부가 완전히 뒤바꾸었던 경험이 반복될 수 있기 때문이다.

    돈 있는 사람들이 자유롭게 주택에 투자해서 그 과실을 따가도록 하고, 그동안 무주택자들에게 임대주택을 공급하도록 하는 것이 보장될 수 있을까? 그렇게 하면 정부 돈을 들이지 않고 수많은 사람에게 임대 주택이 공급되며, 미분양을 해소하는 데 도움이 되고, 주택가격이 오를 때 매물이 늘어날 여지도 커질 것이다. 돈 있는 사람들이 위험부담을 지면서 이런 역할을 하겠다는데, 우리 사회는 왜 못하게 하는 것일까?

이 대목에서 명심해야 할 점은, 공적인 영역에서와 사적인 영역에서 우리 국민의 의식과 행동이 완전히 다르다는 것이다. 고위공직자 인사 청문회가 좋은 예다. 좌우 가릴 것 없이 새로 정부가 구성될 때마다 많은 고위공직자들이 부동산 투기를 한 의혹이 제기되어 후보자들은 고개를 떨구고 사과한다. 청문회에서 활약했던 정치인들도 장관 후보자가 되면 마찬가지 모습을 보이곤 했다.

이들을 비난하는 기준은 "주택이나 토지를 가지고 돈을 벌어서는 안된다"라는 도덕론이다. 그렇지만 남을 비난할 때 쓰는 기준과 자신의 자산증식을 위해 쓰는 기준이 다르다. 투기를 맹비난하는 신문을 몇 페이지 넘기면, 어떤 부동산에 어떻게 투자하는 것이 좋은가에 대한 조언이 가득 실려 있다. 사적인 영역에서는 부동산을 통한 자산증식을 도모하고 있으면서, 공적인 영역의 논의에서는 부동산이 자산이 아니라거나 아니어야 한다는 주장을 믿는 척하는 것이 우리 현실이다. 이 같은 이중 잣대가 위선이라고 여겨지지도 않을 만큼 국민 인식이 비뚤어져 있다.

부동산은 자산이 아닐 수 없고 자산의 가격은 변하게 마련이다. 가격이 움직일 때 차액을 노리는 투자가 있는 것이 당연하며, 능력 있는 사람들이 위험부담을 하면서 여러 부동산에 대해 고액의 투자를 하는 것도 자연스럽다. "토지와 주택이 돈벌이 수단이 될 수 없다"라는 식의 위선에서 벗어날 때 비로소 현실을 바로 볼 수 있다. 부동산이 자산인 측면에서는 주식이나 채권과 같다. 주식에 투자해 돈을 많이 벌려고 노력하는 것이 비난받을 이유가 없는 것과 마찬가지로 (남들에게 피해를 주지 않은 한) 부동산을 이용해 돈을 버는 것을 비난한 근거가 없다.

물론 부동산을 이용해서 자산을 증식하는 행위(이를 '투기'라고 부르자)

가 다른 사람들에게 피해를 준다면 막아야 한다. 실제로 투기 때문에 가격이 오르니 투기를 막아야 한다는 논리는 1960년대 이래로 우리나라 부동산 정책의 중심 기조였다. 다른 원인도 없는데 투기 때문에 부동산 가격이 오른다면, 그래서 장기적으로도 가격이 가치를 올바르게 반영하지 못한다면, 정부의 시장 개입이 일차적으로 정당화된다.

그러나 충분히 긴 기간을 상정하면 - 예컨대, 지난 40여 년에 가까운 지속적인 부동산 가격 상승 과정을 회고하면 수요의 확대, 공급의 부족과 같은 정상적인 수급 요인 이외에 투기행위가 독립적인 그리고 일반적인 부동산 가격 상승요인이었다는 증거는 없다. 압구정동 현대아파트가 1억 원을 넘겼을 때, 삼풍아파트가 평당 1,000만을 넘겼을 때, 테헤란로 땅값이 평당 3,000만을 넘겼을 때, 이 미친 가격이 투기 때문이라면서 시끄러웠다. 그러나 돌이켜 보면 이런 시점들은 경제가 발전하고 도시가 커가는 장기 추세 속에 지나야 할 단계였을 뿐이다.

1980년대 말 또는 2000년대 초의 주택가격 급등도 모두 주택공급의 부족과 거시경제 환경 등의 독립적 가격 상승 원인이 존재했고, 일부 투기자들은 올라갈 가격을 실현하는 과정에 참여했을 뿐이다. 일시적·국지적 예외가 있을 수 있지만 투기는 가격 상승의 과정 또는 결과이지 원인이 아니다.

실수요자만 시장에 참여한다고 해도 가격이 안정되지 않는다. 현재 세종시가 건설되는 공주·연기지역에는 철저한 토지 거래 감시체계가 작동해 사실상 완전히 거래가 끊겼다. 그렇다고 해서 사업이 가까워져 갈수록 가격이 상승하는 것을 막을 수 있을까? 아무리 실수요자들끼리만 거래한다고 해도 오를 가격은 오른다. 투기 억제 대책들은 단지 언제 누가 가격차익을 가져가는가에 영향을 줄 뿐이다.

단기간을 놓고 보면 토지나 주택의 총량이 고정되어 있으므로, 내가 가지면 그만큼 남이 가지지 못한다. 그러나 주택은 물론이고 택지, 공장용지 등 현실에서 유용한 형태의 토지도 모두 자본과 노동이 투입되어 생산(즉, 개발)되는 재화다. 가격이 높으면 생산이 촉진되어 장기적으로 공급(스톡)이 늘어나고, 반대로 가격이 낮으면 노후화, 멸실, 용도 변경 등을 통해 공급이 줄어든다. 이런 장단기 공급 행태의 차이에 따른 문제는 서구의 여러 대도시가 제2차 세계대전 이래 임대료 규제를 시행한 경험에서 잘 나타난다. 우리나라에서도 다년간에 걸친 주택 분양가 규제의 경험은 주택의 질 또는 양에서 가격 규제가 부정적인 효과가 있는 것을 보여주었다. 또 같은 이유로 전월세 상한제를 대부분 학자가 반대한다.

부동산 가격이 급등하는 등 부동산 문제는 대개 오랜 기간에 걸쳐 누적된 수요와 공급의 근본적 원인 때문에 발생한다. 과거의 정책 실패를 인정하고 이를 고칠 생각을 하지 않으면서 투기 타령을 하는 것은 안이하고도 무책임한 태도다. 앞으로 여건이 변해서 강남권 아파트 가격이 급등할 수 있다. 이때 투기 타령하면서 다주택 보유자를 희생양으로 모는 정책이 나온다면, 이는 정부의 무능과 책임회피를 정확히 반영한다고 보면 된다.

(네이버 2011. 9. 8)

44

무엇이 오류이고,
무엇이 정론인가?

토마스 소웰(T. Sowell)은 그의 명저 《경제적 진실과 오류(Economic Facts and Fallacies)》에서 왜 잘못된 믿음이 흔히 대중의 지지를 받으며 정책으로 채택되는지를 설파하고 있다. 오류는 단순히 어리석은 생각이 아니다. 일부 요소가 누락되었을 뿐 대체로 논리적이고 그럴듯해 보이기 때문에 대중에게 어필할 수 있다. 오류가 오래 지속되며, 심지어 정치적으로 지지받을 수 있는 한 가지 요인은 정확히 정의되지 않는 감정적인 언어를 사용한다는 점이다. '공정', '균형', '정의', '평등'과 같은 단어들은 사람에 따라 완전히 다른 의미가 있을 수 있지만, 그런 모호함을 남겨놓는 것이 정치적 지지기반을 구축하는 데는 오히려 편리하다. 누가 공정한 사회, 균형된 국토, 정의로운 분배, 평등한 기회를 부정할 수 있겠는가?

북한 주민들이 지난 세월 혁명을 외치며 살아왔지만, 아직도 혁명이 언제 완성될지 기약 없는 것은 그 목표가 정의되지 않는 개념이기 때문이다. 남한에서도 정의되지 않은 채로 끝없이 정책 목표로 내세워지는 개념들이 많다. 부동산과 관련되어서는 '투기'가 대표적인 예다. 인사청문회마다 투기했느니 안 했느니 옥신각신하고, 투기를 막으려는 정책들이 수없이 많지만, 정책적으로 억제해야 할 투기가 정확히 무엇인지 정의된 바 없다. 정의되지 않는 정책 목표는 달성될 수 없으므로 1960년대 이후 지금까지도 투기 억제 정책들이 지속되는 것이다.

지역 발전과 관련되어서는 '균형'이 무엇인지 정의되지 않은 채, 영구적인 정책 목표로 남아 있다. 오랫동안 공장, 특히 대기업 공장을 지방으로 분산시키는 것이 균형이라고 생각했었다. 1인당 소득을 기준으로 균형을 이야기하기도 했다. 그러나 현재의 수도권 제조업은 영세한 저부가가치 공장들이 주류를 이루고 있고, 1인당 지역 총생산도 중위권에 불과하다. 최근에는 국가 중추 관리기능의 분산을 위해 행정중심복합도시나 혁신도시들을 건설해 정부 부처·공기업·공공기관을 지방으로 이전하고자 한다. 그러나 이 사업이 완성되면 균형론자들은 대기업 본사나 벤처기업, 서비스업체들에 눈독을 들일 게 뻔하다.

'균형'을 정의하지 않고 지역 균형 정책을 추진하므로 지역 균형은 영원히 성공할 수 없는 정책 목표다. 지역 정치인의 입장에서는 이 상태가 편리할 수도 있다. 중앙정부에 떼를 써서 예산과 사업을 따내는 데는 지역 균형발전만큼 좋은 명분이 없기 때문이다. 공무원들도 끝날 수 없는 업무를 맡고 있으므로 자리가 없어질 염려가 없다. 엄청난 적자를 보고 있는 지방 공항들이나 기타 수없이 많은 예산 낭비의 사례들이 대부분 '균형'과 같이 편리하지만 잘못된 믿음에 바탕을 두고 추진되었다.

대중에게 감정적으로 어필하며 정치인과 공무원들에게 유용한 수단으로 이용될 때 잘못된 믿음은 거스르기 어려운 힘을 가질 수 있다. 표를 의식해야 하는 정치인이나, 정치인의 눈치를 보아야 하는 공무원들, 여론을 대변해야 하는 언론인들 모두 잘못된 믿음의 실체를 안다고 해도 이를 올바르게 지적할 수 없는 입장이다. 어느 누가 "부동산 투기는 없다"라거나 "지역 균형은 픽션이다"라고 말할 수 있을까? 정치인, 공무원, 언론인 모두 대중의 정서에 영합할 수밖에 없고, 이는 대중의 잘못된 믿음을 더욱 공고하게 만드는 악순환이 형성된다. 인터넷과 소셜 네트워크는 감성이 이성을 압도하는 여론을 형성하기 때문에 사정을 더욱 악화시킨다.

이런 악순환을 깨고 국가 자원의 물질적·정신적 낭비를 막아서 국가 운용의 효율성을 높이는 것이 중요하다. 정치인들이 국가 발전의 비전을 가슴에 품고 국민을 설득해가면서 잘못된 믿음을 교정해가는 중추적인 역할을 해야 할 것이나, 대개의 정치인은 지역민들의 표를 구걸하기 위해 잘못된 믿음에 영합하는 행태를 보인다. 이렇게 채택된 정책들은 더 큰 문제들을 가져오기에 십상이며, 결국 정치권에 대한 불신으로 귀결된다. 단기적인 이득을 추구하는 행태를 거듭한 결과, 장기적으로는 큰 손해를 보았다.

이 같은 과거 정당정치에 신물이 난 서울시 유권자들이 박원순 시장을 새로운 대안으로 선택했다. 박 시장이 오류의 악순환에 빠지지 말고 단기적으로 손해를 보는 것 같더라도 장기적으로 시민들 생활을 안정시키면서 지속적인 지지를 받는 시정을 펴나가길 기대한다.

(네이버 2011. 11. 15)

45

정치인의 용기 있는
소신이 필요하다

    선거의 해다. 표심을 좇아서 각종 공약이 남발되는 가운데 큰 혼란이 초래될 염려가 있다. 전형적인 실패 사례가 뉴타운 사업이다. 뉴타운 사업은 2002년 당시 이명박 시장 후보가 강북 개발을 공약으로 내걸면서 서울시 재정비 사업으로 추진하기 시작했다. 뉴타운 사업은 기존 재개발사업이 주택건설에 그치는 대신 광역적·종합적으로 적정한 기반 시설을 설치한다. 잘되었으면 서울 구시가지를 정비하고 강남·북 간 격차를 줄이는 좋은 수단일 수 있었다.

    모든 제도가 그렇듯이 많은 사람의 이해관계가 얽혀 있으면 아무리 좋은 의도로 추진해도 예상하지 못한 난관을 만나게 된다. 뉴타운 사업도 시범 사업을 추진하면서 어떤 문제가 나타나는지, 그 문제들을 어떻게 해결해가야 할지를 신중하게 모색하는 단계가 있어야 했다. 도시재생 사업의 고전으로 꼽히는 일본 도쿄 롯폰기힐스는 재개발유도 지역으로 지정된 1986년에서 2003년 완공까지 무려 17년이나 걸렸음을 참고할 만하다.

그러나 우리 정치권은 이런 신중한 접근을 허락하지 않았다. 각종 선거를 거치면서 서울시 뉴타운은 무려 26개 지구, 331개 구역으로 늘었고 그중 85%는 착공조차 못 했다. 사업 추진을 강행하면 세입자 문제를 해결할 방안이 없고, 사업이 지지부진하면 비싼 값에 지분을 구입한 사람들이 반발하는 진퇴양난 상황이다. 정치권발 사회갈등과 그에 따른 막대한 사회적 비용이라는 공식이 그대로 적용된다.

선거 때만 되면 무책임한 공약을 남발하면서 표를 구걸하고, 나중에 책임을 지지 못하는 정치인들 행태 때문에 우리 사회가 치러야 하는 비용이 너무 크다. 지난 몇 년 동안 국토개발 분야에서만 동남권 신공항, 과학비즈니스벨트, 행복도시·혁신도시 등을 둘러싼 비생산적인 이권 다툼에 온 나라가 몸살을 앓았다. 2012년은 특히 복지 분야와 관련한 여러 쟁점을 둘러싸고 크고 작은 사회적 낭비가 예상된다.

우리 사회가 가진 문제를 해결하기 위해, 그리고 국가 미래에 대한 국민적 공감대 형성을 위해 현재적 또는 잠재적 갈등을 해소해가는 것이 정치인의 원론적인 역할이다. 때로는 자기를 희생할 수도 있다는 자세를 갖추고 있어야 정치인들이 존경받을 수 있다. 우리가 존경할 만한 정치인을 찾기 어려운 것이 안타까운 현실이다. 인터넷이 보편화되면서 여론 주도층이 전환된 요즘 정치 현실에서는 존경할 만한 정치인을 찾기가 더 어려워졌다.

과거에는 지식인층 목소리가 여론을 주도했다. 이들은 현상의 배후에서 쉽사리 드러나지 않는 원인에 대한 중요성을 잘 알고 있고, 서로 다른 의견에 관해서도 대화를 통해 차이점을 줄여나가도록 훈련받은 사람들이다. 그러나 참여정부 이후 인터넷을 중심으로 한 얼굴 없는 대중이 여론의 전면에 나섰으며, 이들은 원색적인 비판과 극단적인 요구를 서슴지 않는다. 좋든 싫든 민주주의가 새로운 단계에 접어든 것을 부인할 수 없다. 이런 정치 현실은 여론에 영합해 쉽게 표를 얻고자 하는 유혹을 더욱 뿌리치기 어렵게 한다. 실제로 자식 세대 세금 부담을 크게 늘리거나 외국에서 여러 차례 실패한 정책을 해보겠다는 논의가 무성하다.

단견적으로 여론에 영합하는 정치를 벗어나기 위해서는 과거보다 더 큰 용기가 필요해졌고, 비전이 있는 정치인이 더욱 가치가 있는 존재가 되었다. 아무리 어렵더라도 국민으로서는 정치인들에게 그러한 용기를 가지도록 요구할 권리가 있다. 사회갈등을 해소하면서 국민 역량을 모으는 기능을 하지 못한다면 도대체 정치의 존재 이유가 어디 있는가? 국회를 없애고 IT 기술을 이용해서 직접민주주의로 가자는 논의가 나오기 전에 정치인들은 구태의연한 행태를 일신해야 한다. 당장 2012년부터 공천에 떨어지더라도, 또는 선거에서 이기지 못하더라도 국가 발전이라는 비전 아래 소신 있는 주장을 펴는 정치인들을 보고 싶다.

(매일경제 2012. 1. 18)

46

하우스푸어
지원의 조건

하우스푸어 대책을 마련하느라 정부와 정치권이 부산하다. 첫 번째로 나왔던 안이 '세일 앤드 리스백(공적매입 후 임대)'이다. 공적 펀드를 조성해서 하우스푸어의 집을 구입하고, 이를 원소유자에게 재임대하되 사정이 좋아지면 집을 다시 살 수 있는 권리를 주는 방식이다. 하지만 필요한 재원 규모가 너무 커서 정부는 이 안을 포기했다.

두 번째로 우리은행 그룹이 발표한 안은 '트러스트 앤드 리스백(신탁 후 임대)'이다. 하우스푸어가 은행에 집의 관리, 처분권을 넘기고 최장 5년까지 대출이자 및 원금 대신 월세를 내며 살도록 하는 방식이다. 적어도 신탁 기간은 연체금리를 부담하지 않게 하는 안이다.

세 번째로 최근 여당이 제시한 안은 집 전체가 아니라 일부 지분을 정부에 팔고 해당 지분만큼 월세를 내는 안이다. 지분 매각 대금으로 부채를 차감해 원리금 부담을 던다는 것이다. 이 안도 높은 연체금리를 적용받는 사람들에게 도움이 될 수 있다.

이런 대책들에는 수혜 대상의 선정, 주택평가, 거래에 따른 세금 문제, 은행의 회계처리 등 많은 어려운 문제가 따른다. 그러나 더 근본적인 문제도 제기된다. 첫째, 결과적으로 잘못된 투기행위를 정부가 구제해주는 것은 곤란하다는 반대가 있다. 그러나 누가 돌을 들어 이들에게 던질 수 있을까? 주택은 자산이고, 자산인 이상 투자의 대상이다. 주택을 매입하는 모든 사람은 가격이 오를 가능성을 염두에 둔다. 주택가격이 오를 것을 기대했다는 사실 자체가 지원을 반대하는 근거가 될 수는 없다.

둘째, 애초에 집을 살 능력이 없는 소위 렌트푸어를 우선 지원하자는 주장도 나온다. 저소득층 주거 지원은 중요한 과제지만, 저소득층 모두에게 임대주택이나 전세자금 지원 혜택이 돌아간 이후에야 비로소 중산층 하우스푸어를 돌볼 수 있는 것은 아니다. 며칠 전만 해도 영세자영업자의 고금리 대출을 저금리로 전환하기 위해 1조 5,000억 원을 푼다는 대책이 나왔다. 자기 점포를 낼 능력이 없는 저소득 근로자들을 모두 먹여 살리고 나서야 이런 대책이 나온 것은 아니다. 하우스푸어 문제도 그 파장이 경제 사회적으로 매우 심각하고, 방치하면 문제가 더 커질 전망이라면 정부가 대책을 강구하는 것은 당연하다. 바로 지금이 정부 대책이 필요한 상황이라고 규정할 수 있다. 다만 대책의 결과로 도덕적 해이가 가중되거나 국민 세금이 낭비되지 않도록 해야 한다.

이를 위해서는 대출받은 당사자는 물론, 대출해준 은행도 손실을 분담하는 원칙이 필요하다. 정부는 얼어붙은 시장에 유동성을 부여하는 시장 조성에 주력하는 것이 바람직하다. 손실을 보고라도 집을 매각하고자 하는 사람들이 거래 위축으로 고통받는 상황을 타개하는 것이다. 예를 들어 당사자와 은행이 각각 10~20%씩 투자 손실을 감수하고 매각하도록 하고, 투자자가 세금 걱정 없이 그 가격에 매수할 수 있도록 한시적으로 세제 및 기타 혜택을 주면 어떨까 한다. 공적 펀드가 개입해 더 적극적인 시장 조성에 나설 수도 있을 것이다.

하우스푸어 문제가 특별히 집중된 지역들은 원래 예정(또는 예상)되었던 도로나 전철 등 인프라 건설이 실현되지 않은 곳이다. 집이 있으면 언젠가 인프라에 투자해야 할 텐데, 차제에 이들 지역에 인프라 투자를 실행하는 것도 좋은 대책이다. 최악의 침체를 겪는 수도권 외곽지역의 경우 공장입지 규제를 풀어 일자리가 많이 생기도록 하는 것도 도움이 된다.

마지막으로 주택대출에 관련된 모든 위험을 차입자에게 넘기는 현재의 대출구조가 바뀌어야 한다. 변동금리 대출 비중을 낮추는 것은 물론, 집을 빼앗기고도 남은 대출금을 갚아야 하는 소구 금융의 틀에서 벗어날 필요가 있다.

(매일경제 2012. 9. 21)

47

프로젝트 파이낸스의
대안 모색

부동산 개발에는 워낙 많은 돈이 들어가기 때문에 개발업자나 건설 회사가 자기 돈만 가지고 사업을 진행할 수 없다. 반드시 은행이나 기타 투자자, 소비자들이 토지 매입, 인허가, 토목 및 건축공사, 사업관리 등에 필요한 자금의 상당 부분을 제공해야 비로소 사업이 진행된다. 1997년 외환위기 이전에는 건설 회사들이 자기 돈이나 대출금으로 토지를 사서 가지고 있다가 시장 상황이 좋을 때 아파트를 지어서 팔았다. 물론, 모든 자금을 자체 조달했던 것은 아니다. 소비자들이 아직 지어지지 않은 아파트를 분양받아 내는 계약금, 중도금은 건설 회사에 돈을 빌려주는 것과 같다. 선분양도 일종의 금융상품 역할을 했다.

외환위기는 이런 사업방식에 제동을 걸었다. 높은 부채비율이 더 이상 용인되지 않는 환경이 도래하면서 건설 회사들이 사업 부지에 돈을 잠겨 놓을 수 없었다. 이 때문에 부동산 개발 시행사라는 새로운 업종의 회사들이 생겨나서 토지 매입, 마케팅, 전체적 사업관리를 담당하게 되었고, 건설 회사는 시공만을 담당하는 역할분담이 이루어졌다. 갑자기 생겨난 시행사들이 부동산 개발에 들어가는 거액의 자금을 가지고 있을 리 만무했다. 아파트 건설비는 선분양을 통해 해결한다고 해도, 토지 매입에 필요한 자금을 조달하는 문제가 절박했다.

2000년대 초에 도입된 프로젝트 파이낸스(Project finance, 이하 PF)는 바로 이 문제를 해결하는 수단이었다. 시행사가 계약금 10%만 내고 토지 매매 계약을 체결하면, 나머지 90% 자금은 주로 저축은행이 대출해주었다. 이후 인허가받고 시공사(건설 회사)가 정해지면, 보통 시중은행이 소위 이 PF 대출을 실행해서 저축은행 빚을 갚는다. 은행 입장에서 거액의 대출이 나가는 마당에 영세한 시행사만을 믿을 수 없는 노릇이다. 시공을 맡는 건설 회사가 공사를 책임지고 준공하겠다는 보증, 대출 원리금을 갚겠다는 보증, 분양을 책임진다는 보증을 해준 이후에야 비로소 대출해준다.

사업이 잘 진행되어 분양에 성공하면 시행사, 건설 회사, 은행이 모두 이익을 본다. 그중에서 건설 회사나 은행은 다소 높게 정해진 공사비와 이자를 받을 뿐이지만, 나머지 이익은 전부 시행사에 돌아간다. 그 이익의 규모는 투입한 자본이 미미한 액수임에 비해 엄청난 수준이다. 반대로 사업이 실패하면 시행사는 토지 계약금 10%를 날리고 말지만, 그 외 모든 손해를 건설 회사가 뒤집어쓴다. 건설 회사가 부도나고도 갚지 못하는 돈은 은행의 손실이다. 어떤 사업은 시공사를 선정하는 단계까지 가지도 못하고 실패하는데, 그렇다면 토지 매입 자금을 대출해준 저축은행이 토지를 떠안고 만다.

지난 10여 년간 PF 대출 덕분에 수백만 호의 주택이 지어졌고, 많은 사람이 내 집 마련의 꿈을 이루었다. 분명 당시 상황에서 PF는 대박 금융상품이었다. 그러나 이제는 PF 대출이 지나간 자리에 사상자가 즐비하다. 전국적으로 500여 개의 PF 개발사업이 중단된 것으로 추산되는데, 그 결과 저축은행의 1/5, 100대 건설사의 1/4 이상이 부실화되었다. 최근의 극동건설 사태는 PF 문제가 아직도 진행형임을 말해준다. 어떤 지뢰가 또 터질지 알지 못한다.

PF가 실패한 원인과 향후의 대안에 대한 진지한 고민이 절실하다. 앞에서 설명한 것처럼 우리나라의 PF는 교과서적인 PF와 달라서 사업이 잘못될 경우의 모든 위험을 시공사가 책임진다. 그러나 부동산 개발사업은 하나하나의 규모가 워낙 크기 때문에 대부분의 건설사는 2~3개 사업만 삐끗해도 버틸 여력이 없다. 부지를 매입하는 단계, 인허가를 받는 단계, 분양하는 단계, 공사를 하는 단계, 수분양자들이 입주하는 단계 등등에서 잘못될 수 있는 요인들이 너무나 많은데, 그 위험을 시공사 혼자서 감당하라고 하는 것은 애초에 무리였다. 개발사업의 위험을 시행사, 시공사, 금융기관 사이에 적절히 분담하는 것이 대안 모색의 핵심 포인트다.

첫째로, 시행사의 자본 규모와 전문성이 제고되어야 한다. 부동산 개발에 참여하는 시공사·시행사·금융기관의 전문가들을 상대로 설문조사를 해보니 시공사나 금융기관은 물론, 시행사 종사자들 자신도 개발사업이 잘못되는 데는 시행사의 책임이 가장 크다고 답했다. 토지비의 10%만 가지고(때로는 그나마도 남의 돈이다) 그 몇십 배 되는 사업을 좌지우지할 수 있다는 것은 책임성이나 전문성 차원에서 문제의 소지가 크다. 최근에는 대기업이나 금융기관 자회사 등의 역할이 커지면서 시행사들의 규모가 커질 요인이 있지만, 정부가 더 적극적으로 나서서 시행사의 최소자본금을 정하는 것이 바람직하다. 사업이 잘못되면 결국 정부가 나서서 해결할 수밖에 없는 경우가 많으므로, 정부가 미리 개입해 문제가 생기지 않도록 하는 것이 정당화된다. 시장에 대한 충격을 줄이기 위해 처음에는 현재의 시행자 자본투입액의 2배인 토지비의 20% 정도로 최소자본금을 규정하되, 향후 상향 조정해가는 것이 바람직하다.

둘째로, 개발사업에서 금융기관들의 역할이 더욱 확대되어야 한다. 은행은 시공사 보증만 확보된다면 별다른 검토 없이 대출해주므로 사업 타당성에 대해 심도 있는 검토를 하지 않는다. 또 PF 대출이 사업이 잘되든 잘못되든 꼬박꼬박 이자를 받아 가는 단순 대출 형태이므로, 사업이 잘못되면 이자가 누적되어 급속도로 사업이 망가질 수밖에 없다. 시공사가 혼자 개발사업의 위험을 부담할 수 없다는 사실이 판명되었으므로, 앞으로는 금융기관들이 사업위험을 나누어질 수밖에 없다. 즉, 단순 대출보다는 어떤 형태로든 금융기관들이 일정 지분을 갖고 개발사업에 참여하는 투자 은행 기능이 제고되어야 한다. 이를 위해 부동산 개발에 관련된 금융기관의 전문성이 제고되어야 하며, 필요한 만큼의 투자가 이루어져야 한다.

셋째로, 개발사업의 위험에 대한 평가 체계가 구축되어야 한다. 사회의 주요 인프라를 구축한다는 관점에서 정부 출연연구소들이 표준적인 평가 방법을 개발하고 관련 데이터를 축적해 민간에 제공하는 것이 바람직하다. 그 이전에라도 개발금융에 참여하는 금융기관, 시공사들이 내부적으로 위험관리를 철저히 해야 함은 물론이다. 또 개발사업의 위험에 대한 정밀 평가 없이 PF 대출 보증 또는 보험 상품이 확산되는 것은 바람직하지 않다.

PF 대출 구조를 개선하려는 노력과 함께 새로운 개발금융상품에도 관심을 가져야 한다. 2012년 4월, 상법개정으로 도입된 합자 조합이 미국의 파트너십처럼 개발사업을 주도해가기 위해서는 제도의 세부적인 부분들이 좀 더 가다듬어져야 한다. 부동산 개발 전문 리츠에 대해서도 시장의 관심과 기대가 크지만, 2011년에 상장 개발 리츠가 퇴출당하는 아픈 경험을 했다. 시장에서 능력이 증명된 시행사들이 새로운 도약을 하는 수단이 되는 방향으로 개발 리츠의 위상을 재정립하는 것이 바람직하다.

10여 년간 많은 기여를 한 한국형 PF 대출이 더 이상 시장을 주도하기 어렵게 되었다. 개발산업과 이를 지원하는 금융시스템이 원활하게 작동하는 것은 부동산 개발 및 공급에 필수적이다. 시장 참여자들도 나름대로 역할을 하면서 여러 대안을 모색, 실험해가야 하겠지만, 정부도 이 고민에 동참해야 할 것이다.

(네이버 2012. 10. 14)

Chapter 03

주택경기는
회복되었지만,
가계부채 문제가 커진
박근혜 정부
(2013. 2~2017. 4)
시기

48

발상 전환이 아쉬운
주택공약

18대 대선은 오랜만에 부동산, 주택문제가 쟁점에서 비켜난 선거였다. 그래서인지 양대 후보의 주택공약은 성의 없는 작품이었다. 문재인 후보는 시장 상황을 아는지 모르는지 참여정부로의 회귀를 공약했고, 박근혜 후보는 허공에 그린 그림 같은 공약을 내놓았다.

철도 용지를 덮어서 20만 가구의 임대주택을 짓겠다는 공약은 기존 보금자리주택에 포함된 임대 80만 가구를 더 늘리겠다는 것 같은데 기술적 타당성, 예산 조달 방안, 주택 시장 파급효과 등에 대한 검토가 없다. 하우스푸어를 위한 지분 매각 제도도 최근 은행권에서 실시한 유사 제도의 신청자가 거의 없었던 것을 감안하면 아마도 별 도움이 되지 않을 것이다. '목돈 안 드는 전세 제도'와 관련해서는 어떤 집주인이 세입자를 위해 자기 집을 저당 잡히려고 할지 감이 오지 않는다.

공약했으니 시범 사업 정도를 제한적으로 시행하는 것은 어쩔 수 없겠지만, 다른 한편으로 새 정부가 국민의 주거를 안정시키고 개선해 나가는 데 어떤 역할을 해야 할지에 대한 진지한 고민을 완전히 새로 시작해야 한다. 그런데 과거 정책의 연장선상에서 기발한 정책 아이디어를 찾기에는 시장 환경이 너무 변했다.

박정희·전두환 정부 이래 지난 40여 년간 우리나라 주택정책은 수요·공급 측면에서 일관된 기조를 가지고 있었다. 수요 측면에서는 가수요를 줄여서 가격 상승을 억제하고자 했고, 공급 측면에서는 공공 부문 주도로 대규모 토지를 개발하고 아파트를 건설했다. 양질의 주택을 대량 공급해온 정책이 국민의 주거환경을 획기적으로 개선한 것은 부인할 수 없다. 1980년만 해도 온수가 나오는 집이 열 집에 한 집, 수세식 화장실이 있는 집이 다섯 집에 한 집 미만이었는데, 이제는 그렇지 못한 집이 3%뿐이다. 또한 주택의 대량 공급은 내 집을 가진 중산층 형성에 크게 기여했다. 이에 비해 투기 억제 정책은 성과가 낮았다. 급속한 경제성장 과정에서 주거 수요가 급증하고 가격이 오르는 것은 어쩔 수 없는 일이었기 때문이다.

그런데 이제 상황이 많이 달라졌다. 경제가 성숙기에 접어들고 주택 가격이 오르기만 하는 시기가 지나면서, 주택도 위험한 투자 자산으로 재인식되고 있다. 이 때문에 여분의 주택을 사서 보유하는 동안 세를 주다가, 가격이 오르면 차익을 챙기는 투자가 어려워졌고, 그 여파가 전세난으로 나타난다. 또한, 짓기만 하면 팔리던 것이 이제는 위치, 가격, 환경에 따라 잘못하면 영구 미분양으로 남는다. 대량 건설, 대량 공급의 시대가 지나가고 있다.

결국 박정희·전두환 패러다임의 주택정책 기조가 더 이상 유효하지 않게 되었다. 주택 부문에 흘러들어오던 돈의 흐름이 끊기고 있는데, 이를 정부 예산으로 대신하기는 역부족이다. 투기 억제보다는 투자 장려 정책이 더 필요해졌다. 도시 외곽의 대규모 택지 개발은 수요부족에 직면할 것이고, 그보다는 기존 도심의 기능 제고와 노후주택 재정비가 더 필요하다. 틀에 박힌 아파트 생활에서 벗어나고자 하는 욕구가 커지는 것도 주목되며, 더 멀리 보면 남북관계의 근본적인 변화에도 대응할 수 있어야 한다.

일본의 경우 거품붕괴 이후 불황이 오래가자 1997년 2월 '신 종합 토지 정책 추진 요강'을 발표해 지가 하락을 정책의 목표로 할 필요는 없다고 밝히고, 토지 정책의 목표를 지가 억제로부터 유효 이용으로 전환한다고 공식 선언했다. 우리나라도 투기 억제와 공공 주도 대량 공급이라는 과거의 정책 기조는 새로 부각되는 문제들을 감당하기에 적합하지 않다. 정부가 개입해야 할 영역을 새로 정하고 효과적인 정책 수단을 고민해야 한다. 대선 공약에서는 이런 고민의 흔적을 찾아볼 수 없었지만, 적어도 정부 출범 초기에는 발상의 전환에 바탕을 둔 새로운 주택정책 패러다임이 제시되길 기대한다.

(매일경제 2012. 11. 29)

49

우리나라 집값이 정말로 비싼가? : PIR의 비교

　지난 크리스마스이브에 "5년간 물만 마셔야 서울서 30평 전세 마련"이라는 제하의 기사가 실려서 많은 평범한 사람들의 즐거운 분위기를 망쳤다. 이 계산은 3인 가족 가계소득 425만 원을 기준으로 해서 아파트 전세가와 비교한 결과인데, '물만 마시고' 살 수 없음을 감안해 가계 지출을 빼주면 매달 약 100만 원 이상 저축하지 못하는 것이 가정 경제의 현실이다. 이 기사를 액면 그대로 받아들인다면 전셋집 하나 얻기 위해 20년 이상 돈을 모아야 한다. 그전에는 "월급 한 푼 안 쓰고 12년 치 꼬박 모아야 서울 중형아파트 장만"이라는 기사가 나온 기억이 있다. 친절하게도 "지출을 고려하면 평균 56년 6개월, 특히 강남권에서는 89년 8개월이나 걸려 도시근로자가 월급을 모아 아파트를 장만하는 것은 사실상 불가능한 것으로 분석되었다"라는 설명이 뒤따랐다.

　이처럼 주기적으로 봉급생활자들 속을 뒤집어놓는 기사가 뜨지만, 그러나 20년씩 돈을 모아서야 비로소 전셋집을 얻었다거나, 90년 가까이 걸려서 강남 아파트를 샀다는 사람은 없다. 우선 서울의 30평대 아파트를 전세로 들어가는 사람에게 저축한 돈이 하나도 없다는 것은 비현실적이다. 그전에 살던 집에서 뺀 전세금이나 기타 저축이 상당액 있을 것이다. 정 모아놓은 돈이 없다면, 아파트보다 전세금이 싼 다세대주택, 다가구주택이나 좀 작은 아파트를 당연히 얻어야 한다. 상당수의 사람은 돈을 더 모을 때까지 외곽 위성도시에 집을 얻고 출퇴근하는 수고를 아끼지 않는다. 결국, 이 기사들은 얼핏 듣기에 그럴듯하고 사람들 성질을 돋우는 데 효과가 있지만, 실제로는 현실을 반영하지 못하는 왜곡된 정보일 뿐이다. 이런 기사를 내보내는 사람들은 생각이 없거나 아니면 나쁜 의도를 가졌다고 밖에 볼 수 없다.

그렇지만 적합한 통계치를 사용해서 계산하고 그 결과를 과장되게 해석하지 않는다면, 집값과 소득을 비교해 주거비 부담을 나타내는 시도는 의미가 있다. 주택 연구자들은 흔히 소득 대비 주택가격 배율(Price Income Ratio, 이하 PIR)을 계산한다. 이 비율은 주택가격을 분자로 하고, 소득을 분모로 하는 간단한 형태지만, 대상을 어떤 시장으로 할지, 누구의 어떤 소득을 쓸 것인지, 어떤 집값을 쓸 것인지에 따라 그 값이 크게 달라진다. 우리나라의 경우 모든 주택이 아니라 아파트만을 대상으로 집값을 계산하면 PIR 수치가 커진다. 평균적으로 단독주택, 다세대주택, 연립주택보다 아파트의 가격이 높기 때문이다. 통계청이 지역별 소득을 발표하지 않아 전국 평균 소득을 분모로 쓰는 경우가 많은데, 이는 PIR 수치를 높이는 요인이다. 집값이 높은 동네에 사는 사람들의 소득이 전국 평균 소득보다 높을 것이기 때문이다. 자기 집을 가진 가구만이 아닌 모든 가구의 소득을 쓸 때도 PIR이 올라간다. 집값과 소득의 평균을 쓰는가, 중위수를 쓰는가에 따라서도 PIR이 다르게 나온다.

마지막으로는 표본의 평균(또는 중위수) 주택가격 및 소득을 먼저 구해서 양자 간의 비율을 구하는지, 또는 각 관측치의 PIR들을 먼저 구하고 그 비율의 평균(또는 중위수)을 구하는지에 따라서도 PIR이 달리 계산된다.

최근에 주택학회지에 발표된 논문은 계산 방법에 따라 같은 표본에 대해 계산한 PIR이 얼마나 다르게 나오는지, 일관된 계산 방법으로 산정할 때 우리나라의 PIR이 다른 나라와 어떻게 비교되는지를 연구했다. 연구를 담당한 한양대학교 이창무 교수, KDI 스쿨 조만 교수, KDI 김현아 박사에 의하면, 2010년 전국의 PIR은 계산 방법에 따라 4.0에서 7.1까지 다양하게 나온다. 서울과 수도권의 PIR도 각각 9.0~17.6, 6.4 ~11.4의 넓은 범위에 걸쳐 있다. 이 중 가장 높은 PIR 수치들은 지역별 자가 아파트 가격과 전국 전 가구 소득으로부터 계산되는데, 한 경제연구소는 이렇게 계산된 PIR 값을 주택가격 거품의 증거라고 주장하기도 했다. 그러나 계산 방법에 따라 그 수치가 절반 가까이 떨어질 수도 있으므로, 이런 결론을 내리는 데는 신중해야 한다.

또한 외국과의 비교를 통해서도 우리나라 집값이 소득에 비해 과도하게 높지 않다는 사실이 주목된다. 자료와 산정 방법의 일관성에 주의하면서 산정한 PIR 값을 보면 다음 (표 3-1)에 나타나 있는 바와 같이 2010년 우리나라의 PIR은 4.4로 미국(3.5), 캐나다(3.4)보다는 높으나 호주(6.1), 영국(5.2), 홍콩(11.4)보다는 낮다. 도시권별로 비교해보아도 우리나라 수도권의 PIR은 5.9로 토론토 권역(5.1)보다 높지만, 뉴욕(6.1), 시드니(9.6), 밴쿠버(9.5), 런던 권역(7.2)보다 낮은 수준이다.

(표 3-1) 국가 및 주요 대도시 권역별 PIR(2010년 기준)

국가 및 도서관			PIR	실거래 주택가격 중위값(US$)	가구소득 중위값 (US$)
한국			4.4	13,300만 원 ($112,331)	3,015만 원 ($25,529)
	수도권		5.9	20,800만 원 ($175,676)	3,500만 원 ($29,561)
		서울시	7.7[1]	31,000만 원 ($261,824)	4,038만 원 ($34,105)
미국(NAR, U.S.BOC)			3.5[2]	$171,000	$49,445
	북동부(Northeast Region)		4.5[2]	$211,333	$53,283
		뉴욕 MSA	6.1	$389,100	$63,300
		샌프란시스코 MSA	7.2	$538,100	$74,300
		로스엔젤레스 MSA	5.9	$345,600	$58,900
호주			6.1		
	시드니 MA		9.6	$634,300	$66,200
	멜버른 MA		9.0	$565,000	$63,100
캐나다			3.4		
	밴쿠버 MA		9.5	$602,000	$63,100
	토론토 MA		5.1	$379,000	$74,800
영국			5.2		
	Greater 런던		7.2	$386,700	$53,622
	버밍험&웨스트이드랜드		5.2	$172,082	$32,870
홍콩			11.4	$335,400	$29,302

주 : 우리나라는 국토해양부 실거래가 자료를 이용해 다가구주택을 제외한 거래주택의 중위값 산정. 호주, 캐나다, 영국은 국가 내 조사 도시권 PIR의 중위값. 가격 및 소득은 2010년 2/4분기 환율을 적용해 $로 환산

1) 서울시는 2010년 주거실태조사의 서울시 중위세후소득/수도권 중위세후소득 비율을 적용해 추정

2) 미국 전체와 북동부에 대해서는 PUP 자료가 아닌 National Association Realtors 주택거래가격 중위값 자료와 U.S. BOC의 2010년 Current Population Survey 소득자료를 이용해 직접 계산

자료 : 이창무 외(2012)

여기서 왜 우리나라 수도권과 다른 나라의 도시를 비교하는가 하는 의문이 들 수 있는데, 미국의 경우 뉴욕 대도시권(MSA)은 뉴욕시 행정 구역뿐 아니라 배후 광역 생활권을 포괄하는 지역 통계 단위이기 때문에 우리나라의 서울시 경계만을 포함한 지역 개념과 크게 차이가 난다. 따라서 뉴욕 대도시권과의 적절한 비교 대상은 서울시 행정 구역이 아니라 서울시를 포함하는 광역 도시권이다. 아쉽게도 우리나라는 그런 지역 단위에 대해 통계가 집계되지 않기 때문에 수도권을 비교 대상으로 할 수밖에 없다.

무주택자 처지에서는 언제나 집값이 비싸다. 그래서 집값이 소득이나 저축에 비해 비싸다는 기사를 보면 공감하고, 좌절과 울분을 느끼게 된다. 그러나 과거 어떤 시기를 되돌아보아도 집값이 싸다고 느껴졌던 적은 한 번도 없었다. 값이 비싸다는 것이 주택을 정의하는 중요한 교과서적 특징일 정도다. 앞서서 집을 구입했던 부모와 형제들도 오랫동안 절약하고 돈을 모아 어렵게 집을 장만했다. 정부가 내 집 마련에 여러 가지 혜택을 주지만, 그래도 일생일대의 투자를 하는 만큼 위험부담도 컸다. 그 덕분에 집값이 오를 때 큰 혜택을 보았고, 내 집을 가진 중산층의 위치를 굳힐 수 있었다. 주택 시장 침체가 지속되니까 전세 살다가 지금보다 집값이 크게 떨어지면 그제야 집을 살지 말지 결정하겠다고 생각하는 사람들이 많아졌지만, 시장 침체는 영원히 지속되지 않는다. 시장 상황이 바뀌어서 집값이 오르는 시기가 왔을 때 정부에다 집값 낮추라고 요구하지 말고, 능력이 되고 필요가 있는 사람들은 미리미리 내 집 마련을 하는 것이 좋지 않을까?

〈참고문헌〉

이창무 · 김현아 · 조만, "소득 대비 주택가격 비율(PIR)의 산정방식 및 그 수준에 대한 국제 비교", 〈주택연구〉, 한국주택학회, 2012. 11.

(네이버 2013. 2. 12)

50

부동산 정책팀에 바란다

　새 정부 첫 부동산 정책인 4·1 대책이 발표된 지 한 달 가까워져 온다. 정책이 발표된 이후 형평성과 실효성 측면에서 많은 문제가 제기되었고, 국회 논의 과정에서 일부 내용이 수정되면서 논란을 낳기도 했다. 정책 수요자들 사이에 왜 나는, 또는 왜 내 집은 지원 대상에서 빠졌나 하는 불만이 많은 것을 보면, 그만큼 4·1 대책에 거는 기대가 크다는 방증이다. 애초 기대할 만한 수준이 아니었다면 굳이 불만을 가질 필요도 없기 때문이다.

　부동산 시장 모니터링그룹 등이 설문 조사한 내용을 보면, 이번 대책은 시장에서 일단 긍정적으로 평가받고 있다. 당장 거래가 폭발적으로 증가하거나 가격이 오르기 시작하는 것은 아니지만, 많은 사람이 시장 참여를 진지하게 고민하기 시작했다. 이번 대책은 몇 가지 참신하고 또 중요한 요소들을 가지고 있다.

　첫째, 암묵적으로나마 다주택 보유자를 주택정책 파트너로 인정한다. 다주택자 양도소득세 중과세를 폐지하고, 미분양뿐 아니라 기존 주택구매 시에도 한시적으로 양도소득세를 감면하며, 주택청약에서 유주택자에 대해 교체수요를 수용하기로 했다. 다주택자가 주택 시장에 유동성을 공급하는 한편, 무주택자에게 임대주택을 제공한다는 긍정적인 기능을 정책 당국이 인식하기 시작했다고 볼 수 있다.

둘째, 주택문제 해결에 자본 시장 자금을 적극적으로 활용하는 것이다. 임대주택 리츠가 하우스푸어의 주택 지분을 매수하도록 하면서 공모 의무와 주식 소유 한도 적용을 배제해 수익성을 높여줬다. 활용하기에 따라서 누구 돈이든 주택 시장에 들어와서 수익을 올리는 동시에 공공복리를 위해 긍정적인 기능을 할 수 있다는 인식이 바탕에 깔려 있다. 리츠가 활성화되면 대자본이 부동산 투기를 한다거나 주택은 돈벌이 수단이 아니라는 등 비현실적 도덕론에서 벗어나는 실용적 사고가 힘을 얻는 듯하다.

셋째, 대책 발표 이후 논란에서 얻은 교훈은 주택정책이 단순해야 한다는 점이다. 대상 주택가격과 크기, 수혜자 소득과 가족관계까지 고려해서 지원책을 짜다 보니 제도가 복잡해지고 예상하지 못했던 문제들이 나타났다. 양도소득세 감면과 관련해 결과적으로 전체 주택 중 96%를 대상으로 하는 기준을 채택했는데, 그런 정도라면 모든 주택을 대상으로 하지 못할 이유가 없다. 제도를 단순화하는 것이 형평성·실효성 논란을 줄인다.

발상은 참신했지만, 결과적으로 4·1 대책은 성공할까? 그 답은 어떤 성공을 바라느냐에 따라 달라질 것이다. 현재 시장 상황은 서울 통근권 약보합, 수도권 외곽지역 지속적인 침체, 그리고 지방 시장 활황세 마무리로 요약된다. 이번 대책이 지방 시장을 재점화하거나 수도권 외곽 시장을 갑자기 활성화하지는 못할 것이다. 그러나 전반적인 시장 분위기를 개선하는 데 도움이 되고, 특히 서울 통근권 시장 추세에는 긍정적인 계기가 될 것이다. 과거에 정부가 시장 추세를 역전시키는 데 성공한 예가 거의 없었음을 감안한다면, 4·1 대책은 매우 좋은 타이밍에 좋은 내용을 가지고 나와서 선방하고 있다고 볼 수 있다.

그러나 4·1 대책의 진정한 성공 여부는 새로운 주택정책의 초석을 놓았느냐는 문제에서 찾아야 한다. 투기 억제 위주인 수요정책과 대량 건설 위주인 공급정책 기조가 오늘날까지 이어지고 있는데, 이런 정책들은 경제사회 여건 변화를 따라가지 못한다. 4·1 대책은 새로운 환경에 부합하는 요소들을 가지고 있다. 특히 주택 시장도 다른 시장과 마찬가지로 자본이 원활히 유입되어야 문제를 풀어갈 수 있다는 기본적인 인식이 4·1 대책을 계기로 새롭게 부각되었다. 앞으로는 이 같은 인식 변화를 바탕으로 주택정책을 좀 더 체계화하고 구체화하는 작업이 필요하다. 현오석·서승환 팀이 이 과제를 성공적으로 수행할 수 있기를 기대해본다.

(매일경제 2013. 4. 26)

51

저금리 시대
'리츠'를 키우자

금리가 낮아질수록 은퇴 고령자들의 시름이 깊어진다. 베이비붐 세대가 본격적으로 은퇴 연령에 접어들면서 이 개인적 고민이 이제는 사회 문제가 되었다. 장기간 안정적인 수익을 안겨주는 투자 자산이 있다면 문제해결에 큰 도움이 될 것이다.

그런 투자 자산이 이미 개발되어 있다. 부동산 투자 회사, 통칭 리츠 (REITs)가 그것이다. 리츠는 투자자들의 돈을 모아 오피스, 임대주택, 부동산 개발 등에 투자하고, 수익을 나누어주는 간접 투자 수단이다. 1960년에 미국 의회가 부자들뿐 아니라 일반 국민도 부동산에 투자할 기회를 얻게 한다는 목적으로 일정한 요건을 갖춘 회사의 법인세를 면제하는 법안을 통과시키면서 시작되었다. 이후 미국의 리츠는 꾸준히 성장해 상장 리츠는 2012년 기준 172개, 시가총액 6,034억 달러에 달한다. 이 같은 성공은 외국에도 전파되었고, 특히 2000년대 이후 유럽과 아시아 각국에 리츠가 도입되었다.

우리나라도 2001년에 리츠가 도입된 이후 2012년 말 기준 인가된 리츠는 72개, 총자산은 9.5조 원으로 성장했다. 10년간 배당수익률은 연평균 15.9%에 달해 리츠 투자자들은 매우 좋은 성과를 거두었다. 일반 국민이 부동산에 투자할 수 있는 기회를 확대하고, 부동산에 대한 건전한 투자를 활성화한다는 법의 목적이 어느 정도 달성된 셈이다. 그렇다면 지금이라도 퇴직금을 털어서 리츠 주식을 사야 할까? 현재 그렇게 하기 쉽지 않은 몇 가지 요인이 있다.

우선, 투자 대상이 극도로 제한되어 있다. 리츠 중 유가증권 시장에 상장된 리츠는 8개뿐이고, 그중에서도 안정적이라고 볼 수 있는 유형의 리츠는 불과 3개다. 공모 리츠가 줄어들면서 리츠 도입 취지가 퇴색되고 있다. 또한, 리츠 중에는 펀드와 마찬가지로 확실한 기본 자산을 가지고 안정적으로 운영되는 회사와 부동산 개발사업 등에 따르는 위험을 지고 운영되는 회사가 공존하고 있어서 투자 시 주의해야 한다. 2010년에 상장되었던 다산리츠는 거액의 횡령과 각종 비리로 코스피 역사상 최단 시일에 상장 폐지된 쓰라린 경험이 있다. 다산리츠 사태 이후 리츠의 영업인가와 상장 심사가 까다로워졌고 투자 기회도 그만큼 줄었다.

리츠는 소액 투자자들에게 부동산 투자 기회를 주는 좋은 상품이지만, 잠재력을 충분히 발휘하지 못하고 있다. 이를 해결하기 위한 제도적 개선이 필요하다. 첫째, 투자자 보호가 용이한 펀드와 위험관리가 상대적으로 어려운 실체 회사를 법적으로 분리해 규율하는 것을 고려해야 한다. 부동산 펀드와 대동소이한 상품들은 모두 하나의 법으로 묶고, 부동산투자 회사법은 실체 회사인 자기관리 리츠를 대상으로 해서 재구성하는 것이 한 가지 대안일 것이다.

둘째, 우리나라는 명목회사인가, 실체 회사인가를 따져서 법인세 혜택을 준다. 이에 따라 모든 펀드는 세금 혜택을 보지만, 실체가 있는 자기관리 리츠는 혜택을 보지 못한다. 이는 본래 취지와 다르다. 명목회사 여부보다 다수 소액 투자자들을 위한 투자 도관체인가 여부를 따져서 세금 혜택을 주는 방향 전환이 필요하다.

셋째, 공모보다 사모로 자본 조달이 편중되는 것은 공모에 따른 비용이 큰 데 비해 세제 혜택에 차이가 없기 때문이다. 정부는 공모 비용을 줄이도록 제도와 절차를 개선하는 한편, 공모와 사모 간에 세제 혜택을 차별화하는 것이 바람직하다.

우리나라와 비슷한 시기에 리츠를 도입했던 아시아 국가들의 상장 리츠 시가총액을 보면, 우리나라가 5억 달러에 불과한 데 비해 다른 나라의 리츠는 급격히 성장해서 일본 624억 달러, 싱가포르 442억 달러, 말레이시아 83억 달러, 대만은 29억 달러에 달한다. 개인과 사회의 문제를 풀어갈 잠재력을 가진 좋은 투자 수단을 이처럼 방치하는 상황은 개선되어야 한다.

(매일경제 2013. 5. 31)

52

'미친 전세'
아닙니다

"요즘 누가 집 사나, 전세 살면 되지." 한 경제지 특집 시리즈의 제목이다. 집값 하락 추세가 지속하면서 굳이 집을 사겠다는 의욕이 줄었고, 전세로 수요가 몰리고 있다. 그러나 전세물건이 부족해서 성수기, 비수기를 가리지 않고 전세금이 계속 오르고 있다. 학군이나 교통 여건이 우월한 일부 아파트는 중형아파트가 10억 원을 넘나드는 전세금을 형성하기도 한다. '미친 전세'라는 말이 회자되는 이유다.

그런데 10억 원 가까운 큰돈을 집주인에게 맡긴 강심장을 가진 세입자들이 경제력 부족 때문에 집을 못 사는 것은 절대로 아니다. 돈의 크기야 다르지만, 전셋집을 구하기 힘들어하는 많은 중산층 가정들도 집 살 능력이 없지 않지만 불확실한 집값 전망 때문에 전세를 선호한다. 그야말로 "요즘 누가 집 사나?" 하는 마음이다.

전세물건이 줄어든 이유는 집주인 입장에서 수지를 맞추기 어렵기 때문이다. 집값이 오르지 않으면 전세금 이자밖에 수입이 없는데, 그 이자는 집값을 온전히 은행에 넣을 때의 절반 정도에 불과하다. 전세를 놓으면서 집을 유지하는 것보다 집을 팔고 은행에 맡기는 게 더 낫다. 이론적으로, 전세가가 매매가보다 낮은 것은 집값 상승에 대한 기대가 있기 때문이다. 이 기대 때문에 당장은 손해를 보면서도 전세를 놓는 것이다. 세입자들이 전세금이 높다고 또는 너무 빨리 오른다고 아우성치지만, 집주인들도 불쌍한 사정인 것은 마찬가지다. 집주인이 떼돈을 벌기 위해 전세금을 올리는 것이 절대 아니다.

언젠가 집값 상승에 대한 기대가 없어지면 전세가는 매매가보다 좀 더 높아질 것이다. 전세금에 대한 이자로 각종 세금, 유지·보수비용, 감가상각 등을 모두 충족하고도 은행 이자만큼의 수익을 올려야 하기 때문이다.

집을 팔지 않고(또는 팔지 못하고) 셋집을 유지할 때, 목돈이 꼭 필요하지 않은 집주인들은 월세를 선호한다. 시중 은행의 정기예금 이자율이 연 3% 내외인 데 비해 월세를 놓으면 전월세 전환율 6~7%를 적용해서 비교적 많은 월세를 받기 때문이다. 이 비율을 적용해서 계산된 금액을 10으로 나누어 월세를 받는 관행 때문에 연간 이자 상당 수익률은 전환율보다 높다. 아파트 단지마다 전세물건은 부족하고 월세 물건은 몇 달씩 세입자를 기다리는 모습이다.

그러나 같은 이유로 월세 계약은 세입자에게 큰 부담이다. 전셋집이 워낙 귀하다 보니 집주인의 뜻에 따르지 않을 수 없고, 보증금 인상 부분을 월세로 내는 수준에서 타협이 이루어지는 경우가 많다. 신뢰성은 떨어지지만 전월세 계약 건수에 관한 유일한 통계인 서울시 부동산 정보광장 자료를 보면, 확정일자를 받기 위해 주민센터를 찾은 임대계약 중 보증부 월세를 포함하는 월세 계약의 비율은 2011년 1/4분기에

28.8%였는데, 2013년 2/4분기에는 33.5%로 늘었다. 이 통계에서 월세의 비중이 실제보다 낮게 반영된 것은 자명하다. 보증금이 작은 월세의 경우, 굳이 확정일자를 받으러 갈 필요가 없기 때문이다.

월세 비중이 전반적으로 증가하는 속에서도 점점 더 많은 아파트 임대계약이 월세로 전환되는 것이 눈에 띈다. 원룸, 오피스텔, 다가구 주택 등 주로 중·저소득층 셋집은 이전부터 월세 의존도가 높았지만, 아파트는 전세가 대세였기 때문이다. 새로 월세에 살게 된 중산층 가정들이 월세 부담을 크게 느끼고 있고, 이 목소리가 전월세난에 대해 정부가 무슨 조치를 하라는 정치적 압력으로 작용한다.

요약하면, 집값은 내려가고, 전세금은 오르고, 월세 비중이 늘고 있는데, 중산층을 포함한 세입자들은 월세 부담을 버거워하고 있다. 이 추세가 일시적인 이상 현상일까, 아니면 주택 시장이 새로운 여건에 맞추어 변해가는 진화과정일까? 만약 전자라면 정부가 적극적으로 개입해서 이상 현상을 교정해야겠지만, 후자라면 변화가 수반하는 불가피한 고통을 줄여주는 이상의 개입은 바람직하지 않다.

현 상황을 진단하는 관건은 전세라는 임대차계약 제도가 효용을 다했느냐는 물음이다. '주택 시장이 만성적인 주택 부족 상황인가? 주택 가격이 계속 올라서 집주인이 임대료보다는 집값 상승 차익으로 충분한 수익을 올릴 수 있는가? 공식 금융기관의 문턱이 높아서 집주인이 세입자로부터 돈을 빌려 자금을 조달할 필요가 있는가?' 등의 질문에 모두 "그렇다"라는 답이 전세 제도의 존립 기반이다.

현재와 미래의 주택 시장 여건을 짚어보면 전세 제도의 기반이 유지되기 어렵다. 특히 앞서 언급한 것처럼 집값이 오르지 않는다면 전세 물량이 점점 줄어서 전세가가 오르고 마침내는 매매가에 근접하거나 초과하는 수준까지 갈 것이다. '미친 전세'가 아니라 합리적인 시장의 반응이다. 이렇게 전세금이 오르다 보면 월세가 주택임대차의 대세가 될 것이다. 월세 시장이 커지면서 전월세 전환율이 낮아지겠지만, 매달 월세를 내고 사는 것은 여전히 세입자에게 큰 부담일 것이다. 그러나 대부분의 선진국에서 월수입의 1/4~1/3을 임대료로 내는 것이 일상적인 생활방식임을 생각하면, 우리나라도 크게 다르지 않은 주거비 부담을 하게 될 것이다.

전세 제도는 과거 여건하에서 세입자, 집주인, 정부 모두에게 좋은 제도였다. 세입자는 월세 부담 없이 집을 빌려 쓸 수 있었고, 집주인은 적은 돈으로 전세를 끼고 집을 사서 시세차익을 얻을 수 있었다. 정부는 돈 한 푼 안 들이고 수백만 호의 임대주택을 공급할 수 있었다. 그러나 경제 여건이 변했고, 아쉽게도 전세는 서서히 수명이 다하고 있다.

이런 가운데 세입자 보호를 명분으로 정부가 시행하거나 정치권이 검토하는 여러 제도는 많은 부작용이 있다. 예를 들어 전세 세입자를 돕기 위한 전세금 대출은 전세수요를 늘려 전세금 상승을 부추긴다. 이 문제는 경제학 교과서에 나오는 추상적인 가능성이 아니라 일선 중개업자들이 지적하고 제도 개선을 권하고 있는 문제다. 더 나아가서 전세금 상한제를 도입한다든지, 집주인에 대한 조세부담을 늘린다든지 하는 정책들은 전세의 수명을 크게 줄이는 어리석은 시도가 될 것이다. 손해를 보면서도 그나마 전세를 놓고 있는 집주인들이 아예 임대사업에서 손을 떼도록 하는 결정적 계기가 될 것이기 때문이다. 전세 제도의 수명을 늘리기 위해서는 오히려 집주인들이 좀 더 전셋집을 유지하도록 힘을 북돋아 주어야 한다.

전세 시장에 대한 불필요한 개입보다는 월세임차자 보호 및 지원제도를 조용히 마련해야 할 때다. 이제까지의 임차자 보호 및 지원제도는 대부분 전세 계약을 전제로 구상되었다. 월세로 전환되는 시장에서 제도가 어떻게 바뀌어야 할지 연구와 제도정비가 필요하다.

(네이버 2013. 8. 7)

53

취득세 인하,
어떻게 할 것인가?

2013년 6월 말 취득세 감면이 종료되면서 '거래절벽'이라고 불릴 정도로 부동산 거래량이 줄었다. 국토해양부(현 국토교통부) 잠정 집계에 의하면, 6월에 비해 7월의 주택거래량은 1/4에 불과할 정도다. 거래가 실종되는 반면 전세가는 비수기인데도 오름세가 꺾일 조짐이 없다. 전세수요를 주택구매수요로 돌릴 수 있다면 매매 시장, 전세 시장 모두 바람직할 것이다. 부동산 거래를 되살리기 위한 취득세율 인하 문제를 둘러싸고 정부 부처 간 그리고 중앙과 지방 간 논란이 뜨겁다. 세율 인하에 반대하는 시도의 상황을 대변하기 위해 산하 연구기관들이 "취득세 감면이 거래 시기를 바꿀 뿐, 거래량의 절대 증가 효과는 없다"라는 주장을 내놓기도 한다.

현 상황을 이해하기 위해서는 간략히 취득세의 이력을 살펴볼 필요가 있다. 2004년까지만 해도 부동산 거래에는 세율 2%인 취득세와 세율 3%인 등록세가 따로 부과되었다. 여기에 농특세와 교육세가 각각

부가되어 총세율이 5.8%에 달했다. 세율은 높았지만 세 부담은 크지 않았다. 과표가 워낙 낮았기 때문이다. 토지는 개별공시지가로, 건물은 신축가액에 각종 지수를 적용해 계산한 건물 시가표준액으로 평가했는데(표 3-2), 당시 방식대로 서울시 아파트 취득세 과표를 계산해보면 평균적으로 시가의 20% 수준에 불과했음을 알 수 있다. 다른 주택, 일반 건물 등의 과표 현실화율은 더 낮았으므로, 취득세, 등록세의 실효 부담은 시가의 1% 정도였다.

(표 3-2) 연도별 취득세 과세표준

연도	토지	건물
2004년 이전	개별공시지가	시가표준액
2005년	공동주택 공시가격	
2006년 ~ 현재까지	실거래 가액	

2005년에 공동주택 공시가격이 도입되고, 2006년에는 실거래 가액 신고가 의무화되어 과표가 시가의 100% 수준이 되었다. 과표가 현실화 되면 세 부담이 너무 급격하게 오르니까 정부는 취득세, 등록세를 합해서 4%(부가세 포함 4.6%)로 세율을 정하고, 여러 차례에 걸쳐 감면 조치를 시행했다. (표 3-3)에서 보듯이 결과적으로 올 7월 이전에는 한 번도 세법상의 명목세율이 적용되지 않았다. 따라서 현재의 논란은 세율을 '내리느냐'의 문제라기보다는 실효세율을 명목세율 수준으로 '올리느냐'의 문제에 가깝다.

(표 3-3) 주택 유상 거래에 대한 취득세 및 등록세 세율 변화

구분		'04	'05	'06.01~ '06.08	'06.09~ '10.12	'11.01~ '11.02	'11.03~ '11.12	'12.01~ '12.09	'12.09~ '12.12	'13.01~ '13.06	'13.07~
취득세	9억 원 이하	2%	2%	1.5%	1%	2%	1%	2%	1%	1%	2%
	9억 원 초과					4%	2%	4%	2%	2%	4%
	12억 원 초과								3%	3%	
등록세		3%	1.5%	1%	1%	–	–	–	–	–	–

　지방세수의 문제도 마찬가지다. 지방은 마치 그동안 잘 들어오던 세금이 깎여서 살림이 어려워질 것처럼 주장하지만, 지금까지 4.6% 세금을 온전히 받았던 적이 없다. 중앙정부가 세율을 깎으면, 세율 감면에 동의해주는 대신 명목세율에서 들어올 가상의 수입과의 차액을 중앙정부로부터 받아냈다. 2013년의 경우 취득세 보전으로 중앙정부가 약 1조 원을 지방에 주기로 되어 있다.

　과표 때문이든, 세율 때문이든 납세자들은 이제까지 시가의 1~3% 내외의 취득세를 부담했으나 지난 7월 1일부터 4.6%를 세금으로 낸다. 취득세 감면이 부동산 거래를 활성화할 것인가에 대해 논란이 있지만, 긍정이든 부정이든 신뢰할 만한 실증분석은 아직 없다. "취득세 감면이 거래량 증가에 기여하지 못한다"라는 결론을 끌어내는 지방연구원들의 보고서에는 자료나 분석의 가정과 방법 등에서 수긍하기 어려운 점들이 있다.

　일각에서는 "외국의 경우 세금은 적지만 중개업자에게 지급하는 부동산 중개료가 만만치 않으니 거래비용 총액으로는 우리나라와 비슷하다. 그러니 취득세를 낮추면 안 된다"라고 주장한다. 반대급부 없이 내는 세금과 민간서비스 대가인 부동산 중개료를 혼동하는 억지 주장이

다. 더구나 미국 등 많은 나라의 경우 부동산 중개료는 파는 사람이 전액 낸다. (매수인과 따로 계약되어 특수한 조건이 아니라면) 중개업자는 파는 사람의 대리인이기 때문이다. 어떻게 자료를 뽑든 우리나라는 세계에서 취득세 부담이 가장 높은 나라에 속한다는 사실은 부정할 수 없다.

취득세와 거래량에 관한 과학적인 증거가 아닐지 모르지만, 부동산 거래 현장의 목소리는 일관된다. 부동산 모니터링그룹의 보고서나 공인중개사협회의 성명 등이 모두 취득세 부담이 거래의 장애 요인이라고 지적하고 있다. 부동산 거래는 수없이 많은 요인에 의해 좌우되는 것이므로 '취득세만 낮춘다고' 거래가 금방 살아나지는 않을 것이다. 그러나 가뜩이나 침체된 시장에서 세 부담을 대폭 올리는 것이 부정적인 효과가 있는 것을 부인하기 어렵다. 살리기는 어렵지만 죽이기는 쉽다. 물론 부동산 거래 활성화가 유일한 정책적 고려사항일 수는 없다. 중앙이든, 지방이든 정부가 일하기 위해서는 세금을 거두어야 한다. 2000년대 중반 이후 중앙정부의 일방적인 복지 확대로 지방재정 여건이 어려워졌다. 재원 보전 조치가 수반되지 않는 지방세 감면에 대해, 보다 근본적으로는 지방 재원을 중앙정부가 좌지우지한다는 데 대해 불만을 느끼는 것은 당연하다.

세 부담을 급격히 늘리지 않으면서도 지방정부의 세수를 확보하는 길이 있을까? 첫 번째는 현상 유지다. 즉 명목세율을 감면 당시 세율로 인하하고, 중앙정부의 세수 보전을 종전과 같은 액수로 유지하는 것이다. 아무도 더 좋아지지도, 나빠지지도 않으니 특별히 반대할 이유가 없다. 다만, 중앙정부가 한시적으로 지방에 지원하던 예산을 계속 부담해야 하는 문제가 있다.

두 번째는 현재 논의되는 바와 같이 중앙정부 세목을 지방으로 이양하거나 배분 비율을 상향 조정할 수도 있다. 재산세나 담배소비세 세율을 올리거나 지방소비세 배분 비율을 조정하는 것이 유력한 대안으로 이야기된다. 지방세라고 해도 시군과 시도가 받는 세금이 다르고 특·광역시는 또 구조가 달라서 세목 교환이나 배분 비율 조정이 말처럼 쉽지 않다. 그래도 국민 입장에서는 세금으로 내는 돈은 다 마찬가지니까 나머지는 정부 간 조정제도를 잘 다듬어서 해결할 수 있을 것이다.

좀 더 근본적인 측면에서, 취득세 인하와 함께 보유세의 정비, 특히 종합부동산세와 재산세의 통합이 함께 이루어지는 방향으로의 제도 개선이 제안되기도 한다. 이때 취득세는 다양한 경우에 정책 과세로 활용됨을 고려해 국세로 이전하는 것도 고려될 수 있다. 과거에 등록세가 국세였다가 지방세로 이전된 전력도 참고가 된다. 이렇게 지방세 문제를 다룰 때, 세입 측면만이 아니라 중앙정부가 일방적으로 추진하는 복지사업의 비용을 지방정부가 떠안는 세출 측면의 문제도 같이 논의되길 바란다. 중앙정부가 생색낼 것은 다 내고, 청구서는 지방정부로 날아오는 것은 문제다. 중앙정부가 도입하거나 확대하는 복지사업의 비용은 중앙정부가 책임지는 것이 원칙이다.

세 번째는 지방정부 스스로 부동산 시장 활성화와 세수 확보 간의 균형을 찾도록 자율성을 부여할 수 있겠다. 예를 들어 법정 취득세 세율을 2~3% 정도로 하고, 시도가 1%p 범위 내에서 세율을 올리거나 내릴 수 있도록 하는 것이다. 세율을 낮추어 거래가 활성화되면 들어오는 돈이 오히려 증가할 수도 있으므로, 지방정부가 남 탓하지 않고 자신에 맞는 세율을 찾으려 노력할 것이다.

사족으로 덧붙여야 할 의문은 정부와 정치권이 몇 년, 몇 달 전부터 뻔히 알고 있던 문제를 왜 내버려 둬서 국민을 피곤하게 만드는 것일까? 비단 취득세 문제뿐 아니라 국정의 여러 부문이 사사건건 이런 식이다. 이 사람들은 대체 무슨 면목으로 월급을 받아 가는 건가.

(네이버 2013. 8. 13)

54

임대주택공급,
민·관 역할분담이 필요하다

　전월세 대란이 심각하다는 경고음이 울린다. 급기야는 2013년 8월 28일에 정부가 '전월세 시장 안정을 위한 대응 방안'을 내놓았을 정도다. 최근 진행 중인 전월세 문제는 전세금이 계속 올라가고, 월세 전환이 급격히 진행된다는 두 가지 문제로 요약된다.

　이 문제는 주로 아이를 기르는 3~4인 가구 중산층의 문제다. 1~2인 가구를 타깃으로 하는 도시형생활주택은 공급 과잉 상태로 임대료가 떨어지고 있으며, 저소득층 주택은 예전부터 월세 비중이 높았다. 통계를 보아도 2013년 7월까지의 수도권 전세금 상승률은 1억 원 미만, 1~2억 원 아파트가 각각 1.5%, 2.9%인 데 비해 3~4억 원, 4~5억 원 아파트는 각각 4.4%, 4.2%로 높다. 2011년에 평균 13.9% 오른 데 비하면 높지 않은 수치지만, 누적된 인상액만큼을 내고 재계약하는 세입자 입장은 괴롭다.

　4~5억 원 전세 세입자들은 내 집 마련을 할 능력이 있는 사람들이다.

그러나 집값이 내려갈까 봐 걱정되고, 대출 갚을 일이 두려우며, 집값에 맞추자니 지금 사는 전셋집보다 더 멀리 나가서 작은 집으로 이사해야 하는 게 싫다. 집값이 오르지 않는다면 아무리 전세금이 높아도 전세를 사는 것이 합리적이다. 이런 생각들 때문에 매매수요가 종적을 감추고 전세수요가 넘친다.

정부는 2013년 8월 28일에 전세 대책에 대한 청사진을 제시했다. 주요 내용은 첫째, 전세수요를 매매수요로 전환하기 위해 주택구입에 대한 금융 및 조세 지원을 하고, 둘째, 전세 수급 불안을 해소하기 위해 공공 임대주택공급을 앞당기고 민간 임대사업을 지원하며, 셋째, 전세금 상승과 월세 전환의 부담을 완화하는 제도 개선을 한다는 것이다.

주택경기는 나쁠 때가 있으면 좋을 때도 있다. 집값 상승률이 물가상승률보다 낮은 상태가 언제까지 지속될 수는 없다. 언젠가 집을 살 사람들이 좀 앞당겨 집을 사도록 '넛지(Nudge)' 하는 것이 현재의 전세난과 미래의 한숨을 줄인다. 이 점에서 8·28 대책의 접근 방법이 일단 옳다고 생각한다. 또한, 정치적 압력이 큼에도 불구하고 전월세 상한제 도입을 언급조차 하지 않은 것에 대해서는 후한 점수를 줄 수 있다.

그러나 전셋집이 부족하니까 공공에서 임대주택을 더 많이 짓겠다는 발상은 너무 단순하다. 역대 정부가 공공임대주택 건설에 많은 힘을 쏟아서 공공 부문 임대주택이 100만 호를 넘었다. 임대주택 한 채를 짓는 데 1억 원 내외의 예산이 들어가고 관리 운영에도 계속 돈이 들어가는데, 앞으로도 정부가 꼭 집을 지어야 하는지 의문이다. 민간 업체들이 도시형생활주택을 짓도록 유도해놓고는 정부가 행복주택을 공급해서 직접 경쟁하는 식은 곤란하다. 임대주택 시장에서 민간과 공공이 어떻게 역할을 분담해야 할지 좀 더 세심한 고려가 필요하다.

이번 정부 대책에 긍정적인 평가를 한다고 해도 조속히 입법 조치가 이루어질 수 있을지 우려된다. 최근 몇 년간 정부가 이런저런 대책들을 내놓고 국회가 관련 법을 통과시키지 않아서 정책에 대한 신뢰성만 떨어지는 패턴이 거의 정형화되었기 때문이다. 정책 신뢰도가 낮아서 시장 참여자들의 상당수는 입법 조치가 된 이후에야 움직일 것이다. 일시에 많은 사람이 움직여야 시장 분위기가 돌아설 수 있음을 고려하면 아쉬운 일이다.

특히 부동산 문제에 대해 왜 야당이 사사건건 발목을 잡는지 이해하기 힘들다. 양도소득세 중과세나 분양가 상한제 등은 강남 아파트를 중심으로 부동산 가격이 걷잡을 수 없이 오르던 노무현 대통령 때 도입된 비상 대책이었다. 비상등이 꺼진 지 5~6년이 되었어도 여전히 정상으로 돌아가기를 거부할 명분도, 실익도 없다. 혹시라도 '노무현 표' 부동산 정책을 고수해서 그 후광을 덮어쓰려는 의도라면, 지난 17대 대통령 선거에서 이명박 후보가 530만 표라는 큰 차이로 이긴 상대는 정동영 후보가 아니라 노무현 대통령이었다는 평가를 되새겨볼 필요가 있다.

(매일경제 2013. 8. 29)

55

속도조절 필요한
공공임대주택

　최근 한 국제회의에서 서승환 국토교통부 장관은 공공임대주택 건설과 도시재생 사업 지원에 국민주택기금이 적극적으로 활용되어야 한다고 말했다. 저렴한 임대주택공급과 한국토지주택공사(LH) 재무구조 개선을 위해서라도 기금의 역할을 바꾸어야 한다는 것이다.

　서민을 위한 저렴한 공공임대주택 공급은 그 자체로서도 중요한 정책이지만, 과거 정책의 오류를 바로잡는다는 의미도 있다. 수출 산업 육성에 전력을 다했던 개발 시대에 주택건설이나 구입에 정부 예산이나 금융자원을 지원할 여유가 없었고, 필요한 자금은 주택 부문 내부에서 조달했다. 예를 들어 국민주택기금의 대표적인 자금원인 주택채권은 아파트 청약을 위한 채권입찰제나 각종 인허가에 부가해 강제 소화했고, 주택건설자금은 선분양을 통해 소비자가 건설업체에 돈을 빌려주도록 했다.

　이런 구조에서 주택을 분양받는 소비자들은 이득을 보았지만, 분양

받을 돈이 없는 저소득층은 소외되었다. 이뿐만 아니라 때로는 재개발·재건축 사업 때문에 이리저리 쫓겨 다니기도 했다. 저소득층의 주거 안정을 위해 정부가 예산을 쓰기 시작한 것은 1988년 영구임대주택 사업부터다. 정부가 꼭 해야 할 일을 이처럼 늦게 시작했다는 것은 부끄러운 일이 아닐 수 없다.

늦게 시동이 걸렸지만, 이후 공공이 짓고 염가로 저소득층에게 임대하는 다양한 공공임대주택이 선을 보였다. 김대중 정부는 국민임대주택, 이명박 정부는 보금자리주택, 그리고 박근혜 정부는 행복주택 하는 식으로 정권마다 자기 브랜드의 임대주택을 내놓았고, 정치적 필요성에 따라 건설목표가 수시로 바뀌었다. 예를 들어 국민임대주택은 1998년 5만 호 건설이 목표였지만, 이후 2001년 20만 호, 2002년 4월 50만 호, 그 한 달 후에는 100만 호로 목표가 높아졌다.

현재 5년 이상 임대 기간을 갖는 공공임대주택은 약 104만 호, 전체 주택의 5.6%로 집계된다. 이 많은 집들이 공짜로 마련된 것은 물론 아니다. 국민임대주택 대부분은 LH가 건설했는데, 정부가 돈을 주지 않으면서 무조건 임대주택을 지으라고 한 결과, 재무구조가 엉망이 되었다. 공공임대주택은 건설에만 돈이 들어가는 것이 아니다. 서울 소재 전용면적 36㎡ 규모의 영구임대주택은 보증금 300만 원에 월세 6만 원 정도고, 같은 규모 국민임대주택은 보증금 1,200만 원에 월세 15만 5,000원 정도다.

이런 낮은 임대료를 가지고 적절하게 유지보수를 하기는 어렵다. 결국 운영에도 계속 돈이 들어가야 한다. 저소득층의 복지를 위해 그만큼의 돈을 쓰는 것이 타당할 수 있겠지만, 그간의 많은 연구는 공공임대주택에 사는 사람 중 상당수가 저소득층이 아님을 보여준다. 일례로,

국민임대주택 거주자 중 1, 2분위의 저소득 가구는 불과 36%라는 추계 결과도 있다.

공공임대주택은 민간부문과 경쟁하기도 한다. 지난 몇 년간 민간사업자들은 도심 부근에 도시형생활주택을 대량 공급했는데, 정부에서 임대료가 더 낮은 행복주택을 들고나와 직접적으로 경쟁하는 관계가 되었다. 중산층 임대주택같이 민간이 잘할 수 있는 일은 민간이 하게 하고, 1·2분위의 저소득층 지원같이 민간이 하지 못하는 일을 정부가 담당하도록 역할 정립이 되어야 한다.

지난 20여 년간 100만 호의 공공임대주택을 지었다. 이제는 한발 물러서서 그 공과를 평가하고 앞으로의 정책 방향을 숙고할 때다. 서 장관의 발언은 LH 다음 차례로 국민주택기금을 털어먹자는 이야기로 오해받을 소지가 있다. 아무쪼록 기금의 재무안정성을 해치지 않는 범위 안에서 정책이 수립되길 바란다.

(매일경제 2013. 11. 22)

56

부동산 개발
사전평가 도입해야

　수도권 주택 시장이 장기 침체에 빠져 있지만 대구, 부산 등 대도시 시장은 호황을 구가한다. 또 기존 주택에는 매기(買氣)가 없어도 신규 분양 시장은 뜨겁게 달아오르고 있다. 전체 시장에 대해 호황, 불황을 이야기하는 것은 의미가 없어 보인다. 시장 정상화를 도모하는 한편, 앞으로 나타날 수 있는 문제에 선제적으로 대비하는 것이 필요하다. 그 중에서도 신규 개발 시장에서 또다시 대규모 부실 사태가 발생할 가능성에 주목해야 한다.

　외환위기 이후 부동산 개발 시행사라는 새로운 업종의 회사들이 생겨나서 토지 매입, 마케팅, 전체적 사업관리를 담당했다. 갑자기 생겨난 시행사들이 충분한 자금을 가지고 있을 리 만무했다. 아파트 건설비는 선분양을 통해 해결한다고 해도 토지 매입에 필요한 자금을 조달하기 위해서는 프로젝트 파이낸싱(PF) 대출에 의존했다. 계약금을 10%만 내고 토지 매매계약을 체결하면 나머지 90% 자금은 주로 저축은행이 대출해주었다. 이후 인허가받고 건설 회사가 정해지면 보통 시중은행이 소위 이 PF 대출을 실행해서 저축은행 빚을 갚는다. 이때 시공을 맡는 건설 회사가 공사를 책임지고 준공하겠다는 보증, 대출 원리금을 갚겠다는 보증, 분양을 책임진다는 보증을 했다.

사업이 실패하면 시행사는 토지 계약금 10%를 날리고 말지만, 그 외 모든 손해를 건설 회사가 뒤집어쓴다. 건설 회사가 부도나서 갚지 못하는 돈은 은행 손실이다. 2000년 초중반 주택 시장 호황기에 PF는 대박 금융상품이었다. 그러나 지금은 전국적으로 PF 개발사업 500여 개가 중단된 것으로 추산되는데, 그 결과 30여 개 저축은행과 그만큼의 건설사들이 부실해졌다.

PF 사태가 반복되지 않도록 하기 위해서는 첫째로 시행사 자본 규모와 전문성이 제고되어야 한다. 토지비 10%만 가지고 그 몇십 배 되는 사업을 좌지우지하는 것은 문제다. 사업이 잘못되면 결국 정부가 나서서 해결할 수밖에 없는 사례가 많아서 정부가 미리 최소자본금 규모를 정하든지, 등급별 개발업 면허제도를 도입하는 것이 바람직하다.

둘째로 개발사업에서 금융회사 기능이 더 확대되어야 한다. 시공사가 혼자 개발사업에 대한 위험을 부담할 수 없다는 사실이 판명되었기에 앞으로는 금융회사들이 사업위험을 나누어 질 수밖에 없다. 단순 대출보다는 어떤 형태로든 금융회사들이 일정 지분을 갖고 개발사업에 참여하는 투자 은행 기능을 제고해야 한다. 이를 위해 부동산 개발에 관련된 금융회사 전문성이 제고되어야 하며 필요한 만큼 투자가 이루어져야 한다.

셋째로, 개발사업 타당성에 대한 사전평가 체계가 구축되어야 한다. 현장에 있는 사람들은 사업에 대한 동물적 감각이 가장 중요하다고 생각하고, 그 덕분에 사업에 성공하기도 했을 것이다. 그러나 예전에 잘 나가던 시행사들을 지금은 거의 자취도 찾을 수 없는 것을 보면 '감'보다는 합리적인 분석과 예측이 중시되어야 함을 알 수 있다. 금융회사와 시공사의 리스크관리 프로세스에서 사업 담당 부서의 이해와는 독립된 객관적 분석 보고서가 활용되어야 한다. 이를 위해 정부나 대학의 전문 연구소들이 표준적인 평가 방법을 개발하고, 일정 규모 이상인 개발사업은 사전평가를 받도록 의무화하는 것이 바람직하다. 개발사업에 대한 위험을 인식하는 바탕 위에 부동산 개발제도를 개편하지 않으면 또 다른 형태의 PF 사태가 벌어질 가능성이 크다. 정부도 미리미리 이 문제에 대해 고민하길 바란다.

(매일경제 2014. 5. 14)

57

부동산 경기부양보다는
시장 정상화를

최경환 부총리 내정자가 "현재 부동산 규제는 한겨울에 여름옷을 입고 있는 격이라며 계절이 바뀌었으니 옷을 갈아입어야 한다"라는 말을 했다고 보도되었다. 2000년대 중후반 부동산 시장에 무리한 규제들과 세제가 도입 또는 강화되었고, 시장 침체가 7년째로 접어드는 아직도 그 족쇄가 완전히 풀리지 않았다. 부총리 내정자의 언급이 당연하다는 생각이 들지만, 한편으로는 과거의 '규제 광풍'이 이제 '경기부양 광풍' 으로 모습을 바꿔 재현될 가능성이 걱정된다.

논란의 초점은 LTV, DTI 등 대출 규제다. 규제 완화를 주장하는 근거는 다양하다. 2013년 말 기준 가계부채는 1,021조 원인데 그중 주택 담보 대출은 공공, 민간 합해서 540조 원 정도다. 이 수치가 과도한 수준인지에 관해 여러 연구가 있었지만, 결론은 "예의 주시해야 하지만 아직은 큰 문제가 없다"라는 쪽으로 모인다. 주택담보 대출의 연체율은 미입주 단지의 집단 대출을 제외하면 전체 가계 대출 연체율의 절반 이하다. 이자율이 급격히 오르는 등의 충격이 오면 주택담보 대출보다 다중채무자, 영세사업자, 일부 고령자 등 취약계층 대출이 위기의 원점이 될 것이다. 이처럼 주택담보 대출 채권이 안정적이라는 데 덧붙여 주택 시장을 부양할 필요성, 젊은 부부들의 내 집 마련 지원 등을 고려하면 규제를 완화하자는 목소리가 높아진다.

LTV, DTI 규제는 강남 집값이 급등할 때 도입되었고, 가격을 안정시키려는 의도가 있었기 때문에 규제 본래 목적에 비추어 개선의 여지가 분명히 있다. 예를 들어 선진국에서는 LTV 상한이 거의 80% 수준인데 왜 우리나라는 그보다 훨씬 낮은 수준이어야 하는가? 차입자를 과도한 부채로부터 보호하고, 금융기관의 자산건전성을 유지하기 위해 꼭 필요한 수준의 LTV, DTI 비율이 무엇인지 모르면서 강한 규제를 운용하고 있다.

그렇지만 이 조악한 규제들은 세계적 금융위기를 거치면서도 금융시장이 안정될 수 있었던 힘이었다. 내일 죽더라도 오늘 시장 점유율을 높이기 위해 어떤 무리한 일이라도 하는 은행들의 행태를 상기하면 더욱 그런 생각이 강하다. 부동산 경기를 부양하기 위해 무작정 규제를 푸는 것은 위험하다.

또 규제를 푼다고 부동산 경기가 활성화될지도 의문이다. 과거를 돌이켜 보면 경기를 부추기기 위해서든, 억누르기 위해서든 정부가 여러 조치를 했지만 적시에 의도했던 효과를 거두었던 기억은 별로 없다. 2000년대 중반에 강남 집값을 잡으려고 수십 번 대책이 나왔지만, 수도권 주택가격이 안정된 것은 세계적 금융위기가 오고, 주택 대량 입주 시기인 2008~2009년 이후다. 시장이 침체된 이후 여러 부양책이 나왔지만 역시 반응이 없다.

주택 시장의 동향은 수급이 결정한다. 들어가 살 사람이 없는 집이 팔리지 않는 것은 당연하고, 들어가 살 집이 없을 때 가격이 오르는 것도 피할 수 없다. 수요·공급의 기본적인 관계를 뛰어넘는 정책은 없다. 최근 부동산 시장 모니터링그룹의 한 위원은 "누가 돈이 없어서 집 못 사나?"라는 시중의 정서를 전해줬다. 공급이 충분하니까 좀 더 좋은 위치에 좀 더 좋은 집을 더 싸게 사기 위해 소비자들이 극도로 까다로운 선택을 한다. 이런 상황은 주택 수급을 고려할 때 2015년에 반전될 가능성이 크다.

좋기도 하고 나쁘기도 한 것이 시장 경기인데 잘하지도 못하는 경기 조절을 하려고 너무 힘을 뺄 필요가 없다. 시장을 정상화하기 위해 해야 할 일들, 예컨대 분양가 상한제 폐지, 종합부동산세와 재산세의 통합, 비사업용 토지 중과세 폐지 등과 함께 장기적인 주택정책의 틀을 새로 짜는 일에 힘을 모아야 할 것이다.

(매일경제 2014. 6. 20)

58

양도소득세 장기보유특별공제를
정상화해야

정부는 지난 6일 세제발전심의위원회를 열어서 2014년 세법 개정안을 발표했다. 개정안의 하이라이트는 기업소득 환류세제 등 가계소득 증대 세제 3대 패키지인데 '길 없는 길'을 가는 데 따른 여러 문제가 제기될 것으로 예상된다. 세제개정안에서 의외였던 점은 부동산 시장 부양책이 없다는 것이다. '2·26 임대차 시장 선진화 대책'의 후폭풍을 무마하기 위해 발표되었던 2,000만 원 이하 임대소득세 3년 비과세 등은 몇 달 전에 나온 내용 그대로다.

비사업용 토지 양도소득세 유예는 1년 연장되었을 뿐이고, 임대주택 펀드 분리과세는 혜택이 줄었다. 최경환 부총리가 취임 전부터 내수 진작 핵심 전략으로 부동산 시장 활성화를 언급했던 것을 상기하면 뜻밖이다. 주택담보 대출비율(LTV), 총부채상환비율(DTI) 규제 완화와 더불어 세제 측면에서도 깜짝 선물이 있지 않을까 기대했던 사람들은 아쉽고 섭섭할 만하다. 그러나 자생력이 없는 시장을 인위적으로 끌어 올리려 해야 효과도 없고 부작용만 많다.

그렇지만 가격 급등기에 왜곡된 세제를 정상화하는 노력마저 등한시하는 것은 옳지 못하다. 그중 하나가 양도소득세 장기보유특별공제의 문제다. 주식, 채권, 부동산 등 자산 가격이 올라서 생기는 소득을 자본이득이라고 한다. 자본이득은 장기간에 걸쳐 형성되고 자산을 팔아야 실현되므로 세금을 매길 때 독특한 문제들이 발생한다.

예를 들어, 1억 원짜리 집이 10년에 걸쳐 2억 원이 되었다고 할 때 자본이득 1억 원에 대해 일반 소득처럼 세금을 물려야 할까? 소득이 '소비력의 증가'라는 재정학의 고전적 정의에 의하면 반드시 물가상승을 고려해야 한다. 만약 10년간 물가가 2배가 되었다면 집값이 2배 되어도 소비력이 유지되었을 뿐 증가하지 않았다. 따라서 자본이득 1억 원은 소득이라고 볼 수 없고, 과세 대상이 아니다. 물가상승에 따른 가공의 소득에 과도한 세 부담을 하지 않도록 대부분 나라는 자산 매입 시점과 매각 시점 사이의 물가 상승분을 자본이득에서 공제한다.

다양한 방법이 가능하지만, 우리나라에서는 3년 이상 보유한 부동산에 대해 매년 일정한 비율을 차감하는 장기보유특별공제를 적용한다. 1가구 1주택의 경우 연 4%, 최대 80%를 공제하고, 다주택자에 대해서는 연 3%, 최대 30%까지 공제하며 비사업용 토지에는 적용을 배제한다. 이런 공제 방법은 주택가격 급등기에 투기를 잡고자 나온 제도인데, 이론에 전혀 부합하지 않는다. 1주택자는 9억 원까지 비과세되고, 과세 대상 자본이득에 대해서도 최대 80%를 공제해주니 거의 세금을 내지 않는다. 반면 다주택자, 특히 10년 이상 장기보유자는 자산 가치가 물가만큼 오르지 않더라도 세금을 낼 수 있다. 소득이 없는데도 세금을 내라고 하는 것은 온당하지 않다.

현재의 장기보유특별공제는 예전에 자산 매입 시점과 매각 시점 간의 물가 상승분을 미리 계산해두고, 차별 없이 적용하던 단순한 방법에 비해서도 논리적이지 못하다. 물가상승은 1주택자든, 다주택자든 동일하게 영향을 주기 때문이다. 제도 고유의 취지를 살리기 위해서는 매입·매각 시점 사이의 정확한 물가 상승분을 계산하고 이를 공제하는 것이 타당하다. 간단한 앱을 만들어 보급하면 누구나 손쉽게 계산할 수 있다. 부동산 시장을 살리기 위해서 '길 없는 길'을 갈 필요가 없다. 재정학 교과서에 수록된 '길'을 따라 좋은 조세를 만들어가면 충분하다. 이번 정기국회에서 적어도 장기보유특별공제만큼은 정상화되기를 기대한다.

(매일경제 2014. 8. 23)

59

피케티 열풍과
부자증세

여러 선진국에서 상위 소득계층의 소득 비중이 지난 20년간 크게 높아졌다는 불란서 경제학자 토마 피케티(T. Piketty)의 연구는 그 타당성과 정책적 함의를 둘러싼 뜨거운 논쟁을 불러왔다. 그는 극소수 최상위 계층으로 소득이 집중되어 불평등도가 심화되며, 이는 주로 자산소득의 격차에 기인함을 밝혀냈다. 피케티 연구팀이 축적한 18개 회원국(여기에 우리나라는 포함되지 않았다) 자료를 바탕으로 펴낸 OECD 보고서에 의하면, 소득 상위 1%가 각국 소득에서 차지하는 비중이 1981년 평균 6.5%에서 2012년 9.7%로 높아졌다. 특히 미국, 영국, 캐나다 등은 각각 그 비중이 1981년 8.03%, 6.67%, 7.8%였다가 2010~2012년에는 19.34%, 12.93%, 12.22%로 올랐다.

피케티 연구에 세간의 이목이 쏠린 이유 중 하나는 자료의 정확성이다. 소득분배 연구에서 흔히 사용되는 설문 조사 등의 자료가 아니라 실제 세금 납부 자료를 사용했기 때문에 오차나 누락의 가능성이 훨씬 작아서 더 정확한 실태를 보여줄 수 있기 때문이다.

우리나라에서도 동국대 김낙년 교수가 국세청 납세자료로부터 소득 집중도를 계산해 비슷한 결론을 도출했다. 김 교수의 연구에 의하면 소득계층 상위 0.5%, 1%, 5%의 소득점유율은 1980년에 각각 4.95%, 7.47%, 19.78%였으나 2010년에는 8.36%, 11.76%, 29.17%로 확대되었다. 상위 10% 점유율을 보면 1980년 28.8%였던 것이 2010년 43.3%로 올라서 미국(48.16%)보다 낮지만 일본(40.5%), 프랑스(32.69%)보다 높다. 기존 통계청 조사에서는 우리나라 소득분배 불균형 정도가 OECD 중간 정도였지만, 김 교수 연구 결과는 이보다 심한 것으로 나타난다. 여담이지만, 김 교수는 경제사학계에서 우파로 분류되는 학자인데, 좌파의 전유물로 치부되는 소득분배 문제를 정면으로 다루어서 진영과 무관한 진지한 학문연구자의 모범을 보여주었다.

소소한 오류는 있을 수 있겠지만, 피케티 연구의 설득력은 높다. 이런 연구 결과가 알려지자, 인터넷에서는 "왜 내가 못사나 했더니 부자들이 모두 빼앗아 가기 때문이다"거나 "소득 불평등은 대물림될 수밖에 없다"라는 등의 반응이 나온다.

그러나 피케티 연구의 함의에 대해서는 심층적인 검토가 필요하다. 첫째로, 왜 최상위 0.1%, 1% 등의 소득 집중도가 중요한 문제인가? 대부분의 사람들에게 관심 있는 것은 나와 우리 가족이 건강하고 쾌적한 생활을 할 수 있는가의 여부다. 열심히 일해도 안정적인 생활이 불가능한 사람들이 많다면 이는 심각한 사회 문제다. 인간다운 건강한 생활을 할 수 있는가 여부는 '빈곤'의 문제이고, 이 문제를 풀기 위해 사회가 적극적으로 노력해야 한다는 데 대해서는 토를 달 수 없다. 그런데 대부분의 사람들이 안정적으로 생활하고 있고 다만 일부 사람들이 호

사스럽게 살고 있다면, 그것도 문제일까? 그 사람들이 특별한 재능이나 행운 덕분에 높은 소득을 향유할 뿐, 남들에게 피해를 주지 않는데도 사회가 나서서 이를 교정해야 할까? 피케티가 연구 대상으로 하는 '편중'에 대해 사회가 어떻게 대응해야 하는지에 대해서는 이론의 여지가 많다.

둘째로, 편중이라고 하지만, 상위계층으로 분류되는 소득 경계점이 별로 높지 않다. 피케티 연구에서 모집단은 20세 이상의 모든 성인 인구다. 경제활동을 하지 않는 사람들이 분모를 늘리므로 조금만 소득이 있어도 꽤 높은 계층으로 분류된다. 김낙년 교수의 연구에서 2010년 기준으로 연 3,666만 원 소득이 있으면 상위 10%에 들어간다(표 3-4). 웬만한 대기업에 취직만 하면 즉시 상위 10% 소득자가 되는 것이다. 대기업 부장급 정도면 상위 1% 소득계층에 속할 가능성이 크다.

셋째로, 소득계층 간 이동이라는 동태적 현상을 고려해야 한다. 과거

(표 3-4) 상위 소득계층 최소 소득 및 평균 소득(2010년)

소득계층	계층 최소소득 (1,000원)	계층 평균소득 (1,000원)	인원 수 (명)
전체		16,825	37,967,813
상위 10~5%	36,662	47,528	1,898,391
상위 5~2%	57,666	73,237	1,518,713
상위 1~0.5%	106,193	114,442	189,839
상위 0.5~0.1%	137,340	175,477	151,871
상위 0.1~0.01%	288,186	474,561	34,171
상위 0.01%	1,121,247	2,772,543	3,797

자료 : Nak Nyeon Kim and Jongil Kim, 'Top Incomes in Korea, 1933~2010: Evidence from Income Tax Statistics', 2014, 낙성대연구소 홈페이지

에 비해 현재의 소득분배가 편중되어 있더라도 과거의 저소득층이 현재의 고소득층일 가능성이 얼마든지 있다. 일례로, 하위 10%에 속했던 파트타임 젊은이가 나이를 먹어가면서 정규직 직장인이 되고, 점차 상위 10%로 이동하는 것이 흔하고 자연스러운 일이라면, 한 시점에서의 격차는 큰 문제가 아니다.

넷째로, 더 엄격하게 본다면 금전 소득이 아닌 다른 혜택들도 소득분배 논의에 포함되어야 한다. 예를 들어 자기 집에 사는 사람들은 월세만큼의 소득을 향유하는 것과 마찬가지다. 또, 정부로부터 사회보장 혜택을 보는 사람들, 직장에서 자녀 학자금 지원을 받는 사람들, 공공임대주택에 살면서 혜택을 보는 사람들은 모두 그 혜택만큼의 소득이 있는 것과 마찬가지다. 과세 대상 소득이 아닌 모든 실질적 소득을 포함해도 소득편중도가 심한지는 따져보아야 알 수 있다. 이런 관점에서 보면 피케티의 자료가 여전히 불완전하다.

마지막으로, 소득편중도가 정말로 심하고, 편중 자체가 정말로 문제라고 해도 이를 교정하는 방법이 무엇인가에 대해서는 이론이 많다. 피케티는 최고소득층 60%에 이르는 소득세를 매겨 가난한 사람들에게 재분배하면 소비가 늘어나 경제가 성장할 것이라고 주장한다. 그러나 이에 반대하는 사람들은 소득 재분배는 세금이 아니라 교육, 기술 습득, 혁신, 생산성 향상으로 경제가 성장하면서 부의 격차가 줄어든다고 주장한다. 이런 문제들에도 불구하고 피케티 논쟁은 진영논리에 휩싸일 가능성이 크다. 당장 정기국회에서 소득 불평등과 이를 교정하기 위한 세제개편 필요성에 대해 뜨거운 논쟁이 예상된다. '부자증세'를 위해 상속증여세와 소득세를 강화하자는 주장이 제기될 가능성이 크다.

그러나 우리나라는 오래전부터 평등 지향성이 강했고, 이미 여러 조세가 부자증세를 실천하고 있다. 2012년 연말정산 자료를 보면 과세 대상 근로소득 1억 원 초과자 수가 전체 신고자의 2.6%, 이들의 근로소득이 13.5%였는데, 세 부담은 47.21%에 달했다(표 3-5). 반면에 3,000만 원 이하 소득자는 신고자 수가 64.4%에 달하지만, 세액 비중은 3.16%에 불과하다. 소수의 고소득층이 대부분 세금을 내는 형국이며, 이들이 세금 부담을 얼마나 더 할 수 있을지 의문이다.

(표 3-5) 과세 대상 근로소득 규모별 연말정산 신고현황(2012년)

근로소득 구간	인원 (1,000명)	인원비중 (%)	총급여 (10억 원)	총급여 비중(%)	결정세액 (10억 원)	결정세액 비중(%)
전체	15,768	100.0	466,685	100.0	19,971	100.00
1,000만 원 이하	3,782	24.0	18,122	3.9	3.0	0.01
~3,000만 원 이하	6,378	40.4	118,191	25.3	628	3.15
~5,000만 원 이하	2,872	18.2	111,614	23.9	2,081	10.42
~1억 원 이하	2,320	14.7	155,996	33.4	7,832	39.21
1억 원 초과	416	2.6	62,762	13.5	9,427	47.21

자료 : 국세청, 국세통계연보(2013)에서 계산

(표 3-6) 양도소득금액 규모별 세 부담 현황(2012년)

양도소득금액 규모	건수	건수비중 (%)	양도차익 결정액 (100만 원)	양도차익 비중(%)	결정세액 (100만 원)	결정세액 비중(%)
전체	202,564	100.0	36,925,561	100.0	6,767,508	100.0
1,000만원 이하	44,218	21.8	442,161	1.2	23,278	0.3
~4,000만원 이하	69,409	34.3	1,907,365	5.2	178,916	2.6
~1억 원 이하	40,992	20.2	3,235,239	8.8	407,558	6.0
~5억 원 이하	37,063	18.3	10,109,460	27.4	1,815,250	26.8
5억 원 초과	10,882	5.4	21,231,336	57.5	4,342,506	64.2

자료 : 국세청, 국세통계연보(2013)에서 계산

양도소득세를 보면 건수 비중이 5.4%인 5억 원 초과 양도소득자들이 결정세액의 64.2%를 부담했다. 1억 원 초과로 보면 건수 비중이 23.7%인데 세액 비중은 91%다. 소수의 고액 납세자가 세금 대부분을 납부하고 있다(표 3-6). 양도소득세를 강화해 이들에게 세금을 더 내라고 할 수 있는 여지가 얼마나 되는지 불확실하다. 꼭 양도소득세를 더 거두어야 한다면, 이미 양도소득세를 많이 내는 사람들의 부담을 늘리기보다는 세금을 전혀 또는 거의 내지 않는 1세대 1주택자들에게 세금을 내도록 할 수밖에 없지 않을까?

상속세도 총피상속인 6,201명 중 재산가액 100억 원 초과 98명의 재산가액 비중이 28.3%이었지만, 그 상속인들이 세액의 61.12%를 부담했다(표 3-7). 고액 상속자들은 상속재산 가액 비중에 비해서도 세 부담의 비중이 훨씬 크다.

(표 3-7) 상속세 규모별 세 부담 현황(2012년)

총상속재산 가액규모	피상속인 수	상속 재산가액 (100만 원)	재산가액 비중(%)	결정세액 (10억 원)	결정세액 비중(%)
전체	6,201	9,460,798	100.00	1,765,933	100.00
1억 원 이하	248	2,959	0.03	98	0.01
~3억 원 이하	1,144	49,253	0.52	1,609	0.09
~5억 원 이하	423	82,247	0.87	2,158	0.12
~10억 원 이하	1,193	705,609	7.46	22,367	1.27
~20억 원 이하	1,941	2,432,086	25.71	123,483	6.99
~30억 원 이하	651	1,401,146	14.81	149,039	8.44
~50억 원 이하	322	1,045,760	11.05	169,799	9.62
~100억 원 이하	181	1,064,115	11.25	218,073	12.35
~500억 원 이하	91	1,398,590	14.78	461,381	26.13
500억 원 초과	7	1,279,033	13.52	617,926	34.99

자료 : 국세청, 국세통계연보(2013)에서 계산

소득 재분배를 위해 중요하다고 생각되는 근로소득세, 양도소득세, 상속증여세의 세수 구조를 살펴본 결과, 이들 세금의 누진 구조는 매우 급격해서 더 이상 부자증세를 하기 어려운 정도라는 것을 알 수 있다. 피케티 식으로 세금을 올려서 가난한 사람들을 돕는 것이 옳은 정책처방이라고 해도 적어도 우리나라의 경우 고소득층에 대한 선별적 증세의 여지는 많지 않다. 또 이 고소득층에는 중산층 봉급생활자들이 대거 포함된다.

소득보다 세 부담의 편중도가 훨씬 높은 것은, 형평의 명분을 좇아서 명목세율을 높여놓고 정치적으로 필요한 경우에는 각종 비과세 감면 혜택을 남발하기 때문이다.

예를 들어, 1가구 1주택의 경우 원칙적으로 비과세이고 고가 주택의 경우 9억 원 초과분에 대해 과세하지만, 과도한 장기보유특별공제를 제공해서 실질적으로 거의 과세되지 않는다. 중소·중견기업의 가업승계 또는 가업상속을 위해 상속증여세 혜택을 주는 것은 필요하지만, 매년 적용 대상이 넓어지고 공제율과 한도가 확대되고 있다. 최대 500억 원의 주식이 한 푼 세금 없이 상속되는 것은 과도하지 않은가? 이제 세금은 빠져나갈 방법들을 잘 모르는 어설픈 동네 부자들만의 부담이 되어버린 느낌이다.

명목세율이 워낙 높으니 그대로 세금을 내기 어렵고, 따라서 정치적 영향력을 총동원해서 세금을 깎아주는 제도를 만들어낸 결과들이다. 정치적 필요에 따라 인위적으로 고르지 말고, 모든 납세자를 공평하게 대해야 한다. 세수를 늘려서 복지제도를 확충하기 위해서도 고소득층에 대해 선별적으로 증세하기보다는 명목세율을 낮추는 대신 누구나 세금을 내도록 하는 세제개편이 필요하다. 피케티 열풍이 '낮은 명목세율에 넓은 과세 베이스'라는 바람직한 세제개편의 동력으로 작용하기를 바란다.

(네이버 2014. 9. 4)

60

응답하라 2014

　한 해의 주택 시장을 결산하고 다음 해 시장을 예측하는 일이 어느 때보다도 어렵다. 주택 시장의 움직임이 지역별로, 기간별로, 주택 유형별로 크게 달라서 어떤 기준으로 어떻게 미래를 예측할지 난감하기 때문이다. KB 주택가격지수의 움직임을 기간별로 보면 1986년에서 2014년 10월까지의 전 기간 중 전국 주택가격은 연평균 3.32% 상승했으나, 최근 10년 동안에는 연평균 2.92%, 최근 5년간은 연평균 2.19% 상승해 주택가격 상승률이 낮아지는 추세다.

　이 수치들은 주택 시장의 장기적 안정화 추세를 보여주는 것 같지만, 이를 지역별로 나누어보면 그렇지 않다는 것을 알 수 있다. 최근 5년간 수도권의 주택가격은 연평균 0.98% 하락했으나, 5대 광역시의 경우 연평균 5.98%, 기타지방의 경우 연평균 5.14% 상승했다. 아파트 가격만 보면 같은 기간 중 수도권은 연평균 1.42% 하락, 5개 광역시는 연평균 7.44% 상승, 기타지방은 연평균 6.85% 상승해 차이가 더욱 뚜렷하다. 일견 안정된 것 같은 전국 평균치 뒤에 큰 진폭으로 움직이는 지역들이 숨어 있다. 전국 평균은 평균일 뿐, 그만큼 주택가격이 오르거나 내린 지역은 없다.

이처럼 각 지역, 각 주택 유형이 각개 약진을 하는 것은 어떤 거시적 큰 변화보다는 개별지역의 수요와 공급 상황이 두드러지게 작용하는 현상을 반영한다. 2008년의 금융위기 이후 세계 경제가 침체에 빠져들어 갔지만, 우리나라는 비교적 경미한 피해를 보았다. 그러나 경기회복은 쉽지 않아서 저성장, 저물가, 저이자율의 상황이 지난 6년간 지속되어 왔다. 이런 거시적 배경을 깔고 각 하위 시장의 미시적 수급 상황이 시장을 움직여온 것으로 생각한다.

전세난은 지속되고…

잠시 주춤한 때가 있었지만 전세가는 금융위기 전후부터 줄기차게 올랐다. 2014년에도 상승세가 지속되었지만 서울의 경우 그 폭이 둔화되어 10월까지의 상승률은 2013년 동기 5.3%에서 3.0%로 낮아졌다. 경기도는 2013년의 4.5% 상승률이 4.7%로 소폭 증가했고, 지방은 2013년 수준 내외의 상승률을 유지하고 있다. 서울과 같이 상승세가 완만해진 경우에도 이전 연도들의 상승분이 누적되어 세입자들이 체감하는 상승 폭은 매우 높다. 이제 전국 아파트의 매매가 대비 전세가 비율은 평균 70%에 이른다. 간간이 매매가보다 높은 전세가가 형성되는 곳도 있어서 뉴스를 만들기도 한다.

지속적인 전세가 상승에 세입자들의 부담과 불안감이 확대되자, 정부는 여러 차례에 걸쳐 대책을 내놓고 세입자들의 주거 안정을 도모하고자 했지만, 정부 대책들은 시장의 움직임을 되돌리기에 역부족이었다. 더 근본적으로는 과연 전세에서 월세로의 전환이라는 큰 흐름에 정부가 어떤 입장을 취해야 하는지, 또는 취하고 있는지에 대해서도 오락가락하는 모습을 보이기도 했다.

금융위기 이후 전세난이 빚어진 가장 중요한 원인은 집값 상승에 대한 기대가 낮아져서 전세 공급이 줄고 수요가 늘어난 것이다. 2015년을 전망하면 전세난이 수그러들 기미가 별로 없다. 수급 측면에서 서울의 아파트 입주 물량이 줄고, 재건축 이주수요가 늘 것이라는 전망이 있다. 또 현재와 같은 저금리는 보증금 상승요인이 된다. 전세 제도가 임차인들에게 한시적으로 주어진 바겐세일이었고, 이제는 세일기간이 끝나가는 것 같다. 목소리 큰 중산층이 주로 어려움을 겪는 계층이므로 정부와 정치권도 전세난 해결을 위해 동분서주했다. 그러나 야당의 처방대로 임대료 상한을 정하거나 계약 연장을 의무화하면 전세라는 제도 자체가 결정적인 타격을 받을 것이다.

월세 비중은 늘고, 임대료는 떨어지고…

저금리 기조와 더불어 임대차 시장의 구조적 변화로 인해 전세에서 월세로의 전환이 빠르게 진행되고 있다. 확정일자 자료를 기반으로 발표되는 통계를 보면, 2000년에 10.7%였던 월세 비중은 2010년 21.5%로 증가했으며, 2014년 1월에는 46.7%로 상승했다. 보증금이 작은 경우 굳이 확정일자를 받지 않는 것을 감안하면 실제 월세 비중은 절반 이상에 달할 것이다. 특히 중산층 이상이 거주하는 아파트에서도 월세 비중이 높아졌다.

이처럼 월세 거래가 늘어나면서 본격적인 월세 시장이 열리고 있다. 전세난이 지속되면 월세의 비중은 더욱 증가할 것이다. 그러나 저금리가 지속되고 월세 물건이 늘어날수록 전월세 전환율은 낮아질 것이다. 전세보다는 월세의 주거비 부담이 여전히 더 높겠지만, 양자 간의 차이가 점차 줄어들 것으로 예상된다. 시간이 걸리겠지만, 궁극적으로는 전세가 소멸되고 다른 대부분의 나라에서처럼 우리나라에서도 임차인들이 가계소득의 25~30%를 월세로 내면서 살게 될지 모른다. 월세가 생활화되면 부동산 산업부문에서는 새로운 사업 기회가 열리게 된다. 부동산 임대에서 매달 일정한 소득 흐름이 창출됨에 따라 주거용 부동산에 투자하는 펀드나 리츠가 나타나고, 임대주택을 관리하는 임대업이 성장할 계기를 맞는다. 정부도 이런 트렌드를 읽고 기업형 민간주택임대업과 주택임대관리업의 육성을 추진하고 있다.

수도권 매매 시장은 바닥을 확인한 듯하고…

2014년 수도권 주택 매매 시장은 27개월간 이어진 하락세를 지속하며 부진을 면치 못했으나 6월 이후 약하나마 상승세로 반등했다. 논란의 여지가 있지만, 많은 사람은 이를 수도권 시장이 "바닥을 확인했다"라고 진단한다. 서울의 경우 7.24 및 9·1 대책 발표 이후 주택경기 회복에 대한 기대심리가 살아나면서 재건축 아파트 단지가 밀집한 강남지역을 중심으로 가격이 올랐다. 수도권 전체적으로 보면 전세가율이 높아지면서 일부 수요자들이 주택구입에 나섰고 저금리 및 정부의 적극적인 지원에 힘입어 주택 구매수요가 늘었다. 11월 이후 주택가격이 다시 하향 안정세로 돌아섰지만, 이는 비수기에 접어들었다는 계절적 요인에 기인한 것으로 보인다.

2015년 수도권 매매 시장을 전망할 때 입주 물량이 많이 감소한 다는 예측을 주목해서 볼 필요가 있다. 한 정보업체의 집계에 의하면 2015년 서울시 아파트 입주 물량은 2014년의 절반 수준인 약 18,000 여 호라고 한다. 서울시의 신규 입주 물량이 이처럼 줄면 가격 상승요 인으로 작용할 것이다. 다만 수도권 전체로는 동탄 2지구 등의 입주 물 량이 어느 정도 완충 역할을 할 수 있을 것이므로 가격 상승 폭은 크지 않을 것으로 예상된다.

미분양이 지속적으로 감소하는 점도 주목된다. 지난 몇 년간의 수도 권 미분양과 시장 침체는 상당 부분 2005년 8·31 대책에서 비롯된 과 잉 공급의 결과였다. 이 과잉 공급물량이 서서히 소진되고 있다는 것을 미분양 감소에서 볼 수 있다. 주택수요는 투자 목적이 아니더라도 가구 증가, 소득 증가 등으로 매년 조금씩 늘어난다. 공급이 따라서 늘지 않 는 상태가 몇 년 지속되면 가격 상승 압력이 커진다. 외환위기 이후 전 국 주택 시장과 지난 몇 년간의 대구, 부산 등의 시장이 그런 양상을 보 였다.

공급이 줄어드는 요인 외에도 전세난 지속에 따른 전세수요의 매매 전환 확대, 재건축 이주수요 증가 등이 맞물려 2015년 수도권 주택 매 매가격은 상승세를 보일 것으로 예상된다. 소형 위주의 거래는 꾸준히 이어지겠으나 중대형 평형 시장도 그간의 공급이 부족했던 것을 반영 해 활성화될 가능성이 크다.

분양 시장은 호황이었고…

기존 주택(중고 주택) 시장의 침체와 무관하게 전국의 신규 분양 시장은 매우 활발하게 움직였다. 부동산 114 자료에 의하면 2014년 청약경쟁률이 전국 평균 5.4대 1(2013년 2.8대 1)을 기록했으며, 광주 및 대구혁신도시의 청약경쟁률은 각각 13대 1과 11대 1에 달했다. 수도권 지역의 청약경쟁률도 평균 4대 1을 상회해 기존 주택 시장과는 대조적인 모습을 보였다.

이처럼 분양 시장에 수요가 몰린 것은 몇 가지 요인들에 의해 설명된다. 첫째로, 매매 시장이 침체되자 주택공급업체들이 미분양을 우려해 저렴한 분양가를 책정했다. 때문에 새 집을 기존 주택보다 싼 값에 분양받을 수 있는 기회가 열렸고, 많은 소비자가 이에 호응했다. 둘째로, 주택의 평면이 크게 개선되어 작은 평수 아파트가 예전에 비해 훨씬 쾌적한 생활공간을 제공해주고 있어 역시 소비자들의 선호가 높다. 셋째로, 최근의 대단지 아파트들은 운동시설, 사우나, 취미나 자녀 교육을 위한 공간 등 커뮤니티 시설을 제공하며, 이는 과거의 아파트들이 제공해주지 못하던 새로운 생활 패턴을 제시한다.

분양 시장에 수요자들이 몰리자 분양가도 상승하고 있다. 서울의 경우 신규 아파트 분양가가 평균 597만 원/㎡로 전년 대비 약 23.3% 상승해 2008년 고점 대비 84% 수준으로 올랐다. 5개 광역시도 분양가격은 전반적으로 상승했고, 좋은 입지의 상위 브랜드 아파트는 평당 1,000만 원 내외의 분양가를 책정해 지방에서도 '1,000만 원 아파트 시대'가 열렸다.

2015년에도 부동산 규제 완화 및 매수심리 회복에 힘입어 신규 분양

물량 공급 추세는 지속될 것으로 예상된다. 일부 광역시에서는 대규모 분양으로 인해 공급 과잉이 발생하고 미분양으로 이어질 위험도 있다.

특히 분양가 상한제가 완화된 틈을 타서 분양가를 과도하게 책정해 수요자들에게 외면받는 단지들이 나타날 수 있다.

공공임대주택 공급은 다변화되고 있으며…

자가를 마련할 경제적 능력이 부족한 저소득층을 위해서 여러 지원 방안들이 강구되어야 하는데, 공공에서 임대주택을 보유하고 저렴한 가격으로 안정적인 주거를 제공하는 공공임대주택도 그중 하나다. 우리나라는 공공임대주택 공급이 늦게 시작되었지만, 지난 10여 년간 많은 노력을 해서 공공임대주택 스톡이 100만 호를 넘어섰다. 그동안의 공공임대주택 공급은 대부분 LH가 재정 보조 및 국민주택기금 대출을 재원으로 해서 단독 시행하고, 완성된 주택을 소유, 관리하는 방식이었다. 그러나 LH의 부채 누적 등으로 이런 접근은 한계에 부딪혔고, 공급 방식을 다변화할 필요성 대두되었다.

'주택임대차 시장 선진화 방안'(2·26 대책) 등 정부 대책들과 주택법 및 임대주택법 개정 등에 힘입어 국민주택기금이 임대주택공급 촉진을 위해 설립된 부동산 투자 회사(REITs), 부동산 펀드(REF), 프로젝트 금융 회사(PFV) 등에 출자할 수 있는 근거가 마련되었고, 공공과 민간이 함께 참여하는 리츠를 통해 임대주택을 공급하는 임대주택 리츠가 도입되었다. 최근에는 공공임대 리츠 3호(5,000가구)와 민간 제안 임대 리츠 사업 2건에 대해 기금의 출자가 승인되어 민간 투자자들에게 안정적인 수익을 제공하면서 임대주택공급을 활성화하는 계기가 될 것으로 기대된다.

국민주택기금이 주택도시기금으로 개편되면서 정부의 2015년 임대주택정책은 민간임대 시장 육성에 초점이 맞추어질 것으로 전망된다. 주택기금의 마중물 역할을 통해 임대주택에 민간자금을 유치해 재정부담 없이 지속할 수 있는 임대주택공급체계를 구축하고자 하는 것이다. 도심 내 다양한 입지에 여러 형태의 임대주택공급이 이루어질 것으로 보이는데, 특히 기업형 임대사업자로서 리츠와 주택임대관리업이 본격적으로 성장할 것으로 기대된다.

대구·부산 주택 시장은 매우 활발했다

지난 몇 년간 주택 시장이 침체되었다는 인식은 수도권만 타당하다. 지방, 특히 대구·부산지역의 주택 시장은 기존 주택 시장과 신규 분양 시장 모두 활황을 누렸다. 국민은행 자료에 의하면 2014년 대구·부산지역의 신규 분양 시장은 큰 호조를 보인 가운데 대구지역 청약경쟁률이 상반기의 경우 평균 10.6 대 1, 하반기의 경우 평균 11.3 대 1까지 치솟으며 과열이 우려되었다. 그간에 주택공급이 부족했고 새 아파트 선호와 적정 수준의 분양가 책정 등이 맞물리면서 지역 내 수요뿐 아니라 타 지역에서 유입된 투자 수요까지 집중된 데 기인한다. 악성으로 분류되는 준공 후 미분양도 빠르게 소진되면서 2014년 1월에 비해 두 도시 각각 72.6%, 34.2% 감소했다. 기존 주택 시장은 월별로 약 1.0% 내외의 상승세가 지속되는 가운데 대구지역의 경우 중대형 아파트의 거래가 증가하고 가격이 상승하는 모습을 보였다.

지방 주택 시장의 가격 상승을 견인해온 대구·부산지역은 지난 몇 년간 지속된 가격 상승과 대규모 주택공급으로 인해 2015년에는 가격 상승 폭이 줄어들 것으로 예상된다. 또한, 분양 아파트의 입주가 본격화되는 시점에서 가격 조정기에 접어들 것으로 전망된다. 능력을 고려하지 않고 무리하게 투자한 사람들도 있어 부실 대출 및 하우스푸어 문제가 발생할 가능성도 있다.

가계 대출에 대한 우려는 계속되지만…

금리 인하와 대출 규제 완화로 가계부채는 더 늘어서 2분기 기준으로 1,040조 원에 이른다. 특히 주택담보 대출은 LTV, DTI 규제 완화와 기준금리 인하로 많이 증가했으며, 2013년 대비 월 순증액도 확대되고 있다. 8월 기준 주택담보 대출은 총 516조 원으로 예금은행에서 67%(346조 원), 비은행에서 18%(95조 원), 주택금융공사 등 기타금융기관에서 15%(75조 원)를 공급했다.

넓게는 가계부채, 좁게는 주택담보 대출의 규모가 과도한 것인지에 대해서는 논란이 있다. 여러 논의를 종합해보면 "예의주시해야 하지만 아직은 크게 걱정할 필요는 없다"라는 결론으로 모이는 것 같다. 절대적 규모 자체에 대해서는 확실하게 많고 적음을 판단하기 어렵다. 1개월 이상 원리금을 연체하는 연체율을 기준으로 보면, 집단 대출을 제외한 주택담보 대출의 연체율은 0.37%로 2012년 이래 감소하고 있다. 세부적인 분석을 담고 있는 보고서들을 보면 주택을 구입하기 위해 대출받은 경우보다는 생활자금 용도 및 자영업 운영자금을 조달하기 위해 대출받은 경우가 더 큰 우려의 대상이다. 주택산업연구원 조사에 의하면 주택담보 대출을 받은 사람 중 기존 대출의 전환(12%→11%)이나 최초 주택구입 목적(51%→47%) 비중은 감소한 데 비해 기존 주택을 담보로 한 추가 대출 목적(37%→42%) 비중이 큰 폭으로 증가했다.

만약 미국이 금리를 인상하고 우리나라도 불가피하게 따르지 않을 수 없다면, 금리 인상 폭에 따라 정도의 차이가 있겠지만, 다중채무자나 자영업자 대출 등 가계부채의 일부가 부실화될 우려가 크다. 금융 안정성 차원에서의 만일에 대비하는 것이 필요하다. 여러 주택금융상품 중 특히 논란이 되는 것은 전세자금 대출이다. 저소득층 세입자를 지원하는 것은 당연한 일이겠으나, 월세 지급 또는 자가 구입 능력이 있는 세입자들의 고가 전세에까지 저리로 대출해주는 것이 타당한가 의문이다.

서울 재건축 시장은 탄력을 받을 듯…

2013년 말 기준으로 준공 후 30년 이상 된 노후 아파트는 전국적으로 약 30만 호에 달하며 이 중 47%가 서울지역(약 14만 호)에 집중되어 있다. 향후의 개발은 도시 외곽의 신도시 개발사업보다는 재건축, 재개발을 포함하는 도시재생 사업 위주로 추진되어야 한다는 공감대가 있다. 그러나 소형평형 의무비율, 재건축허용연한 강화, 재건축초과이익 환수제 등 2000년대 중반에 도입 또는 강화되었던 규제들이 경기침체와 더불어 사업 추진을 어렵게 하고 있다. 2013년 재건축 준공물량은 8,514호로 2008년 고점(5.9만 호) 대비 약 15% 수준이다. 전국의 재건축 추진 구역은 2014년 기준 약 520여 개에 달하며 세대수로는 25만 4,195가구다. 안전진단 이전의 기본계획 단계에 있는 구역은 전국적으로 137개, 5만 8,628세대가 있다. 이들 사업이 원활히 추진되면 주택 공급뿐 아니라 도시의 기능과 외관을 개선하고 국민의 삶의 질을 높이게 될 것이다.

지난 9월 1일 '주택 시장 활력 회복 및 서민 주거 안정 강화방안'이 발표되어 재정비 규제 합리화를 추진하는 정부 방침이 나왔다. 재건축 연한 축소, 재건축 소형의무건설 비율 완화, 재개발 임대주택 의무건설 비율 완화 등이 주요 내용이다. 2015년에는 규제 완화에 힘입어 재건축 사업 추진에 탄력이 붙을 것으로 예상된다. 재건축 사업 추진에 따라 이주 수요가 늘어나면 전세 및 매매가 상승이 초래될 가능성도 있다. 서울지역에 재건축 대상 단지가 집중, 현재 약 2만 7,000여 세대가 사업시행인가 단계에 있는데, 주택산업연구원에 따르면 2014~2015년 동안 강남 4구(강남, 서초, 송파, 강동)에서 1만 1,469세대가 이주할 것으로 추정된다. 이주 수요가 주변 지역에 미치는 영향에 대한 대비가 필요하다.

세종특별자치시 및 혁신도시 이전은 본격화되었다

세종시의 주민등록세대수는 2012년 7월 이후 지속적으로 증가하고 있으나, 월별 순이동자 수는 변동 폭이 크다. 순이동자 수는 월별 최대 4,522명(2014년 10월)의 순 유입을 기록하고 있으며, 이에 따라 2014년 10월 주민등록세대수는 전년 동월 대비 18.81% 증가한 57,771세대다.

세종시의 주택가격은 지속적으로 상승해 2014년 11월 기준 m^2당 224만 원 수준이다. 그러나 매매가 대비 전세가율은 2013년 11월의 64.2%를 정점으로 하락해 현재는 관측 이래 가장 낮은 51.4% 수준이다. 미분양 물량이 쌓이면 주택가격도 하락하고 전세가율도 낮아질 것으로 예상된다.

공공기관들이 이전하는 혁신도시 개발현황을 보면 2014년에 혁신도시로 이주 완료한 공공기관은 40개로 전체 이전 대상 기관의 26%이며, 현재까지 전체 154개 중 73개가 이전을 완료했다. 혁신도시들은 워낙 다양한 지역들에 분산되어 있어 지역 상황에 따라 제각각 성패가 갈릴 것이다. 하지만 수요에 비해 훨씬 많은 주택을 공급하도록 계획되어 있는 공통점이 있다. 기존 도심과 연접해 있어서 인구 유입이 용이한 혁신도시는 큰 어려움을 겪지 않겠지만, 그렇지 못한 곳은 미분양이 누적되어 도시개발이 예정대로 진행되기 어려울 것이다.

　　　　　　　　　　　　　　　　　　　　　(네이버 2014. 12. 31)

61

전세난 '응급처방'은
안 통한다

   유일호 국토교통부 장관의 인사청문회에서 주택과 관련된 의원들 질문 중에는 역시 전세난에 관한 질문이 압도적으로 많았다. 유 장관은 공공과 민간의 임대주택공급을 속도감 있게 추진하겠으나, 부작용이 우려되는 임대료 상한제와 계약갱신 청구권제는 국회 서민주거복지특위의 논의를 존중하겠다고 답했다. 전세난 때문에 고통받는 사람들은 이런 원론적 답변에 실망했을 것이다. 특히 제도를 만들어 집을 짓기 시작하면 3~5년 후에야 입주가 가능할 텐데, 당장 어떤 응급처방이 필요하지 않은가?

   그러나 임대차 시장에 대한 과도한 개입은 전세난을 악화시킬 가능성이 크다. 전월세 상한제나 계약갱신 청구권제는 세입자들을 위해 임대인들에게 불이익을 주는 제도다. 임대인들의 집단적인 탐욕 때문에 전세난이 발생했다면 올바른 처방이겠지만, 임대인들도 사정이 좋지 않다. 집값이 오르지 않으면 전세가가 매매가보다 높아야 은행 이자 정도라도 수익을 볼 수 있는데, 그렇게까지 전세금을 올리기는 어렵다. 전세금을 일부 월세로 돌려 수익률을 조금 올리고자 할 뿐이다.

정부가 해주는 것 없이 전월세를 얼마 이상 못 올린다거나, 한번 임대하면 적어도 4년은 남의 집이라는 식의 제도를 만들면 많은 임대인들은 아예 임대 시장을 떠날 것이다. 싸게라도 집을 처분하고, 아파트 분양 수요가 줄어들고, 재건축·재개발에 무관심해지고, 외국이나 지방 발령을 받는 사람들은 아예 집을 비워놓으면서 임대매물이 줄어든다. 이렇게 몇 년만 주택공급이 교란되어도 그 부작용은 크다. 외환위기 약 3년간 주택공급이 줄어든 여파로, 2001년 이후 전국적으로 주택가격이 급등한 경험이 있다.

그렇다면 전세난에는 대책이 없는가? 전세 매물을 찾기 힘들고, 제대로 된 매물은 전세금이 높고, 중산층 아파트 임대차계약이 월세로 전환되는 등의 큰 흐름을 되돌리기는 어렵다. 지금까지 여러 시도가 성과를 거두지 못했다. 전세자금 대출을 확대하니 가계부채 문제가 심해지면서 전세금은 더 올랐고, 공공임대주택 공급을 늘려도 중산층 세입자들에게는 혜택이 없다. 전세는 없어도 월세 물건은 몇 달씩 나와 있고, 집을 사기도 예전보다 한결 수월한 것을 보면 주택은 전체적으로 부족하지 않다. 그러니 주택공급을 더 늘리는 것도 답이 아니다. 전 세계적으로 사람들은 자가 아니면 월세 집에 산다. 전세가 월세로 전환되면서 우리나라도 그 대열에 합류하게 되는 것이다.

애석하게도 전세 제도 덕분에 주거비를 낮게 유지할 수 있었던 좋은 시절이 끝나가고 있다. 위안으로 삼자면 완전 월세보다는 임대인과 세입자가 합의하는 보증금 수준의 반전세가 일반적인 계약 형태고, 월세 전환율도 지속적으로 떨어져 월세 부담이 작아지고 있다. 또 월세가 보편적인 임대차계약 형태가 된다면, 기업형 민간 임대업자들이 다수 나타나 선택의 폭이 넓어지고 임대료도 낮아질 전망이다.

시장 흐름을 바꾸려 하기보다는 저소득 무주택자들이 최소한의 주거 안정을 누릴 수 있도록 도와주는 데 주력해야 한다. 다만 역대 정부의 노력으로 공공임대주택이 100만 가구 이상으로 늘었으므로, 그 관리 운영 실태와 문제점을 살펴 가면서 중장기 공급 계획을 세워야 할 것이다. 중산층 이상의 전세 희망자는 일부 월세를 감수하든지, 아예 집을 사든지 할 수밖에 없는 상황이다. 간접적인 처방으로 수도권에서 지난 몇 년간 주택공급이 과다했다는 점에 착안하면, 수도권 외곽의 입지 조건이 열악한 아파트들을 전세난 해소에 활용할 수 있지 않을까 한다.

GTX를 건설하든, 광역버스를 늘리든, 또는 무슨 다른 수단이든 수도권 교통망을 획기적으로 개선하면 수도권 외곽에서 서울로 출퇴근하기가 한결 용이해지고, 전세수요가 수도권 전체로 분산되면서 전세난이 일부나마 완화될 것이다.

(매일경제 2015. 3. 20)

62

가계부채 문제로
주택대출을 줄여야 하나?

    1990년대 말의 외환위기와 이를 극복하기 위한 광범위한 규제 완화 이전에는 집을 사기 위해 대출을 받는 일이 쉽지 않았다. 경제 내 모든 자원을 산업부문에 몰아주는 정책 기조 아래에서 주택자금 대출은 비생산적인 투자로 치부되었기 때문이다. 그러나 산업부문의 과잉 투자가 경제위기를 초래했다는 뒤늦은 반성이 있었던 2000년 전후에야 주택금융이 자유화되었다. 외국에 비해 몇십 년 늦게 출발한 주택담보 대출의 성장세는 놀라웠다.

    이제 1,000조 원을 넘은 가계부채가 우리 경제의 불안 요인이라는 광범위한 공감대가 이루어져 있지만, 이 지적은 새로울 게 없다. 가계부채(한국은행 통계 항목으로는 가계신용)가 500조 원을 넘은 2005년 무렵부터 급격한 증가추세에 대해 이곳저곳에서 경계의 목소리가 높았다. 그후 10년이 지났다. 한동안 하우스푸어 문제 때문에 시끄러웠지만, 가계대출 연체율은 거의 언제나 기업 대출의 절반 정도를 유지하고 있어서 가계부채 문제가 실제로 경제 불안 요인으로 작용하지 않았다.

우리는 언젠가 모두 죽을 것이고, 인류가 멸망할 것이며, 지구도 소멸할 것이다. 이 예측들이 아무리 정확하다 해도, 우리 자신과 자손들을 위해 관심을 가지고 해결해야 하는 수많은 문제에 비해 너무 먼 미래의 일이라면, 그 정확성은 별 의미가 없는 것이다. 가계부채가 잠재적으로 문제일 수 있지만, 의미 있는 시간 지평과 여건 변화 전망 내에서 현실화할 가능성이 작다면 호들갑을 떨 필요가 없다. 문제가 현실화할 가능성이 있다고 해도 필요한 정책대안을 제시하지 못한다면 그 예언은 가치가 없다. 이미 수천 명의 논자가 문제를 충분히 지적했고, 이제는 현실적 대응이 절실한 시점이기 때문이다.

가계부채가 경제에 악영향을 줄 수 있는 경로는 두 가지 측면에서 논의된다. 첫째로는 금융시스템의 불안정을 초래할 수 있다. 금리가 급격히 상승하거나 집값이 폭락하거나, 또는 다른 어떤 이유로든 가계부채가 대량 부실화되면 금융기관들이 부실화되고 금융의 기능이 마비될 수 있다. 금융 부문이 제 기능을 못 하면 실물 부문도 위축될 수밖에 없다. 일본의 '잃어버린 20년'과 유사한 상황이 벌어질 가능성이 있다.

둘째로는 직접적으로 실물경제에 영향을 미칠 수 있다. 부채가 많다는 사실 자체가 소비심리를 위축시켜 소비를 줄이게 하는 소위 부(-)의 자산효과가 나타날 수 있고, 더 직접적으로는 원리금 상환 때문에 쓸 돈이 없어져서 소비가 줄 수도 있다. 최근에는 소비의 수준뿐만 아니라 그 진폭이 커지는 영향도 고려하는 연구들이 나온다. 예를 들어, 경기 하락 등의 외생적 충격이 있으면 부채가 많다면 그렇지 않을 경우에 비해 소비지출의 감소 폭이 커지고, 이는 실물 부문을 더욱 위축시킬 수 있다.

가계부채의 문제가 오랫동안 경제 현안이었기 때문에 이런 잠재적 문제들을 고려하는 상당수의 실증분석이 나와 있는데, 이들 분석은 대체로 아직은 큰 걱정을 할 필요가 없다는 결론을 내리고 있다. 이소영 (2011), 한영기 외(2011) 등에 의하면, 상대적으로 상환능력이 양호한 고소득층을 중심으로 가계부채가 증가해왔으며, 이들은 실물자산 축적을 기반으로 부채상환 능력이 높다. 또, 어떤 외생적 충격 때문에 많은 채무자가 상환 불능 상태에 빠진다고 해서 곧바로 금융시스템의 불안이 초래되지는 않을 것으로 예측된다.

나승호 외(2011)는 시뮬레이션 결과 2007년 이래의 세계적 금융위기 (Global Financial Crisis, 이하 GFC) 수준의 경제위기가 닥쳐도 가계부채의 대규모 부실화 위험은 낮다고 평가했다. 주택담보 대출의 LTV가 낮으므로, 가계부채 부실화가 곧바로 금융기관의 대규모 손실로 이어지지 않는 것이다. 김현정 외(2013)는 부채의 지속가능성에 관해 연구했는데, 우리나라는 외환위기 직전과 2000년대 초의 신용카드 문제가 발생하던 당시에 신용 붐 임계점에 근접했을 뿐, GFC 이후에는 임계점과 거리가 멀다(즉, 위험이 낮다)고 결론 지었다.

이런 연구 결과들에도 불구하고, 예상을 뛰어넘는 충격이 닥칠 가능성을 아주 배제할 수 없다. 1990년대 말의 아시아 경제위기, 서브프라임 사태로 초래된 GFC, 유가 급락에 따른 최근의 산유국의 재정위기 등 '예상을 뛰어넘는' 크고 작은 위기가 빈번하기 때문이다. 가계부채가 대량 부실화되고 금융시스템이 붕괴할 가능성이 큰 것은 아니지만, 마냥 방심할 수도 없는 것이다. 긴 시각을 가지고 가계부채의 잠재적 위험을 줄여가는 대책을 착실히 추진하는 것이 올바른 정책 방향이다.

첫째로, 어떤 충격이 와서 많은 가계 대출이 부실화되어도 우리 금융시스템이 비교적 안정을 유지할 수 있는 이유는 금융기관들이 위험의 상당 부분을 채무자에게 전가하기 때문이다. 미국 등과는 달리 우리나라 주택담보 대출은 소구 대출(recourse loan)이다. 채무자가 원리금을 상환하지 못하면 금융기관이 담보로 잡힌 주택을 경매에 부쳐 원리금을 회수하는데, 만약 경락대금으로 원리금이 모두 상환되지 못하면 채무자의 다른 자산과 소득까지도 채권 회수에 활용한다. 또 변동금리 대출 비중이 높아서 이자율 변동의 위험을 채무자가 부담하며, LTV가 낮아서 담보를 매각해 원리금을 회수할 여력이 크다. 이런 대출 구조 아래에서는 채무자가 대출금을 갚지 못하고 담보 주택을 잃게 되더라도, 금융기관은 궁극적으로 대출금을 회수할 가능성이 크다. "채무자는 망해도 금융기관은 산다."

채무자와 대출기관 간의 이 같은 위험 분담이 적절한 것인가에는 의문이 제기된다. 미국에서 1930년대 대공황을 거치면서 정부가 적극적으로 개입해 표준화된 고정금리, 원금분할상환대출을 일반화한 이유는 채무자들이 내 집을 잃는 가능성을 줄이고 금융시스템의 안정성을 높이려는 데 있었다. 우리 정부도 2016년까지 고정금리, 비거치식 대출의 비중을 30%까지 높이려 노력하고 있지만, 채무자들에게 환영받지 못하고 있다. 고정금리 대출에서 채무자가 위험을 덜 부담하는 만큼 가격(이자율)이 올라갈 수밖에 없는 점이 충분히 납득되지 못하기 때문일 것이다. 대출기관들에 대한 지도, 감독과 함께 고정금리 대출의 장점에 대해 소비자들에게 적극적으로 홍보할 필요가 있다.

둘째로, 금융접근성과 대출채권 안정성 간의 조화가 필요하다. 가계부채의 위험을 낮추는 가장 손쉬운 방법은 규모를 줄이는 것이다. 그러나 부채는 채무자들이 생활자금이나 사업자금을 조달하거나 주택을 구입하는 데 요긴하게 쓰인다. 금융 안정을 위해 금융 본래의 기능을 외면할 수는 없다. 그러나 어떤 계층에게 어느 정도의 금융 기회를 부여하는 것이 타당한가에 대해서는 논란이 많다.

미국의 서브프라임 사태의 원인과 교훈에 관한 가장 큰 쟁점 중 하나는 저소득층 내 집 마련을 돕기 위한 미국 정부의 주택정책이 위기의 원인이었는가 하는 문제였다. 정부의 지원 정책 중 특히 많이 거론되는 것이 「공동체 재투자법(the Community Reinvestment Act)」이다. 미국 정부는 1995년 이 법을 개정해 은행들이 저소득층 주택대출을 늘리도록 했고, 은행들은 대출기준을 완화할 수밖에 없었다. 1996년에는 미국 주택도시개발부(HUD)가 주택금융 담당 준공기업들(패니메와 프레디맥)의 투자 자산 중 저소득층 대출채권을 늘리도록 했다. 이와 같은 주택정책을 꾸준히 편 결과, 저소득층 대출을 늘리기 위해 대출기준이 낮아졌다. 덕분에 더 많은 사람이 금융 혜택을 받고 내 집 마련을 할 수 있었지만, 다른 한편으론 외부 충격에 취약한 대출도 많아졌다. 이들 불량 대출들이 주택가격 하락 시 대량 부실화된 것이 금융위기의 결정적인 원인이었다는 주장이 대두되었다. 이 주장의 타당성에 대해서는 논란이 있지만, 그 논란 자체가 금융 접근성과 안정성 사이의 상충 문제를 잘 나타낸다.

앞에 소개한 연구들이 가계부채 문제를 너무 걱정할 필요가 없다는 잠정적인 결론을 내리면서도, 어떤 큰 외생적 충격이 있다면 다중채무자, 영세자영업자, 저소득자, 고령자 등에 대한 대출이 심각한 어려움에 빠질 가능성이 큰 것을 보여준다. 그런데 경제적 약자를 보호한다는 거나 제2의 출발을 돕는다는 등의 목적으로 정부는 금융기관들을 독려해 이들에 대한 대출을 권하곤 한다. 주택 부문만 보아도 정부는 2010년 이후 전세가가 오르자 세입자의 어려움을 덜어준다는 명분으로 전세자금 대출을 크게 늘렸다. 앞으로 주택 매매가가 오르면 서민의 내 집 마련을 지원하는 파격적인 대출이 나올 수도 있다.

이런 정책 대출들은 정상적인 금융상품이라기보다는 경제적 약자에 대한 지원이라는 성격을 가지므로 대출 자격 심사나 원리금 상환을 보장하는 장치를 소홀히 하는 경향이 있다. 어떤 경우든지 금융은 금융이어야 한다. 상환되지 않는 자금지원은 금융이 아니라 자선이다. 애초에 자금상환 능력이 불확실한 저소득 계층에 대해서는 정부 재정이 전부 또는 일부 지원을 담당하는 것이 타당하다.

셋째로, 다양한 대출수요 계층에 대한 차별화된 접근이 필요하다. 2014년 말 기준 가계부채(가계신용)는 총 1,089조 원이며 그중 대출은 1,029조 원인데, 주택담보 대출은 예금취급기관과 비예금취급기관 모두 합쳐서 약 538조 원이다. 주택담보 대출이 모두 주택구입에 활용되는 것은 아니다.

2014년 가계금융복지조사에 의하면 담보 및 신용대출의 용도 중 거주 주택 마련 목적은 36%이고, 사업자금 및 생활비 마련은 31.9%였다(표 3-8). 주택구입 자금은 주택담보 대출의 최대 절반, 전체 가계부채의 4분의 1 정도다. 이 대출은 확실한 담보로 하고 있고, 채무자들의 변제 의지가 높은 우량대출이다. 국민의 내 집 마련을 통한 주거 안정, 주택 경기 활성화에 필수적인 자금 공급이란 측면과 부실화될 가능성이 작다는 양 측면을 고려하면, 실제 주택구입을 위한 실수요자 대출에 대해서는 생활자금 마련이나 사업자금 마련 등의 대출에 비해 융통성 있는 접근이 가능하지 않을까 한다.

(표 3-8) 가계 대출 용도별 비중 (단위 : %, %p)

구분	거주주택 마련	기타 부동산 마련	전월세보증금 마련	부채상환	사업자금 마련	생활비 마련	기타	계
2013년	34.7	15.5	6.2	3.1	28.2	6.5	5.7	100
2014년	36.0	16.1	6.8	2.9	25.7	6.2	6.3	100
차이	1.3	0.6	0.5	-0.2	-2.4	-0.3	0.6	

자료 : 한국은행 외, 2014 가계금융복지조사, 2015

　부동산 가격의 폭락과 금융기관 부실화의 악순환을 예언하는 보고서들은 나름대로 진지한 고민을 보여주지만, 지나치게 비관적인 관점을 가지고 있다. 주택가격이 폭락하거나, 금리가 급등하거나, 실물경제가 극도로 침체되는 등의 충격이 시나리오의 출발점일 텐데, '예측할 수 있는 범위 내'에서 본다면 각각의 가능성은 작다. 또, 큰 충격이 온다면 주택을 구입하기 위한 대출보다는 다중채무자, 자영업자, 저소득층 등의 사업자금, 생활자금이 위기의 원점이 될 것이다.

　주택담보 대출은 주택구매를 지원해 국민의 주거를 안정시키는 임무를 가진다. 금융시스템의 불안을 초래할 정도의 방만한 대출이 이루어져서는 안 되겠지만, 발생 가능성이 낮은 문제를 걱정해서 지나치게 대출을 억제하는 것도 바람직하지 않다. 점진적이고 예측할 수 있는 수준으로 금융시스템의 안정을 위해 필요한 조치들을 취해가야 할 것이며, 현 단계에서 주택담보 대출에 대한 급진적인 규제 필요성은 크지 않다.

〈참고문헌〉

1. 김현정·손종칠·이동렬·임현준·나승호, "우리나라 가계부채의 증가 원인 및 지속가능성 분석", 〈BOK 경제리뷰〉, 2013 – 3호, 한국은행, 2013. 3.

2. 나승호·박양수·이동렬·문소상·손민규, "가계부채 누증에 따른 잠재리스크 평가", 〈부채경제학과 한국의 가계 및 정부부채〉, 한국은행, 2011. 12.

3. 이소영, "가계부채 현황 및 추이와 시사점", 〈KERI Insight〉, 한국경제연구원, 2011. 3.

4. 한영기·장광수·박양수·박승환·김준태·김용선, "가계부채 상황에 대한 분석 및 평가", 〈부채경제학과 한국의 가계 및 정부부채〉, 한국은행, 2011. 7.

(네이버 2015. 5. 8)

63

뉴스테이,
중산층 전세난 해소 열쇠

국토교통부 자료에 따르면 전국의 약 1,800만 가구 중 자기 집에 사는 가구는 약 1,000만이고, 나머지 800만 가구는 남의 집을 빌려 산다. 그중 160만 가구가 공공임대주택 등 제도권 임대주택에 거주하고, 640만 가구는 비(非)제도권 임대주택에 살고 있다. 비제도권 임대주택은 정부의 지원을 받지 않는 대신 관리나 규제도 받지 않는, 주변의 흔한 전월세 주택을 가리킨다.

보통의 비제도권 임대인들은 임대와 매각을 함께 고려하는 투자자들이다. 조건이 맞을 때 여분의 집을 사서 세를 놓다가, 가격이 오르면 수익을 남기고 파는 것이 주된 투자 행태다. 많은 수의 임대인은 전세보증금으로 추가 주택구입 자금을 충당한다. 전세로는 임대 기간에 수익이 나지 않지만, 매각차익으로 수익을 올린다. 그러나 주택 시장 침체가 길어진 여파로 차익을 기대하기 어려워지자 전세를 월세로 전환해이익을 얻고자 하는 임대인이 많아졌다.

전세가 월세로 바뀌면 세입자의 실질 주거비가 증가하므로 세입자들은 전셋집을 찾아 헤맨다. 수요는 늘었지만 전세 매물이 크게 줄어들었기 때문에 전세가는 계속 오를 수밖에 없다. 전세난은 주로 중산층 세입자에게 큰 타격을 줬다. 1~2인 가구가 거주하는 원룸, 오피스텔, 도시형생활주택 등은 예전부터 월세가 많았다. 그러나 청소년 등 자녀를 둔 중산층 가구가 선호하는 아파트는 월세로 전환되거나 전세가가 크게 올랐다. 이처럼 임대조건이 수시로 바뀌고 계약기간이 짧아져 주거가 불안한 것이 비제도권 임대 시장의 큰 문제다.

요즘 전세난의 최대 피해자는 중산층이지만, 정부의 대책은 저소득층을 지원하는 데 주력해 문제와 대책 사이에 불일치가 발생했다. 공공 임대주택공급을 늘리고, 임대주택 리츠나 준공공임대주택을 활성화하는 등의 정책은 저소득층 주거를 지원하는 의미가 크다. 정부의 대표 브랜드인 '행복주택'만 해도 대학생, 신혼부부 등 1~2인 가구가 주된 입주 대상이다. 저소득층을 위한 공공임대주택은 2014년에 100만 가구를 넘어섰고, 2015년 신규 완공분이 12만 가구에 달한다.

정부가 중산층을 아주 외면했던 것은 아니다. 주택구입을 희망하는 사람들을 위해 낮은 금리의 주택담보 대출 상품을 내놓고, 전세자금 대출도 크게 늘렸다. 그러나 당장 주택을 구입할 의사나 능력이 부족한 사람이 많고, 전세는 자꾸 월세로 바뀌는 상황이다. 중산층 가정이 안정적인 임대주택에 들어가 살 수 있도록 지원하는 대책이야말로 주택정책의 '미싱 링크(Missing Link · 잃어버린 고리)'를 되찾는 일이다.

정부는 이 연결고리를 잇기 위해 '뉴스테이 정책'을 의욕적으로 추진하고 있다. 정부가 관리하는 제도적 틀 안에서 민간, 특히 기업형 임대사업자에 의한 임대주택공급을 확충하기 위해 규제를 완화하고, 지원을 강화하는 방향으로 제도를 전면 개편하겠다는 것이다. 공공임대주택에 적용되는 규제 중에서 임대의무기간(4년 또는 8년)과 임대료 증액제한(연 5%)을 제외한 나머지 규제를 푼다. 또 기금 및 세제지원과 함께 복합개발을 허용하고 절차를 간소화함으로써 최소한의 수익성을 확보할 수 있도록 했다.

일부에서는 이 제도가 저소득층을 도외시한다고 비판하지만, 저소득층 지원대책은 이미 광범위하게 시행되고 있다. 앞서 언급한 공공임대주택 이외에도 약 85만 임차가구가 임차료 보조를, 12만 자가가구는 주택개량 지원 혜택을 받는다. 주택정책은 수요에 맞는 다양한 맞춤형 대책들이 어우러지는 조화로운 체계여야 한다. 지난 10여 년간 이어진 저소득층 주거 안정을 위한 노력은 앞으로도 지속되어야 한다. 전세난의 직격탄을 맞은 중산층을 위한 대책들도 같이 추진되어야 한다.

(한국경제 2015. 6. 10)

64

공공택지 분양 과열 경쟁,
공급체계 바꿔야

　LH와 같은 공영 개발사업자가 조성해서 공급하는 공공택지를 분양 받으려는 주택사업자들의 경쟁이 뜨겁다. 2015년 5월까지 LH 공동주택 용지 분양경쟁률이 평균 120대 1이었고, 시흥 은계지구의 경우 최고 613대 1에 이르렀다. 주택사업자 입장에서는 요즘처럼 시장이 호조를 보이는 때에 택지를 확보하려 안간힘을 쓰는 것이 당연하지만, 우리나라 주택공급 체계의 전체적인 구도에서 보면 이런 과열 분위기에 고개가 갸웃거려진다.

　공영 개발사업자는 공권력을 바탕으로 토지를 싸게 보상 매입하고, 각종 기반 시설을 완비해 택지를 조성한 후 주택사업자에 공급한다. 주택사업자들은 최소한의 이익만을 보고 주택을 분양하도록 분양가 상한제가 적용된다. 원 토지 소유자들의 잠재적인 이익을 줄이는 대신 소비자들이 저렴하게 내 집 마련을 할 수 있도록 하겠다는 취지다. 이런 취지가 제대로 구현되고 있다면 택지 경쟁률이 수백 대 1에 달하기는 어려울 것이다.

몇몇 중소 주택사업자들은 지난 몇 년간 공공택지를 확보하기 위해 다수의 계열사를 동원해 택지를 신청하고, 그렇게 당첨된 용지에서 아파트를 분양해 사세를 크게 확장했다. 공공택지 확보가 곧 큰돈이 되는 현실은 공영 개발을 통한 저렴한 택지 및 주택공급이라는 정책 기본 틀이 어디에선가 어긋났음을 의미한다. 일부 택지지구에서 분양되는 아파트 가격은 인근 아파트들에 비해 별로 낮지 않다. 공공택지 공급을 포함한 전체 주택공급 체계에 대한 개선이 필요하다.

한 가지 대안은 주택 분양가 상한제를 강화하는 것이다. 건축비나 각종 가산비를 엄격히 통제해서 주택 분양가가 인근 주택보다 현격히 낮고, 주택사업자는 최소한의 이익만을 보도록 관리하는 것이다. 그러나 수백 가지 자재와 수십 단계의 공정이 얽힌 원가 구조를 일일이 들여다보기도 어렵고, 가격 규제는 기술 개발과 원가 절감 노력을 저해한다. 현재도 분양가를 심사하고 있는데, 그보다 얼마나 더 잘할 수 있는지 의문이다.

정반대의 대안은 시장이 작동하도록 하는 것이다. 새 아파트 분양 시 인근 아파트들의 분양가, 현재 가격, 단지나 가구 특성 등 상세한 자료를 제공하고, 새로 분양되는 아파트 가격이 적정한지를 소비자 스스로 비교 평가하도록 한다. 이때 자료의 양과 질이 충분하도록 공공에서 관리하는 것이 필요하다. 2000년 이후 주택가격 급등락을 겪으면서 소비자들이 훨씬 현명해졌고 '묻지 마 청약'이 거의 사라진 상황이므로 이 대안의 현실 적합성이 높아졌다.

이렇게 아파트 분양가가 실질적으로 자율화되면 공공택지 공급 방법도 바뀌어야 한다. 현재는 감정가 또는 조성원가의 일정 비율로 공급

가격을 미리 정하고 추첨으로 택지를 분양하고 있는데, 택지 확보 경쟁률이 수백 대 1에 달하는 것은 공급 가격이 너무 낮다는 증거다.

공공택지도 민간 조성 택지와 마찬가지로 입찰방식을 기본으로 공급되는 것이 바람직하다. 혹자는 입찰방식이 택지 가격을 높이고 이는 주택가격을 올릴 것이라고 걱정한다. 그러나 입찰가격을 높이 써내는 이유는 그 가격에 주택을 지어도 팔린다고 판단하기 때문이다. 주택가격이 택지가격을 결정하지, 택지가격이 주택가격을 결정하지 않는다. 다만 과도한 기대하의 무분별한 입찰을 막는 보완 장치는 필요할 것이다.

이런 제도 변화는 현재 주택사업자가 가져가는 이익을 공영 개발사업자에 넘겨준다. LH 등의 경영 상태를 개선해서 균형개발, 공공임대주택건설, 도시재생 등 공익사업들을 지원하는 것이 이런 제도 변화를 정당화할 수 있다. 더 바람직하게는 그 이익을 재원으로 해당 지구에서 주택을 분양받는 신혼부부, 저소득층 등 소비자에게 보조금을 지급할 수도 있다. 택지와 주택공급 모두에서 시장 기능을 높이면서 소비자에게 실질적으로 저렴한 주택을 공급하는 새로운 방법이다.

(매일경제 2015. 8. 14)

65

부동산 산업을
수출 산업으로 키우자

　우리나라에서 현대적 의미의 부동산 산업은 외환위기의 폐허에서 시작되었다. 1997년 말 국제통화기금(IMF)에 긴급 자금지원을 요청하면서 시작된 외환위기를 극복하기 위한 개혁의 일환으로 주택건설업 및 광의의 부동산 산업에 대해 다양한 규제 완화 및 지원책이 시행되었다.

　토지 거래신고·허가구역 해제, 토지 공개념 제도들의 보류, 세제 지원 등 대내적 규제 완화와 함께 외국인 토지 취득 자유화, 부동산 서비스 시장 개방 등 대외적 규제 완화가 함께 이루어졌다. 금융 부문에서는 부동산 대출을 자유화하고 ABS, MBS, 리츠, 프로젝트파이낸싱 등의 상품들이 속속 도입되어 자본 시장에서 부동산 투자 및 개발과 주택 구입 등을 위한 자금을 조달할 수 있게 되었다. 다수의 외국 투자자들과 전문 서비스 회사들이 우리나라 부동산 시장에 본격적으로 진출했고, 부동산 투자, 금융, 관리의 국제적 관행(글로벌 스탠더드)이 국내 시장에도 확산되었다. 이 과정에서 전문성과 국제감각을 갖춘 인재들이 부동산 산업에 모여들었고, 부동산 전문 기업들의 수준도 높아졌다.

이런 빅뱅이 시작된 지 15년이 되었다. 그러나 과거의 지속적인 부동산 가격 상승과 주택난, 부동산 소유계층으로의 부의 집중, 각종 부조리와 비리 등을 겪으면서 형성된 부정적 인식은 쉽게 사라지지 않는다. 부동산에서 이득을 보는 것은 비도덕적이라거나, 부동산 세금은 높을수록 좋다거나, 정책의 핵심은 투기를 억제하는 것이라고 믿는 사람들이 여전히 많다. 우리 기업들이 세계 각국에 교두보를 확보하는 것은 당연하게 여기면서 외국 기업들이 우리 부동산을 취득하는 데 대해서는 거부감을 나타내기도 한다.

국토연구원 정희남 박사가 집계한 바에 의하면, 우리나라 부동산 산업은 다른 나라에 비해 영세하고 부가가치가 낮아서 국내총생산(GDP) 대비 부가가치 비중이 비교할 수 있는 29개국 중 25위에 불과했다. 미국, 영국 등 선진국이 제조업 쇠퇴에 대비해 FIRE(금융, 보험, 부동산) 산업의 고도화에 주력하고 있지만, 우리나라 부동산 산업은 부동산 개발, 평가, 유통 등으로 조각조각 난 구조를 가지고 제각각 칸막이 서비스를 제공할 뿐 종합서비스업으로 발전하지 못하고 있다.

그중에서도 법의 통제하에 밥그릇을 보호받는 업종들은 답보 상태지만, 비주거 임대·관리·컨설팅·부동산 금융 등 대내외적으로 경쟁에 노출된 업종은 큰 성장세를 보였다. 부동산 산업의 고도화·국제화·투명화를 위한 정책 전환 필요성이 크다. 부동산 산업은 경제·금융·건축·도시계획 등 다양한 분야가 결합하는 융·복합 산업이다. 어떤 인재들이 모여 어떤 일을 하는가에 따라 동네 복덕방이 될 수도 있고, 맥쿼리나 론스타가 될 수도 있다. 부동산 산업의 부가가치를 획기적으로 높이고 양질의 고용을 늘리기 위해서는 우리나라 부동산 기업들이 세계 어디에 나가서도 경쟁하며 외화를 벌어들이는 수출기업이 되도록 한다는 분명한 정책 방향이 정립되어야 한다.

이런 의미에서 12월 7일 부동산분석학회와 국토연구원 주관으로 '부동산 산업 발전 방안 및 미래전략'이란 제목으로 대규모 콘퍼런스가 열리는 것은 크게 환영할 일이다. 학회의 오동훈 회장은 산업의 강화, 신산업 육성, 국제경쟁력 강화, 전문 인력 양성, 투명성 제고, 투자 다양성에 대해 심층 토론하면서 부동산 산업이 창조경제에 일익을 담당하는 산업으로 자리매김할 수 있도록 구체적인 미래전략들이 제시될 것이라고 밝혔다. 특히 참여 단체 중 하나인 서울부동산포럼은 부동산 전문 기업들의 잡페어를 준비해서 청년고용 증진에 일조할 계획이다. 아무쪼록 이번 콘퍼런스를 계기로 부동산 산업이 고부가가치 수출 산업으로 성장하고 있음을 정부와 국민이 인식해주길 희망한다.

(매일경제 2015. 12. 4)

66

과격한 예측을
경계해야 하는 까닭

　새해를 맞아 여러 기관이 2016년 부동산 시장을 예측하는 자료들을 발표하고 있다. 업계 표준이 되다시피 한 건설산업연구원 시장 전망은 매매가가 수도권 3%, 지방은 2% 상승하고, 전세가는 전국적으로 4% 상승할 것을 예측했다. 한국감정원 부동산 연구원은 이보다 보수적이어서 전국 매매가가 1.2~2% 상승하고, 전국 전세가는 2~2.8% 상승할 것으로 예측한다. 한마디로 2015년보다 지루한 장세일 것이란 말이다. 수도권은 분양 열기가 다소 수그러들고 입지에 따른 차별화가 진행되겠지만, 전반적으로 그리 나쁘지는 않을 것으로 전망된다. 하지만 지방 시장은 그간의 열기가 냉각되면서 일부 지역에서 미분양이 증가할 가능성이 크다.

　여러 연구기관은 정치한 과학적 분석 도구들을 써서 어렵게 미래를 예측한다. 그런데 시장을 예측하는 일은 몹시 어렵기도 하고 아주 쉽기도 하다. 어려운 이유는 미래는 물론, 과거와 현재도 불확실하기 때문이다. 일례로 우리 경제가 지금 경기변동 사이클상 어디에 위치하는지만 알 수 있어도 거시경제 운용이 한결 수월할 텐데, 정부와 연구기관들이 많은 데이터를 수집하고 정교하게 분석해도 그 결론이 꼭 맞지 않는다. 하물며 미래에 어떤 일이 있을지, 예컨대 중국 금융 시장이 안정될지, 중동 정세가 세계 경제에 어떤 파급효과를 가질지, 어디에서 어떤 자연재해가 벌어질지 등등은 알 수 없는 일이다. 이런 요인들 하나하나가 우리나라 경제에 영향을 미친다는 점을 생각하면 예측자료를 내는 기관들은 참으로 용감하다고 할 수 있다.

시장 예측은 다른 한편 아주 쉬울 수도 있다. 예측이란 것이 가능성을 제시하는 일이기 때문이다. 예측이 맞고 틀림을 가려내는 기준을 정하지 않고, 예측이 실현되는 데 걸리는 시한도 정하지 않는다면 거의 어떤 명제도 언젠가 아주 미세하게라도 맞을 확률이 0%보다는 높다. 내일 동쪽에서 해가 뜨는 것도 가능한 일이지만, 언젠가 외계인이 내려와서 살인광선을 쏘아대는 것도 가능한 현상의 범주에 들어간다. 단순히 '가능성이 있다'라는 기준으로 본다면, 동쪽에서 해가 뜬다는 예측이나 외계인이 침입한다는 예측이나 모두 맞는다고 주장할 수 있다.

우리 사회에 확률이 0%가 아니라는 근거로 거리낌 없이 자기 이해를 도모하는 예측을 남발하는 사람들이 너무 많다. 광우병으로 사람들이 거리에서 픽픽 쓰러질 것이라는 예측이 대표적이었지만, 각종 국책사업이 주민 생활이나 자연환경에 결정적인 피해를 줄 것이라는 주장들도 그런 부류의 예측이었다. 정치인들이나 정치지망생들은 그렇다고 해도, 언론계 풍토마저 기사가 팔리기만 하면 좋다, 또는 우리 편이면 무조건 옳다는 식으로 바뀐 것 같아서 걱정이다. 주장했던 내용이 과장, 왜곡, 편파적인 것으로 밝혀져도 누구도 아무 책임도 지지 않고 지나간다. 어떤 종류이건 예측의 정오에 대한 사회의 판단 기준이 더 엄격해져야 한다.

2016년 부동산 시장 예측으로 돌아가서도 저출산·고령화, 가계부채, 미국발 금리 인상, 분양물량 과다 등의 부정적 요인들이 강조된다. 그러나 인구구조는 장기간에 걸쳐 서서히 변하면서 기저효과를 가질 뿐 2016년 시장에 특별한 영향을 주는 변수는 아니다. 가계부채나 금리는 세계적 경제 상황이 급전직하로 악화하지 않는 한 정부가 관리할 수 있는 변수들이다(물론 세계 경제가 파국에 이르면 부동산 시장이 붕괴하는 것은 피할 수 없다). 2015년에 주택 분양이 많았지만, 이는 그 이전 4년, 5년간 부족분을 메우는 정도였다.

이렇게 확률이 0%는 아니지만, 특별히 가능성 크지 않은 요인들을 제하면 결국 지역별 수급에 따라 시장이 움직이는, 앞서 소개한 연구기관들의 전망에서 크게 벗어나지 않을 것이다. 과격한 예측에 길들여진 사람들에게는 실망스러울지 몰라도 시장이 그렇게 지루하고 조심스럽게 움직이는 것은 오히려 다행스럽다고 해야 할 일이다.

(매일경제 2016. 1. 8)

67

새 국회에 바라는
주택정책 방향

　4·13 총선으로 두 야당이 정국을 주도하는 국면이 펼쳐졌다. 주택 정책에서도 야당의 목소리가 커질 수밖에 없는데, 주요 총선공약 두 가지에 대해 깊은 검토를 부탁하고자 한다.

　첫째로, 여야 모두 공공임대주택 대량 건설을 공약으로 걸었는데, 두 야당은 국민연금을 활용한다는 방안을 제시했다. 이 재원 조달 방안은 근본적인 모순을 가지고 있다. 국민연금은 국민의 노후생활 안정을 위해 수익성 높은 자산에 투자해야 한다. 그러나 연금 기금을 저렴한 임대주택을 짓는 데 쓰면 수익률이 낮아질 수밖에 없다. 노령 연금 수급자들의 희생으로 청년 임대주택을 늘리겠다는 발상은 마땅하지 않다.

　더 근본적으로는 공공이 소유하고 운영하는 임대주택을 얼마나 더 지을 것인가 고민해야 한다. 우리나라는 주택 200만 호 건설 이전에 저소득 세입자들을 거의 방치했지만, 그에 대한 일종의 죄책감을 바탕으로 2000년 이후 역대 정부가 공공임대주택 건설에 매진했다. 수년 내에 150만 호 내외, 전체 주택 재고 10% 이상의 공공임대주택 재고를 가지게 될 전망이다. 이는 독일을 제외한 서유럽 국가들보다는 낮지만, 미국, 일본, 호주보다 월등히 높은 비율이다.

공공임대주택은 건설비 부담이 크고, 임대료가 낮아서 유지 관리가 부실해지며, 저소득층을 물리적으로 격리해서 바람직하지 못한 저층 (underclass) 문화를 조장할 수 있다. 공공임대주택은 사회가 보호해야 할 약자들만을 대상으로 하되, 다른 사회서비스 혜택과 함께 세심한 지원을 해야 할 것이다. 능력이 되는 사람들은 좀 힘들더라도 내 집 마련을 하도록 장려하고 지원하는 것이 여전히 중요한 정책 방향이다.

둘째로, 전세난에 대한 해법으로 더불어민주당은 전월세 상한제와 계약갱신 청구권제를 공약했다. 끝없이 오르는 전세에 지친 세입자들에게 솔깃한 정책이지만, 임대인에게 일방적으로 불리한 내용이어서는 곤란하다. 제2차 세계대전 이후의 극심한 주택난 속에서 많은 서구 국가들이 임대료 상한제를 도입했지만, 주택공급이 양적, 질적으로 저하되는 문제가 심각해지면서 규제를 철폐 또는 완화했다. 오늘날의 소위 2세대 임대료 규제는 임대인에게도 적정 수익률을 보장해서 주택공급에 차질이 없도록 유념한다.

수익률이 중요한 것은 자본이 지속적으로 주택 시장에 흘러 들어가야 하기 때문이다. 주택은 토지와 자본의 결합물이다. 수익률이 너무 낮아서 주택 시장에 자본이 들어가지 않으면, 신규 주택구매 수요와 기존 주택의 유지보수가 줄고 주택이 다른 용도로 전환되어간다. 이런 움직임이 단기적으로는 커 보이지 않겠지만, 불과 몇 년만 지속되어도 심각한 공급 부족을 초래할 수 있다. 우리나라 주택의 총수가 약 1,400만 호인데, 주택수명이 평균 50년이라고 가정하면 매년 28만 호에 해당하는 자본이 공중으로 사라져 가고 있다. 총수요가 증가하지 않더라도 지속적인 유지보수 투자 및 신규 건설이 필요한 이유다.

전세 세입자가 꼭 저소득층이란 법도 없다. 중형아파트 이상의 고액 전세는 자가를 포함한 여러 주거 대안 중에서 경제적인 이유로 선택한 것일 뿐이다. 2015년 서울 아파트 평균 매매가가 약 5억 5,000만 원이었다고 하는데, 전세가율이 80%라면 전세금이 4억 4,000만 원이다. 그 정도면 좀 작은 아파트나 다세대주택을 살 수 있다.

굳이 큰돈을 맡기고 전세를 찾는 이유는 실질 주거비가 낮기 때문이다. 한국감정원 자료에 의하면 자가의 연간 거주 비용을 100이라고 할 때, 전세는 60~70, 월세는 110~120 정도 드는 것으로 나타났다. 전세는 우리나라의 독특한 환경에서 발전되어 세입자에게 큰 혜택을 준 주거 대안이었다. 이제 환경이 바뀌고 전세가 존립하기 어렵게 되었다.

정치권의 간섭이 심해지면 전세가 사라지는 시간만 단축될 것이다.

(매일경제 2016. 4. 22)

68

주택정책은 이미 토지 공개념을 실현하고 있다

우리나라의 과거를 되짚어 보면 여러 분야에서 참으로 기적 같은 변화들이 있었지만, 주택 분야도 예외가 아니어서 주거 수준의 양적, 질적 개선은 괄목할 만하다. 1970년 전국의 주택은 436만 호였는데 2010년 1,388만 호(집계 방법에 따라서는 1,734만 호)로 증가했다. 1가구 및 1인당 주거 면적은 같은 기간 각각 2배와 3배로 늘었다. 1980년에 온수 시설이 있는 가구가 열 집 중 한 집이었고, 수세식 화장실이 있는 가구가 다섯 집 중 한 집이었지만, 이제는 모두가 현대식 설비를 누리고 있다. 1990년에 26%의 가구가 단칸방에 살았지만, 그 비율은 7.5%로 감소했다.

많은 개발도상국이 이런 성과를 부러워하고, 그 비결을 배우고 싶어 한다. 필자도 KDI가 주관하는 지식공유사업의 일환으로 몇몇 국가의 주택정책에 조언할 기회가 있었다. 우리나라에서 무엇을 어떻게 고쳐야 하는가를 묻는 연구를 주로 하다가, 우리나라가 어떻게 성공했는가를 설명하려는 시도는 거의 생소한 일이었는데, 필자 나름의 답은 다음과 같다.

첫째, 시장의 힘을 주택건설에 효율적으로 활용했다. 정부는 경제건설에 매진하느라 주택 부문에 재정이나 금융자금을 투입할 여력이 없었고, 그 대신 거대한 숫자의 신흥 중산층의 자금이 아파트 건설에 투입되도록 했다. 중산층 가구들은 자신들의 내 집 마련 꿈을 이루었고, 그 과정에서 현대식 설비를 갖춘 아파트 수가 획기적으로 늘었다.

둘째, 아파트 건설을 위한 토지 매입과 보상, 기반 시설 투자, 주택건설과 공급 등의 과정이 공장에서 컨베이어벨트 돌 듯 일사불란하게 진행되었다. 단계마다 적용되는 법령과 행정체계, 공기업이나 금융회사들의 역할이 적절히 구조화되었기 때문에 가능한 일이었다.

셋째, 공공 부문에서 주택건설에 필요한 용지를 싸게 매수·수용해서 원 토지 소유자들은 개발이익을 향유할 수 없도록 했다. 그 덕분에 각종 기반 시설을 설치하고도 주택 분양가를 낮게 책정할 수 있었다. 사익에 대한 공익의 확고한 우위를 전제로 하는 이런 개발방식이 1980년에 제정된 택지개발촉진법에서 구체화된 것은 의미심장하다. 당시는 정상적인 입법부 기능이 정지되고, 국가보위입법회의가 입법권을 가지고 있었던 때다.

개발도상국의 입장에서 보면, 경제가 꾸준히 성장한다는 전제하에 첫째, 둘째 접근법을 채택하는 것은 어려운 일이 아니다. 국민의 소득이 늘면 좋은 집에서 살고 싶은 욕구가 자연스럽게 뒤따르게 마련이고, 중산층 가구들이 이를 위해 많은 투자를 하기 때문이다. 그러나 셋째 대안을 수용할 수 있는 나라는 많지 않다. 다른 나라에서도 공공사업을 위해 토지를 매수·수용하는 것은 가능하지만, 우리나라처럼 공공사업의 범위를 확장하지 못한다. 예를 들어 신도시를 개발하면 대부분 토지에 민간이 소유하고 이용하는 주택·상가 등을 짓는데, 과연 이런 사업을 공공사업이라고 볼 수 있느냐가 쟁점이다. 또 정당한 보상을 한다면서 개발이익을 배제한 가격으로 보상해주는 것 역시 다른 나라에서는 쉽지 않은 일이다.

1980년대 말 토지 공개념을 도입하느니 어쩌니 떠들썩했지만, 사실은 이미 공개념이 들어와 있었다. 토지 소유자들의 잠재적 개발이익을 활용해 주택 원가를 낮추고 그 이익이 소비자에게 돌아가게 하는 제도가 1980년부터 확립되어 있었다. 이런 개발방식이 위헌 판결을 받지 않고 그 적용 범위를 넓혀온 것은 공익의 우위를 당연하게 생각하는 국민의 태도를 반영한다. 다른 나라에서는 우리나라와 같이 대규모 토지개발, 주택건설을 빠르게 추진하기 어렵다. 그러나 남북통일이 되어 북한지역의 개발수요를 충족시켜 갈 때는 이런 개발방식이 큰 힘을 발휘할 것이다.

(매일경제 2016. 5. 27)

69

강남 아파트,
내버려 둡시다

강남 주요 지역 재건축 아파트의 가격이 한 달 새 1억 원 이상 올랐고, 신규 분양가도 3.3㎡당 5,000만 원에 육박하자 여기저기서 우려의 목소리가 나온다. "지금과 같은 저성장 국면에서 부동산 가격만 폭등하는 것은 비정상"이라거나 "정부는 과열 징후가 있는 지역에 모니터링을 강화하고 투기 세력이 없는지 가려내야 한다"라는 일간지의 사설이 나오기도 했다. 10년 전 참여정부의 정책 브리핑을 듣는 듯하다. 무엇이 문제이고, 어떤 정책 개입이 필요한지에 대해 아무 생각이 없기는 그때와 지금, 보수와 진보가 마찬가지다.

부동산은 직접 소비의 대상이면서 동시에 자산이다. 따라서 실물 시장과 자본 시장의 모든 현상이 부동산 시장과 영향을 주고받는다. 하늘 아래 부동산과 연결되지 않은 것은 없다. 그래서 어떤 한두 변수로 부동산 시장을 설명하려는 시도는 항상 실패한다.

예컨대, 고령화 추세가 분명 주택수요와 주택가격에 영향을 주지만,

그것만으로 주택가격을 설명하지 못한다. 어떤 나라에서는 청장년층의 인구 비중 변화가 주택가격 추이와 비슷한 양상을 보이지만, 다른 나라에서는 정반대의 움직임을 그린다. 글로벌 금융위기 이후 실물경제가 나빠서 주택 시장에 부정적인 영향을 주고 있지만, 그런 가운데서도 2012~2015년 대구 등의 주택 시장은 유례없는 호황을 누렸다. 이자율이 낮으니 주택가격이 오른다고 하지만, 수도권 시장이 침체되었던 2010~2014년에도 이자율은 낮았다.

최근 몇 년의 주택 시장을 움직여온 변수는 전국 공통의 거시경제 변수들보다는 지역별 수급 변수들이었다. 2000년대 중반의 지방 미분양 사태로 주택공급이 줄어든 것이 그 이후 지방 주택 시장 호황을, 수도권 대규모 택지 개발이 금융위기 이후의 수도권 시장 침체를 잘 설명하는 공급 측 요인이다. 물론, 수요 측 요인들도 작용하고 있다. 2007~2015년 기간 중 소비자물가지수는 22% 올랐고, 근로자가구 소득은 평균 33% 증가했다. 잘나가는 사람들은 그보다 훨씬 부자가 되었을 것이다. 이 기간에 수도권 아파트 가격은 평균 7% 올랐지만, 서울 강남구 아파트는 3% 내렸다. 사람들이 부유해지고 물가가 오른 데 비해 강남 아파트는 상대적으로 저렴하다. 지금쯤 강남 아파트 가격이 오르는 것도 무리가 아니다.

각자 필요에 맞는 집을 사려고 얼마를 내는 것이 합당한가는 스스로 판단할 문제다. 3.3㎡당 4,000만 원이든, 5,000만 원이든 그만큼 내려는 사람이 많으면 그 수준의 가격이 형성된다. 이런 가격 형성 과정이 남들에게 피해를 주지 않는다면 정부가 간섭할 이유도 없다.

부동산 시장의 양극화가 커지고 해당 지역 서민들의 전월세 부담은 급증하는 부작용이 심해질 수밖에 없다는 주장에는 아무 근거가 없다.

수도권 침체 – 지방 호황의 양극화 때는 가만히 있다가 왜 반대 현상은 문제라고 호들갑을 떠는가? 또한, 이론적으로 임대료와 매매가는 반드시 같은 방향으로 움직일 필요가 없고, 실제로 금융위기 이후 수도권 매매가는 약보합세에서 벗어나지 못했지만, 전세가는 쉼 없이 올랐다. 그리고, 강남 아파트를 분양받는 사람들 때문에 금융시스템이 불안정해질 가능성도 없다.

서울 강남 3구의 아파트는 약 30만 호로 전체 주택 호수의 2.1% 정도다. 이 정도라면 강남 아파트가 비싸도 전체 국민에게 미치는 영향은 무시할 수준이다. 참여정부는 강남 아파트 가격 상승이 주변 지역에 전이된다는 걱정을 했지만, 오로지 강남 아파트 가격만 오르고 다른 지역 가격은 잠잠했던 '배 아픔'이 참여정부 주택정책의 동력원이었다. 강남 아파트 가격 동향은 흥미로운 뉴스거리일 수 있지만, 현재로서는 정책 개입의 필요가 없다. 부자들이 얼마나 비싼 집에 사는가보다는 가난한 사람들이 건강한 주거생활을 하는가의 문제에 정책적 관심과 노력이 집중되어야 한다. '배 아픔'보다는 '배고픔'이 더 중요한 문제다.

(매일경제 2016. 7. 1)

70

부동산 정책은
왜 실패하는가?

1960년대 후반 부동산 투기 억제세 도입 이래 수많은 정책·규제·세제가 발표되고 제도화되었음에도 주택·토지 문제가 반복되는 이유를 두 가지로 생각해볼 수 있다.

첫 번째 이유로 정책담당자의 정직성을 의심해볼 수 있다. 겉으로는 문제를 푸는 시늉을 하지만 실제로는 집값, 땅값이 오르는 데서 개인적인 이익을 취하기 위해 정책을 왜곡하는 정치인·관료의 모습을 떠올릴 수 있다. 이전 정부의 부패 구조로부터의 차별성을 강조했던 참여정부는 부동산 정책을 이런 시각에서 접근했다. 기득권층의 이해를 강력하게 규제하면 부동산 문제가 풀릴 것으로 보았지만, 기대했던 성과를 거두기는커녕 강남 아파트 가격을 최고점까지 끌어 올렸다. 공직자 개인들의 비리가 없어진 것은 아니지만, 적어도 1990년대 이후에는 부패 공직자들이 국가 정책을 왜곡시킬 정도로 발호했다고 보기는 어렵다.

그간의 부동산 정책들이 실패했던 두 번째 이유로 정책담당자들이 충분한 정보를 가지지 못한, 즉 무지(無知)한 문제를 생각해볼 수 있다. 집값·땅값이 너무 오르거나 내리거나, 집이 팔리지 않거나 청약 경쟁이 너무 심하거나 등등 어떤 현상에 대해 여론이 들끓을 때, 정책담당자들이 이 현상들을 차분히 분석해 그 원인과 결과를 구분하고, 어떤 것이 정책적 과제이고 어떤 것이 받아들여야 할 경제 사회적 변화인지를 가려낼 여유를 갖지 못한다. 정책적으로 풀어야 할 문제가 아닌 것을 그렇다고 인식하거나, 원인과 결과의 인과관계를 잘못 이해해서 사태를 악화시키는 대책들을 쏟아내기가 쉽다.

무지한 정책들이 나오는 이유 중의 하나는 장단기 정책효과 간의 의도적인 선택이다. 나중에 어찌 되든 단기적으로 대중의 심리를 가라앉혀 시장을 안정시키는 것이 급선무라고 우선순위를 정하는 것이다. 부동산 시장뿐 아니라 다른 자산의 시장이나, 심지어 일반 재화의 시장에서도 단기적인 패닉이 발생할 수 있고 이때에는 장기적 정책 합리성보다도 시장 심리 안정이 필요하다. 그러나 부동산 시장에서는 이런 단기 심리 안정 대책들이 빈번하게 그리고 강도 높게 반복되는 데 문제가 있다. 정책담당자는 시장이 안정되면 더 올바른 정책 방향을 잡겠다고 다짐하지만, 그럴 여유가 생길 때는 거의 없다.

무지한 정책들에 대해 정책담당자가 일차적인 책임을 져야겠으나, 학계를 중심으로 한 전문가 집단의 책임도 크다. 부동산 시장에 문제가 발생했을 때, 정책담당자는 전문가 집단에 자문을 구하고 정책 구상의 일정 부분을 의지한다. 전문가 집단이 합리적 이론 개발과 경험적 증거의 축적에 바탕을 둔 정책 대안 개발에 성공하지 못할 때, 단기적 위기관리 쪽으로 쏠리는 정책담당자들을 제어할 수 없다. 부동산 조세의 효과와 같은 전형적인 학술연구 주제뿐 아니라 부동산 시장의 효율적 작

동 여부와 같은 다소 현학적인 문제, 국민 주거 향상을 위한 정부의 역
할과 같은 철학적 문제들에 이르기까지 많은 이론 개발과 경험적 증거
의 축적이 이루어진다면, 암중모색하듯 무리한 정책 대안들을 던져 보
는 상황을 개선할 수 있을 것이다.

　다행히 지난 10여 년간 부동산 학과를 설치한 대학들이 많아졌고,
연구자들도 국내외 학계와 연계되어 활발한 활동을 벌이고 있다. 11월
11일의 첫 번째 부동산 산업의 날 행사에서도 많은 연구자가 정부, 업
계와 함께 부동산 시장과 정책의 미래 발전을 위한 고민을 나누었다.
부동산 연구의 학문적·정책적·산업적 중요성이 커지고 있고, 또 이 분
야 전문가들의 양적, 질적 수준도 높아서 큰 기대를 걸 만하다. 이렇게
역할이 커지고 있지만 일부에서는 아직 부동산학을 독립된 학문 분야
로 인정하지 않고 있다. 아무쪼록 정책과 산업, 학술연구가 발맞추어
발전할 수 있도록 부동산학의 독립적 위상이 널리 인식되길 바란다.

(매일경제 2016. 11. 25)

Chapter 04

'시장을 이기는 정책은 없다'를 증명한 문재인 정부 (2017. 5~2022. 5) 시기

71

'주택 100萬 채 공급'이
놓친 문제들

정부가 오랫동안 뜸을 들여온 주거복지 로드맵을 발표했다. 2022년까지 공공임대주택 65만 호 등 총 100만 호의 주택을 공급하며, 이를 위해 40여 곳의 택지지구를 새로 개발하기로 했다. 세부적으로는 청년·신혼부부·고령층 등 계층별 지원을 위한 다양한 분양 및 임대주택과 금융상품을 도입한다. 특히, 청년들이 내 집을 마련하거나 전셋집을 구하는 데 쓸 수 있는 청약통장, 고령층을 위한 '연금형 매입임대주택', 신혼부부를 위한 '신혼희망타운' 등이 눈에 띈다.

로드맵의 기조는 계층별 필요와 경제력에 맞는 충분한 공급으로 시장을 안정시킨다는 것으로, 집권당과 정부가 수요-공급의 원리를 마침내 받아들인 모습이 신선하고 반갑다. 다만, 공공임대주택과 관련해 정부 재정과 주택도시기금, 그리고 LH의 재원 조달 능력을 과대평가하고 있는 것 같아 걱정이고, 택지를 마련하기 위한 갈등이 예상된다. 그런데도 주거 문제가 사회갈등의 주요 사안으로 떠오른 마당에 로드맵의 성공을 기원하지 않을 수 없다. 이런 배경에서, 몇 가지 고려해야 할 사항을 제시해 본다.

첫째, 청년·신혼부부·고령층 등 특정한 인구 특성을 가진 집단을 위한 독특한 프로그램도 일부 필요하지만, 이들 프로그램은 부차적이어야 한다. 예를 들어, '신혼희망타운'이 조성되면, 이곳에서 비슷한 시기에 많은 아기가 태어나 보육시설을 같이 이용하고, 같은 때에 모두 초·중·고를 다니고, 부부들은 노인이 되어 동시에 요양시설이 필요할 것이다. 거주민 모두가 같은 때 같은 서비스를 이용하고 또 졸업함에 따라 한때 필요했던 서비스가 그 후에 모두 문을 닫는 일이 벌어진다. 생활 서비스가 안정적으로 공급되고 지역사회도 활기를 띠기 위해서는 청년·신혼부부·중장년·고령층이 섞여 살아야 한다.

둘째, 인구 특성보다는, 소득을 기준으로 해서 지원이 필요한 모든 사람을 위한 보편적 프로그램이 중요하다. 지난 몇 년간 청년 주택에 대한 관심이 높지만, 청년들이 양질의 주거를 누리지 못하는 것은 소득이 낮기 때문이다. 그런데 소득이 낮다면 중년이나 노년도 주거생활에 어려움을 겪는다. 중년·노년 저소득자보다 청년 저소득자를 특별히 우대할 이유는 없다. 청년들의 의식과 생활 패턴이 중년, 노년과 달라서 주택의 형태, 위치, 제공되는 시설과 서비스가 달라지는 것은 당연하겠지만, 청년층에만 차별적으로 많이 지원하는 것은 공평하지 않다.

셋째, 공공임대주택 65만 호는 역대 정부의 정책 기조에서 크게 벗어나지 않는다. 국민임대주택 건설을 시작할 때부터 전체 주택스톡의 10% 정도를 장기 공공임대주택으로 건설, 공급한다는 비공식 목표가 설정되었다. 그런데 이 목표의 적정성에 대해서는 논란의 여지가 많다. 공공임대주택은 건설부터 운영에 걸쳐 오랜 기간 혈세가 계속 들어가는 비싼 프로그램이다. 조만간 장기 공공임대주택이 100만 호 이상 완공될 텐데, 여기에 65만 호를 더 짓기 전에 종합적인 조사·평가가 이루어지고, 이를 바탕으로 추후의 정책 구상이 이루어졌으면 좋겠다. 많은 세금을 들여 도움이 절실한 사람들에게 꼭 필요한 지원을 하고 있는지 짚어볼 때가 되었다.

끝으로, 저소득층을 위한 정부 지원이 꼭 필요하다 해도, 내 집을 마련할 수 있고 또 원하는 사람들이 쉽고 싸게 분양받을 수 있도록 하는 게 여전히 중요한 주택정책 목표다. 자기 힘으로 노력하고 저축해서 집을 장만하는 건실한 중산층이 우리 사회의 튼튼한 허리이기 때문이다.

(문화일보 2017. 11. 30)

72

'보유세 인상' 부적절한
다섯 가지 이유

대통령 직속 정책기획위원회 산하 재정개혁특별위원회에서 부동산 보유세 인상안이 검토되고 있고, 6·13 지방선거 이후 세제개편이 추진될 것으로 보인다. 구체적인 안은 나오지 않은 채로, 보유세가 당연히 올라야 하고 어떤 방법으로 얼마나 올릴지만 문제인 것처럼 이야기가 흐르고 있다. 그러나 보유세 인상이 정해진 결론이어야 할 이유는 없다.

첫째, 부동산 조세에 관련된 가장 큰 오해는 우리나라 부동산 세 부담이 작다는 선입견이다. OECD의 2016년 세수 분석에 따르면, 우리나라 재산 과세는 GDP 대비 3.04%인데, 자료가 제공된 33개국 평균 1.92%에 비해 현저히 높고 순위로는 7위다. 재산 과세 중 보유세 부담은 영국·프랑스·미국 등에 비하면 낮지만, 독일·스웨덴·오스트리아 등에 비해서는 높고, OECD 회원국 중 16위 부담률(0.8%)이다. 한국은 이미 부동산 세금이 높은 나라다. 보유세가 낮은 게 문제가 아니라, 거래세가 높은 게 문제다.

둘째, 시장 안정이란 정책 목표와 보유세라는 정책 수단은 궁합이 맞지 않는다. 역대 정부는 부동산 가격 급등이 투기에 기인한다는 진단 아래 이를 억제하는 수단으로 세제를 운용했다. 이 역할을 주로 양도소득세가 했지만, 이제는 보유세를 동원하려는 것이다. 국민 재산의 대부분인 부동산에 부과되는 보유세는 예측할 수 있고 보수적으로 운용되어야 한다. 수시로 바뀌는 부동산 경기를 조절하기 위해 보유세를 동원하는 것은 적절치 않다.

셋째, 보유세가 강화되어도 무주택자에게 도움이 되지 않는다. 잠실 5단지 전용 76.5㎡ 아파트의 공시가격이 2018년에 25% 올라서 보유세가 144만 원이 증가할 것이라는 보도가 있었다. 할인율을 5%로 보면 세 부담 증가에 따른 하락 가격이 2,880만 원이다. 그 2배, 3배 세 부담이 오른다고 무주택자가 갑자기 강남에 입성할 기회가 열리지는 않는다. 설사, 좀 싸게 아파트를 장만하는 사람이 있다고 해도, 매년 높은 세금을 내야 하므로 아무런 실익이 없다. 세금이 올라서 이득을 보는 것은 정부뿐이다. 세금 때문에 주택가격이 내려가는 것은 주택소유자의 재산권 일부가 정부로 넘어가는 효과를 가지기 때문이다.

넷째, 보유세가 강화되더라도 주택 시장이 안정되지 않는다. 이론적으로 보면 미래를 예측할 수 있는 모든 세 부담이 주택가격 하락에 반영되기 때문에 보유과세 인상은 일회적인 부동산 가격 하락을 초래할 뿐이다. 이후의 주택 시장에서는 수급 상황에 따라 가격이 오르기도 하고, 내리기도 할 것이다. 미국의 많은 대도시에서는 오래전부터 보유과세 부담이 높았다. 하지만 2000년대 초중반에 주택가격이 크게 오른 것이 좋은 예다.

마지막으로, 보유세 강화가 19세기 미국 사상가 헨리 조지의 사상을 구현하는 것으로 착각하는 사람들이 있지만 천만의 말씀이다. 조지는 주택과 같은 건물, 자본재, 노동 등 인간의 노력으로 생산될 수 있는 모든 대상에 세금을 부과하는 데 극력 반대했다. 주택에 투자해 국가의 주택 재고를 늘리고, 국민 주거 안정에 기여하는 사람들을 격려하기 위해 대다수 국가가 세제 혜택을 주고 있음을 상기해야 한다.

　전국 주택 시장이 침체로 가는 이때 보유세 강화를 들고나오는 것은 뜬금없다. 고가의 부동산을 가진 사람들이 남들의 내 집 마련 기회를 빼앗고 있다는 편견을 버려야 한다. 오히려 종합부동산세 폐지, 고가 주택 기준 상향 조정, 양도소득세 장기보유특별공제 개편 등보다 조세 원리에 충실한 세제 개혁이 있기를 바란다.

(문화일보 2018. 5. 3)

73

'강남 편집증'이
주택정책 왜곡한다

문재인 정부는 출범 이후 모두 8번의 부동산 대책을 내놓았다. 그중에서도 8·2 부동산 대책은 부동산 규제의 '종합선물 세트'라고 불리는 강력한 것이었다. 1년이 지난 현재, 부동산 시장은 확연히 가라앉은 모습이다. 전국 주택 매매가는 물가상승률 정도로 둔화한 가운데, 서울 강남지역은 올 2분기에 0.2% 하락했고, 지방은 본격적인 침체에 접어들었다. 주택거래는 크게 줄었는데, 특히 서울의 거래량이 전년 동기 대비 약 40% 감소했다. 인허가가 줄기 시작했지만, 활황기에 시작된 사업들로 인해 신규분양이 여전히 활발하다. 주택 시장이 더 침체되면 그중 상당 물량이 미분양될 우려가 있다.

8·2 대책을 포함한 정부의 부동산 정책은 성공한 것일까? 정부는 그렇다고 자평할 것이다. 여러 현상 중 주택가격, 특히 서울 강남 주택가격이 초미의 관심사이기 때문이다. 강남 집값만 잡을 수 있다면, 주택거래가 줄고 건설 시장이 침체되는 것은 치를 만한 비용이라고 보는

듯하다. 이런 강남 편집증의 기원이 무엇인지 모르지만, 참여정부 이후 10년이 지나서도 그 사고와 접근법은 변하지 않았다. 정책의 강도만 훨씬 높아졌다.

그러나 시장 상황을 객관적으로 본다면, 이런 강도 높은 규제는 뜬금없다. 강남 주택가격이 많이 올랐다지만, (참여정부 때와는 달리) 장기간의 침체 후 반짝 상승이었을 뿐이다. 2017년 말 강남 주택가격은 전고점인 2009년 말에 비해 평균 8% 상승했다. 같은 기간 물가는 16%, 근로자 가구 소득은 27% 올랐다. 강남 주택가격이 오른 중요한 원인 중 하나는 물가나 소득에 비해 집값이 만만해진 데 있다. 대부분 국민에게 강남 집값은 흥미의 대상일 뿐이다.

강남 집값에 대해서는 호들갑을 떨면서, 더 많은 사람이 사는 지방 5대 광역시 주택가격이 같은 기간에 무려 47%나 오른 데 대해서는 관심조차 가지지 않는 것이 정부의 편향적인 사고를 잘 나타낸다. 결국 강남 주택의 문제는 실제보다는 머릿속에 있다. 정부가 머릿속 괴물과의 싸움에서 승리했는지는 모르겠지만, 현실 주택 시장에서는 점점 더 많은 문제가 쌓여간다.

정부의 또 다른 고정관념 중 하나는 "부동산 시장의 과열은 공급 부족이 아닌 다주택자의 투기적 매매 때문"이라는 주장인데, 이에 대해서도 깊이 생각해볼 필요가 있다. 수익을 높이기 위해서라면 주택가격이 낮을 때 사서 높을 때 팔 것이고, 특히 팔리지 않는 미분양 주택을 싸게 사서 임대 놓는 것도 좋은 방법이다. 그렇다면 경기 조절자로서나 임대주택공급자로서 다주택자의 긍정적 역할이 더 크다.

강남 편집증에서 비롯된 명백한 실책은 재건축 규제다. 최근의 두드러진 소비자 동향 중 하나는 새 집에 대한 선호 현상이다. 같은 대기업

브랜드, 대단지 아파트지만 새 아파트와 인근의 오래된 아파트의 가격 차이가 거의 2배까지 벌어진다. 이런 소비자 선호에 옳고 그름이 있을 수 없다. 정상적인 정책 대응이라면 하루바삐 재건축을 추진해 소비자들의 수요에 맞는 주택을 공급할 테지만, 현실에서는 강남 집값을 잡는 일환으로 재건축 안전진단이 강화되는 등 사업이 어려워졌다. 신축 주택이 나오지 않으니 기존의 새 아파트에 수요가 몰리고, 가격이 더 오를 수밖에 없다. 8·2 대책 등 문재인 표 부동산 정책은 잘 익어가는 사과가 더 이상 상품 가치를 높이지 못하도록 흠집을 내는 것과 같다. 못생긴 사과를 내놓고 가격이 낮아서 좋다고 자화자찬하는 정부를 칭찬할 수 있겠는가.

(문화일보 2018. 8. 3)

74

'부자 괴롭히기' 대신
'親시장 주택정책' 필요하다

 9·13 주택 시장 안정 대책에 따른 향후 시장 동향에 대해 여론의 관심이 지대하다. 모든 언론이 "이번에는 집값이 잡힐까?"라는 머리기사를 내보냈지만, 답은 의외로 간단하다. 주택 시장도 다른 시장과 마찬가지로 가격이 오르내리는 경기변동 사이클(cycle·주기)을 따라 움직인다.

 현재의 서울 집값 상승도 2008년의 글로벌 금융 위기 이후 6~7년간 바닥을 기던 가격이 물가와 소득 수준에 맞추어 상향 조정되는 과정이다. 어느 정도 오르면 이번 대책이 아니더라도 조만간 하향 안정세로 접어들 것이다. 특히, 기업들이 의욕을 잃고 투자를 꺼리면서 생산성이 떨어지고 거시경제 상황이 악화되는 가운데 집값만 오를 수는 없다. 외국 대도시들의 예를 볼 때 서울의 대표적 주택 단지들은 궁극적으로 3.3m^2(약 한 평)당 1억 원을 상회할 것으로 전망하는 데 무리가 없지만, 이번 사이클에서는 아닌 듯하다.

 '공급자 우위의 시장 상황에서 투기 수요 등이 가세하며 시장 불안이 가중되고 있다'라는 인식에서 나온 이번 대책은 1960년대 후반 이후 쏟아져 나온 투기 억제 정책의 하나일 뿐이다. 소수의 투기자가 시장을 교란하고 가격을 올리고 있으니 이들을 잡으면 모든 문제가 해결될 것이라는 시각이다. 그러나 무려 50년에 걸쳐 투기를 억제한다고 온갖 시도를 다 해도 똑같은 상황들이 반복된다면, 아마도 진단과 처방이 틀렸다고 보아야 할 것이다.

부동산은 자산(資産)이기 때문에 모든 거래자와 보유자가 자본이득에 민감할 수밖에 없다. 가격이 오르내리는 데 아무 관심 없이 거래하거나 보유하는 사람을 오히려 비정상적이라 할 것이다. 돌이켜 보면, 주택에 투자해서 이득을 보고자 하는 사람들 때문에 정부 돈 한 푼 들이지 않고 수백만의 주택이 건설되었고, 완벽한 인프라를 가진 수십 개 신도시·신시가지가 들어섰으며, 무주택자들에게 임대주택이 공급되었다. 이런 의도하지 않았던 성공이 대한민국 주택 시장의 역사다. '1가구 1주택'에서 한 치도 벗어나지 말라는 이번 대책은, 실수요자와 투기자가 따로 있다는 비현실적인 가정 아래 세계적으로 유례없는 성공 사례를 부인(否認)하는 것이다.

시장(市場)과 싸우기보다는 시장을 통해 나타나는 국민의 희망과 노력을 담아내기 위한 노력이 필요하다.

첫째로, 재건축 규제를 완화해 새 집에 대한 수요를 감당하도록 해야 한다. 주택의 수명은 콘크리트의 수명과는 무관하다. 휴대전화를 기계적으로 망가질 때까지 쓰지 않는 것처럼 주택의 경제적, 기능적 수명이 다했다면 다시 지어야 한다.

둘째로, 양도소득세를 정상화해야 한다. 이번 대책으로 보유세가 크게 오르는 다주택자는 양도소득세 때문에 집을 팔지 못하는 상황에 처해 있다. 이런 동결 효과는 시장 전체적으로 공급 감소 효과를 갖는다. 1가구 1주택에 비과세 혜택을 주되 다주택자에게는 정상 세율로 과세하던 김대중 정부 때로 돌아가는 것이 좋다.

셋째로, 종합부동산세 기준이 되는 공정시장가액비율을 올리는 것이 조세 정의(正義)라고 착각하지 말자. 세 부담은 과표 곱하기 세율이다. 입법 사항인 세율이 아니라 과표로 세 부담을 올리는 것은 편법이다. 수평적 형평성을 위해 모든 부동산의 과표가 시가 대비 같은 비율인 것은 바람직하지만, 그 비율이 100%일 이유가 없다. 특히 부동산 시세가 매일 변하므로 제아무리 평가를 잘해도 시가 반영률 100%는 무리한 목표다. 시가 반영률이 100%라면 대략 절반은 과표가 시가를 넘어서게 되는데, 이는 절반쯤의 납세자가 정당한 세금보다 더 많은 세금을 내야 함을 의미한다. 당연히 조세 저항이 클 것이다.

가장 중요한 문제로, 주택정책의 본령은 저소득층에게 인간다운 주거를 제공하는 것임을 잊지 말아야 한다. 본질에서 벗어나 부자들을 어떻게 괴롭힐까 고민하는 정책들은 이제 그만 보았으면 한다.

(조선일보 2018. 9. 17)

75

3기 신도시 발표 이후
2019년 부동산 시장 어떻게 될까?

정부가 9·13 부동산 대책 발표 당시의 예고대로 3기 신도시 4곳(12만 2,000가구) 개발계획을 발표했다. 다주택자를 응징하면 모든 문제가 풀린다는 고집에서 한 발짝 물러난 반가운 변화다. 광역 교통망 개선, 풍부한 도시지원시설 용지확보, 국공립 유치원 설치 등 여러 측면에서 고심한 흔적도 보인다.

3기 신도시 성공 여부는 수도권 광역급행철도(GTX) 등 광역교통망을 입주 시점에 맞추어 완성할 수 있을지에 달렸다. 각각의 신도시에 판교 제1테크노밸리의 1.4~2배 면적의 도시첨단산업단지를 지정하는데, 기업 유치가 원활할지도 보아야 한다.

하지만 이번 대책에는 몇 가지 보완할 여지가 있다.

첫째, 광역 교통망과 산업단지 계획들은 신도시뿐 아니라 수도권 전체의 생활 여건 개선을 목표로 해야 한다. 1기 신도시는 대규모로 조성되면서 개발이익을 많이 거둘 수 있었던 덕분에 기반 시설을 충실히 갖출 수 있었다. 반면에 2기 신도시는 규모가 작아서 광역 기반 시설 투자를 사실상 포기한 상태에서 개발되었고, 그 결과가 '미분양의 무덤'이었다.

3기 신도시는 규모가 더 작다. 광역교통개선 부담금을 기존보다 2배 이상 거둔다고 해도 재정지원이나 민자유치가 필요할 것이다. 이런 추가 재원이 고려된다면 차제에 2기 신도시 및 여타 택지개발지구들도 그 혜택을 보도록 하는 것이 바람직하다. 수도권 외곽지역들의 접근성이 개선될수록 서울 주택 시장의 수요 압력이 줄어든다.

둘째, 3기 신도시들이 유령도시로 전락하지 않으려면 일자리와 생활환경 대책이 확실하고 또 지속할 수 있어야 한다. 이전 정부에서 신도시 건설을 중단한 것은 도시재생 쪽으로 가야 한다고 판단했기 때문이다. 인구증가율이 낮아지고 고령화가 가속화되는 데다 1970~1980년대에 지은 노후 아파트들이 급증하는 상황이 그 배경에 있다. 이런 추세들은 현재 진행형이다.

따라서 첨단산업도 중요하지만, 수도권 산업 생태계를 이루는 부가가치 낮은 도시형 중소 제조업도 무시하면 안 된다. 입주 시기에 맞추어 학교가 문을 여는 정도가 아니라 자율형사립고·외국어고 등을 유치하는 것도 좋은 전략이다.

셋째, 일반적으로 인구 50만 명은 되어야 자족도시가 될 수 있는데, 3기 신도시들은 그 절반 규모에도 미치지 못한다. 그 자체로는 일자리나 생활환경 측면에서 수준 높은 도시가 되기 어렵다. 과천과 계양은 각각 서울과 인천의 베드타운 이상이 되기 어렵지만, 남양주와 하남은 기존의 인근 택지개발지구들과 긴밀히 연계되도록 계획하면 자족적인 도시권역이 될 수 있을 것이다.

3기 신도시가 개발되면 서울, 특히 강남 집값을 잡을 수 있을까. 그럴 가능성은 크지 않다. 아무리 신도시 계획을 잘해도 몇십 년간 도시 기능을 키워온 서울 도심이나 강남 수준의 주거여건을 금방 만들 수는 없다. 3기 신도시들은 서울의 고가 주택 시장에 영향을 주기보다 20~40대 가구의 내 집 마련 기회를 넓힌다는 의미가 있다.

강남 집값을 잡는 데 도움이 되지 않는다고 실망할 필요는 없다. 중저소득층의 주거 안정이 더 중요한 정책 목표이기 때문이다. 사실 정부가 강남 집값에만 집착하는 것은 이해하기 힘들다. 강남 3구의 아파트는 약 30만 호로, 가구 수 기준으로 전체의 2.1%에 불과하다. 서민이 매입하기에는 이미 너무 비싼 소수의 아파트 가격이 더 오르는 것이 서민 주거 안정과 무슨 상관이 있나. 강남 아파트 가격 상승이 주변 지역에 전이될 우려가 제기되기도 하지만, 요즘 강남과 여타 지역 주택 시장들은 따로 움직이고 있다.

2019년에도 서울의 주택 시장은 강보합이 예상되지만, 외곽 수도권 지역은 잘해야 보합세를 보일 것이다. 수도권 밖 지방은 더 하락할 것으로 예상한다. 2018년에 강남 집값이 많이 올랐다고 2019년에 수도권 외곽이나 지방 주택가격이 오를 가능성은 거의 없다는 이야기다.

결국 '강남 집착증'에서 벗어나면 여러 정책 대안이 보인다. 필자에게 대안을 하나만 꼽으라면 재건축 규제 완화다. 연말 기준 감정원 주택가격지수의 전고점인 2009년 이후부터 현재까지 서울 아파트 가격 상승률은 14.5%로 물가상승률 18.4%보다 낮았다. 지방 5개 광역시 아파트 가격 상승률(46.1%)이나 가구 소득 증가율(39.6%)과 비교해도 눈에 띄게 낮다. 2017년과 2018년에 이런 격차가 일부 메워졌지만, 소비자 선호가 몰리는 새 아파트나 재건축을 앞둔 아파트의 가격 상승 잠재력이 크다. 재건축 규제를 대폭 완화해 소비자 수요를 충족시켜야 한다. 규제가 아무리 강해도 시장을 이길 수 없기 때문이다.

(중앙일보 2018. 12. 26)

76

부동산 경기 등락과
세제 개혁

　1960년대 하반기 이후 부동산 문제의 심각성에 대한 인식이 확산되면서 부동산 가격 급등에 대해 긴급대책의 성격을 가진 대책들이 빈번하게 발표되었다. 이런 대책들은 불법, 탈법적인 거래에 대한 사법적, 행정적 제재를 가하는 등 기존 제도의 엄정한 집행을 강조하는 한편, 세제 및 여타 부동산 제도의 형성에 중요한 계기가 되었다. 현행 부동산 제도의 많은 요소가 부동산 가격 급등기에 발표되었던 긴급대책의 일환으로 시작되었다. 긴급대책들은 그 특성상 문제의 근본적인 해결보다는 현상의 시급한 종결을 지향한다. 따라서 문제에 대한 과학적 분석 보다는 투기와 가격 상승 간의 피상적인 인과관계 인식이 수용, 고착되었다.

　부동산 세제의 기본 틀도 과거 긴급대책들의 유산이라고 할 수 있는데, 그 첫 단추가 1967년 도입된 부동산 투기 억제세였다. 이 세제는 '경제의 고도성장에 수반되는 급격한 도시화의 진척에 따라 도시지역의 부동산 가격이 급등했으며 부동산에 투기가 성행하게 되어, 토지 이용을 저해할 뿐 아니라 그릇된 방향으로 투자를 유도하고 비정상적인 자본이득을 발생시킨다'라는 문제의식에서 출발했다. 부동산 투기 억제세는 이후 양도소득세로 발전되었을 뿐 아니라 명시적인 시장 개입을 의도하는 부동산 세제 중 최초라는 데 의의가 있다.

부동산 투기 억제세에서 비롯된 우리나라 부동산 조세의 특징은 다음과 같다. 첫째로, 투기를 억제하는 반면 실수요자를 보호하기 위해 시장에 개입하려는 의도를 명백히 한다. 둘째로, 일정한 기준을 적용해 투기용 토지를 선별하고 차별적으로 불이익을 줄 수 있다는 믿음을 가지고 있다. 주관적인 투기행위를 객관적으로 가려낼 수 있다는 전제는 다른 부동산 세제 및 규제의 토대를 이룬다. 셋째로, 부동산 시장의 등락에 따라 조세를 높이고 낮춤으로써 대응하는 것은 세제를 경기조절 수단으로 활용한다는 의미다. 마치 금리나 재정지출 등의 수단으로 거시경기 변동에 대응하는 것처럼 부동산 시장도 그렇게 관리할 수 있다는 시각을 반영한다.

이후의 여러 부동산 관련 긴급대책들은 부동산 투기 억제세의 접근 방식을 더욱 강화했다. 예컨대 1974년의 1·14 조치, 1978년의 8·8 조치로부터 최근의 9·13 대책에 이르기까지 수많은 부동산 대책들에서 조세는 단골 메뉴였다. 부동산 시장의 등락에 따라서는 투기 억제뿐 아니라 경기부양을 위한 수단으로써도 세제가 활용되었다.

50년에 가까운 긴 시간이 걸쳐 모든 부동산 조세들이 열심히 투기를 억제해왔음에도 불구하고 여전히 토지와 주택의 가격이 간헐적으로 급등하고, 서민의 주거난이 해소되지 않고 있다. 이 상황은 과연 기존 접근법이 옳은가 하는 근본적인 의문을 제기한다. 과거의 부동산 조세는 과표 산정, 거래 및 소유관계 포착, 조세 행정 투명성 등 여러 측면에서 누수가 있었고 그만큼 파급효과가 작았지만, 이제는 조세의 실효성이 크게 높아졌다. 긍정적이든, 부정적이든 부동산 조세가 국민경제에 미치는 영향력도 커졌다. 따라서 부동산 조세의 효과와 부작용에 대한 심도 있는 재검토가 필요하다. 지금 분위기에서는 '근본적인 조세 개편'이라고 하면 어떻게 세 부담을 올릴 것인가를 고민해야 할 것 같지만, 다음과 같은 몇 가지 쟁점을 검토해보면 세제 강화만이 능사가 아님을 알 수 있다.

첫째로, 김대중 정부 때의 짧은 규제 완화 시기를 제외하고 대부분 부동산 세제개편은 투기 억제를 지향했다. 투기는 그 자체로서 불법적이거나 비도덕적 또는 반사회적인 것이며, 가격 상승을 가속하는 요인으로 인식되었기 때문이다. 그런데, 거래 또는 소유자의 주관적 의도를 배제하고는 투기자, 투기 부동산이 무엇인지 개념적으로 정의하기 어렵다. 이 문제를 피해 가기 위해 부동산 제도들은 관찰할 수 있는 사실들을 고려해 각종의 부동산과 그 매입 또는 소유 주체에 대해 투기용 부동산의 기준을 열거하고 있다. 토지 시장이 과열일 경우 공한지, 유휴지 등에 제재를 가하는 데 주력하고, 주택 시장이 급등할 경우 다주택자에게 불이익을 주는 식의 접근이다. 이런 방식의 시장 개입이 지난 50년 동안 실패를 거듭해왔다. 더 나쁘게는 투기를 억제하려는 정책들이 토지 및 주택의 취득, 사용, 매각을 제약해 경제적 효율성과 형평성의 상실을 초래한다.

예를 들어, 문재인 정부가 집중적으로 제재를 가하는 다주택 보유의 경우를 보자. 다주택자를 다른 말로 표현하면 임대주택공급자다. 수십 채 집을 가진 사람도 사는데 필요한 집은 한 채뿐이고, 나머지는 임대

놓는다. 이들 덕분에 국민의 약 40%에게 임대주택이 공급된다. 공공부문이 그 역할을 하기 위해서는 수십 년의 시간과 수백조 원의 예산이 필요할 것이다. 정부 예산에 기대지 않고 공급되는 그 많은 임대주택을 없애고, 정부가 그 역할을 대신할 실익은 없다. 다주택자를 적대시하는 시각은 '네가 가지면 내가 가지지 못한다'라는 단순 논리에 근거하지만, 주택 시장은 훨씬 복잡한 인과관계 구조로 되어 있어서 적절한 제도 틀 속에서는 집주인과 세입자, 그리고 정부가 모두 이익을 볼 수 있다. 다주택자들은 주택을 투자 대상으로 삼아 자신의 이해를 도모하는 가운데, 주택건설 수요자, 임대주택공급자, 그리고 주택경기 조절자로서 기능한다. 이기심을 추구하는 행위가 자기도 모르게 공동의 선을 달성하는 좋은 예다. 여기에 정부가 개입할 때 효율과 형평 차원에서 어떤 개선이 있는지 의문이다.

둘째로, 일부에서는 우리나라 부동산 세금이 워낙 낮으니 좀 올려도 된다고 생각한다. 그러나 우리의 부동산 조세부담은 이미 세계적으로 높은 수준이다. 2016년 OECD 35개국의 GDP 대비 부동산 세수의 비중을 비교해보면 한국이 일곱 번째로 높다. 잘 알려진 바와 같이 우리나라의 보유세 비중은 비교적 낮고, 거래세(취득세)의 비중은 세계 1위다. 보유세가 낮다고 해도 중위권이다. 미국, 영국, 불란서 등은 우리나라보다 높은 보유세를 부담하지만, 노르웨이, 독일, 스위스 등은 더 낮다. 미국 등을 기준으로 해서 보유세 부담이 시가의 1% 정도가 되도록 올려야 한다는 주장은 세계에서 가장 높은 보유세 부담을 지워야 한다는 주장이다. 그러나, 거래세도 1등, 보유세도 1등을 할 이유를 찾기는 힘들다.

셋째로, 부동산 조세가 부동산 경기변동을 조절하는 좋은 수단인지에 대한 성찰이 필요하다. 이론적으로 보면 부동산 세 부담의 증가는 일회적인 부동산 가격 하락을 가져온다. 그러나 그 이후의 부동산 가격은 세금과 무관하게 결정되며, 그때그때의 수급에 따라 오르기도 하고 내리기도 한다. 미국의 많은 대도시가 오래전부터 실효세율 1% 이상의 보유세를 부과하고 있으나, 2000년대 초중반에 주택가격이 급등했고 미국 경제는 서브프라임 사태의 파국을 맞았다. 반면에, 보유세 부담이 매우 낮은 독일이 같은 시기의 세계적인 부동산 가격 거품을 비껴갔다. 이 사례는 보유세에 지나친 기대를 하지 말아야 함을 보여준다.

단기적인 가격 동향보다 더 우려되는 점은 세 부담 증가의 장기적 효과다. 주택은 투자를 통해 공급이 늘어나는 재화인데, 주택 투자는 이익을 남길 수도 있고 손실을 줄 수도 있다. 위험을 무릅쓰고 주택에 투자해서 국가의 주택 재고를 늘리는 데 기여한 사람들을 지원하고 격려하기 위해 많은 나라에서 각종 세제 혜택을 주고 있다. 우리나라처럼 주택에 투자를 많이 하는 사람들(특히, 다주택자)에게 불이익을 주면 헨리 조지(Henry George)가 우려했던 상황이 빚어질 수 있다. 즉, 주택 투자가 감소해 궁극적으로 주택의 '수효도 줄어들고 모양도 누추해질 수(그래서, 주택가격이나 임대료가 오를 수)' 있는 것이다.

토지나 주택의 가격을 안정시키기 위해서는 수급에 직접적으로 영향을 미치는 공급대책이 효과적인 처방이다. 여러 연구 결과를 종합하면 적어도 2030년까지는 토지와 주택의 실수요가 꾸준히 증가할 것으로 예측된다. 이 늘어나는 수요를 공공 부문의 선제적인 공급 계획과 관리 없이는 감당하기 어렵다는 것이 그간의 경험이다. 장기적인 토지 및 주택 수급 계획에 따라 토지 개발과 주택건설이 이루어지도록 해야 한다.

투기 억제 위주의 부동산 세제가 가진 암묵적 전제들에 대한 검토는

'근본적인 세제개편'의 내용은 세 부담 강화보다는 제도의 합리화여야 함을 말해준다. 특히, 소수의 투기 의심자만 집중적으로 추궁하는 것보다는 모든 토지와 주택에 대해서 정해진 만큼의 세금을 예외 없이 거두는 중립적 체제를 갖추는 것이 필요하다. 교과서적인 '좋은 조세'를 지향해서, 세율은 낮추고 과세 베이스를 넓히는 고전적인 세제개편 전략을 되새겨야 할 것이다.

(헌정 2019. 1)

77

부동산 公示價
왜곡 피할 현실적 방안

　전국과 서울시 지역의 개별공시지가가 각각 8.03%, 12.35% 오르는 것으로 발표되었다. 평균 상승률이 그 수준이지만, 요지의 상업용지 중에는 100% 오르는 경우도 많다. 개별공시지가가 60여 개의 공공행정 분야에 활용되므로 토지 소유자의 재산세, 종합부동산세, 건강보험료 등이 오르고, 각종 복지 혜택에서 제외되는 등의 후폭풍이 예상된다. 정부가 이처럼 과격하게 부동산 공시가를 올리는 데는 세금으로 부동산 가격을 잡겠다는 단기적 목표와 함께 조세 형평성을 높인다는 장기적 목표가 있기 때문이다. 그런데 이 두 목표가 꼭 일치하는 것은 아니다.

　세금은 단순하게 말해서 과표에 세율을 곱해준 액수다. 보유 부동산의 가액이 높은 사람이 상대적으로 세 부담을 더 많이 해야 공평한데, 시가 대비 과표의 비율이 들쭉날쭉하면 형평성을 달성하기 어렵다. 상업용지 과표율은 낮고 주거 용지는 높은 현상은 교정되어야 한다. 그렇다면 주거 용지의 과표율을 대폭 낮추는 것도 형평성을 높이는 방안일 수 있지만, 정부는 이 대안을 고려조차 하지 않았다.

정부가 공시가뿐 아니라 과표 산정에 쓰이는 공정시장가액 비율도 올리는 데는 부동산 가격을 잡는다는 의도 외에 과표가 시가의 100%가 되어야 조세 정의가 이루어진다는 고정관념이 작용한다. 그러나 부동산 세수는 주로 지자체의 재원인데, 지방재정 수요가 부동산 가격과 같은 비율로 오르고 내릴 이유가 없다. 지방재정 규모가 점진적으로 커지는 가운데 이 재정 수요를 납세자들 간에 어떻게 배분하느냐가 조세 정의의 핵심이다. 이때, 시가 대비 과표의 비율이 납세자들 간 균일한지가 중요하지, 그 평균 수준이 50%인지 100%인지가 중요한 게 아니다.

또한, 공시가를 시가 대비 100%로 맞춘다는 목표는 기술적으로 달성 불가능하다. 부동산 시가는 수시로 변하는 데다 정확히 평가하기 어렵기 때문이다. 한 단지의 같은 평형 아파트들도 거래가가 흔히 몇천만 원 또는 그 이상 차이 나지만, 어떤 가격이 '정확'한 것인지 정답이 없다. 감정평가사의 전문적인 평가도 가격에 대한 주관적 의견일 뿐이다. 실거래가든, 감정평가액이든 오차가 있다. 이를 무시하고 공시가가 100% 정확해야 한다는 주장은 심각한 부작용을 초래할 수 있다.

그렇다면 부동산 공시가 제도를 어떻게 고쳐 가야 할까? 제도 개선의 전제는 공시가 자체가 과표일 필요가 없다는 인식이다. 그래야 세 부담 목표 때문에 공시가가 왜곡되는 것을 피할 수 있다. 평가의 오차를 고려할 때, 공시가는 시가의 70~80% 수준에 있도록 하고, 공정시장가액 비율을 매년 조정해서 세 부담이 급격히 늘거나 줄지 않도록 하는 게 바람직하다. 건강보험료 산정 등 다른 행정 목적을 위해서도 마찬가지다.

공시가 산정에서 일정 범위의 오차를 피할 수 없음을 인정한다면 관련 예산도 줄일 수 있다. 현재 부동산 가격공시를 위해 매년 약 1,400억 원의 예산이 들어가는데, 한 해도 거르지 않고 이처럼 큰돈을 들여 부동산 가격을 평가하는 나라는 한국뿐일 것이다. 정확도의 목표를 약간만 낮추어도 큰 예산 절감이 가능할 것이다.

끝으로, 가격공시 행정에서 납세자와의 소통이 절실하다. 표준지 평가나 개별가격 산정의 과정에서 이의신청 등의 절차가 있지만, 이에 대한 행정 당국의 답변은 가부 외에 별것 없다. 지적도에 인근 물건의 공시가와 실거래가 등 근거 자료를 표기해서 교부하는 것만으로도 납세자의 이해를 구하는 데 도움이 될 것이다.

(문화일보 2019. 6. 3)

78

흘러간 옛 노래,
분양가 상한제 또 트나

1980년대 말 '3저(저달러·저유가·저금리) 호황기'에 주택가격이 폭등했을 때다. 당시 박승 건설부 장관은 "민간의 공급을 촉진하기 위해 분양가 자율화로 건설업자에게 집을 지을 유인을 제공해야 한다"라고 주장했다. 주택 시장은 이 발언을 호재로 받아들였고 주택가격이 더 빠르게 올랐다. 놀란 정부는 분양가 자율화를 거론하지 않기로 했지만, 이번에는 주택 부족이 지속할 것이라는 예측 때문에 가격 상승이 가속했다. 이 에피소드는 전체 주택 시장의 가격 동향은 신규주택 분양가와 별 상관이 없음을 웅변한다.

사실 기존 주택 대비 2% 남짓한 신규 분양주택가격이 전체 시장에 큰 영향을 미치기는 어렵다. 주택사업자들도 분양가를 정할 때 분양주택과 대체 관계인 기존 주택의 가격을 준거로 한다. 기존 주택의 가격이 분양가를 결정하지, 그 역의 관계는 성립하지 않는다. 분양가가 자율화된 시기에 일부 분양주택이 고분양가 논쟁을 불러일으켰지만, 평면·자재·주거환경 등 여러 측면에서 기존 주택들보다 우월한 요소를 가졌기 때문에 높은 분양가를 받을 수 있었다.

분양가 상한제는 최고 가격제의 일종이다. 양적으로나 질적으로 주택공급을 위축시키며, 장기적으로 주택가격 상승요인으로 작용한다. 학계에서는 1990년대 초반에 분양가 규제 또는 자율화의 효과에 관한 연구가 집중적으로 이루어졌다. 결론은 분양가 규제로 신규주택의 공급 감소, 로또 분양에 따른 투기적 수요 증가, 주택 과소비, 토지 이용의 비효율성 등이 발생한다는 것이었다. 정부는 분양가 자율화의 부작용으로 로또 분양을 지목하지만, 로또 분양은 보기 흉할 뿐이고 주택공급의 양적·질적 위축이라는 문제가 훨씬 더 심각한 것이다.

이런 경험에도 불구하고 김현미 국토교통부 장관이 민간택지에 짓는 주택에도 분양가 상한제를 적용한다고 발표하면서 주택 시장이 혼란에 휩싸였다. 수많은 소비자와 사업자들, 특히 재건축 조합들이 대책을 마련하느라 골머리를 앓고 있다. 이런 정책을 내놓는 것은 국민을 편하게 하는 정부의 모습은 아니다. 현재의 시장 상황에서 분양가 상한제의 실제적 효과는 재건축 사업에 타격을 입히는 것으로 나타날 것이다. 그것이 정부의 의도이기도 하다. 재건축 아파트가 주택가격 상승의 원흉이라고 보니 그 가격을 낮추면 다른 주택가격도 오르지 않을 것이라는 기대가 있기 때문이다.

그러나 재건축은 오래된 자기 집을 철거하고 새 집을 짓는 일이다. 정부가 지원할 일도 없고 남에게 피해 주는 것도 없으므로 정부가 개입할 당위성도 작다. 의외로 많은 사람이 비싼 값을 주고라도 새 아파트가 갖는 최신 설비와 자재, 커뮤니티 시설 등의 장점을 누리고 싶어 한다. 자동차나 옷이나 음식도 마찬가지이겠지만, 얼마를 주고 집을 사든 말든 남이 상관할 문제가 아니다.

정부가 규제를 통해 재건축 사업을 억제한다고 해도 좋은 집에 살고 싶어 하는 사람들의 희망까지 억누를 수는 없다. 재건축을 억제하면 그 전까지 완공될 새 아파트의 가격 상승 압력이 높아진다. 일부 단지는 상한제 정책하에서도 사업을 강행하겠지만, 주민들이 원하는 만큼의 고급 자재와 시설을 갖추기 어렵다. 결국 상한제는 새 아파트 단지의 기득권을 유지해준다. 정상적인 정부라면 재건축을 활성화해 새 아파트 시장을 경쟁 구도로 만들고 가격 상승 압력을 줄이고자 할 것이다.

정부의 규제 조치도 무주택 서민의 주거 안정을 도모하려는 좋은 취지에서 출발했을 것이다. 그러나 재건축 아파트 가격을 떨어뜨리면 알 수 없는 어떤 경로를 통해 서민 주거에 도움이 될 것이란 기대는 비현실적이다. 부자와 강남은 시장에 맡겨두고 정부는 서민의 주거 안정을 직접 지원하는 정책들에 힘을 쏟아야 할 것이다. 그것이 정부가 할 역할이다.

(중앙일보 2019. 7. 26)

79

분양가 상한제 :
불필요한 시장 개입,
약 대신 독이 되는 처방

　민간택지 분양가 상한제 재도입이 발표되면서 여러 논란이 있다. 많은 사람이 우려하는 바와 같이 재건축단지들을 중심으로 주택공급의 양적·질적 위축, 로또 분양 판 재연, 대기 수요로 인한 전세가 상승, 국민의 재산권 침해 등의 부작용을 피하기 어렵다. 다른 몇 가지 점에서도 분양가 상한제는 '약'보다 '독'에 가까운 처방이다.

　첫째로, 서울의 아파트 가격이 2018년 말부터 32주간 하락했는데, 최근에야 상승세로 전환했다. 주택가격이 급등해서 서민 주거 안정이 위협받는 상황이 아니지만, 강남 아파트 가격이 조금이라도 오를 싹이 보이면 가차 없이 자른다는 것이 정책 의도다. 주택은 대다수 국민에게 재산의 거의 전부이며, 이는 상한제의 주된 타깃인 재건축단지 주민들도 마찬가지다. 이미 관리처분 인가를 받고 철거에 들어간 정비 사업 단지들에서 상한제로 인해 조합원들이 1억 원 이상씩 손해 본다는 예상이 나온다. 이런 엄청난 충격을 주는 조치를 불과 한두 달의 가격 동향을 가지고 결정하고, 아무 경과규정도 두지 않는 것은 국민을 존중하는 모습이 아니다.

그렇다고 정부가 잠재적 수혜자들에게 따뜻한 마음을 품는 것도 아니다. 상한제 아래서 주택을 분양받은 사람은 최장 10년간 전매제한에 묶이게 되고, 법 개정을 통해 5년간 거주할 의무를 지게 될 예정이다. 당장 내일을 모르는 세상에서 10년 동안 이사 가야 하거나 목돈이 꼭 필요한 일이 생기지 않을 보장이 어디 있나? 불가피한 사유가 있으면 한국토지주택공사(LH)가 주택을 매입해준다고 하지만, 정기예금 이자율만 인정해주니 도움이 되지 못한다.

둘째로, 정부는 "최근 1년간 분양가 상승률이 집값 상승률보다 약 3.7배 높았으며, 분양가 상승이 기존 주택의 가격 상승을 가져온다"라고 도입 배경을 밝혔다. 기존 주택과 신규 분양 아파트의 자재, 평면, 공동시설, 입지 등이 모두 같지 않다면 이런 비교는 무의미하다. 새 아파트가 여러 측면에서 우월하므로 높은 분양가에도 청약경쟁률이 높은 것을 상기해야 한다. 분양가가 '합리적 가격'이 아니었다면, 청약을 넣었던 국민은 모두 바보였다는 말인가? 정부만 '합리적 가격'을 안다는 발상에는 무슨 근거가 있나?

분양가와 기존 주택가격이 상승의 악순환을 이룬다는 주장도 주장에 그친다. 우리나라의 총주택 수는 약 2,000만 호인데, 신규 분양의 비중은 1.5% 안팎이다. 꼬리가 몸통을 흔들 수는 없다. 상식에 어긋나게 꼬리의 힘을 과대평가하는 일부 분석들은 거시경제와 주택경기의 변동, 주택 수급 여건, 기타 요인들을 정밀하게 분리해내지 못한다. 일례로 과거 분양가 상한제 시행 시기에 아파트 가격이 안정되었다는 주장이 있지만, 그 시기에는 주택 수급이 안정되었고, 글로벌 금융위기의 여파 속에 소득과 고용이 불안했으며, 집값 하락에 대한 공포가 퍼지는 등 복합적인 요인이 작용했다. 그 효과를 모두 상한제 덕이라고 할 수 없다.

셋째로, 분양가 상한제는 국민경제에 찬물을 끼얹는다. 현재 우리 경제는 투자와 수출이 모두 위축되어 경기가 부진하며, 미-중 무역 갈등, 일본의 수출규제 등으로 대외 여건도 나쁘다. 이런 상황에서 2016년 경제성장에 48%나 기여했던 건설 투자마저 위축시키는 것이 현명한가? 특히 중개업, 이사업, 인테리어업 등에 종사하는 수많은 영세자영업자들과 일당을 받아 생계를 꾸리는 건설노동자들에게 미칠 충격이 걱정된다.

넷째로, 원론적인 이야기지만, 정부보다 시장이 우수한 자원배분 기구이며, 불필요한 시장 개입은 피해야 한다. 시장에 참여하는 사람들은 능력을 최대한 발휘해 자기 행복을 추구한다. 이런 이기심의 총화가 공동의 선을 달성한다는 것이 20세기 인류 역사의 교훈이다. 저소득층의 인간다운 삶을 보장하는 등 여러 이유로 정부가 개입할 때도 정책의 공과가 명확한 것이 전제되어야 한다.

재건축은 오래된 자기 집을 철거하고 새 집을 짓는 일이다. 정부가 지원할 일도 없고, 남에게 피해 주는 바도 없으므로 정부가 개입할 당위성도 작다. 의외로 많은 사람이 비싼 값을 주고라도 새 아파트가 갖는 최신 설비와 자재, 커뮤니티 시설 등의 장점을 누리고 싶어 한다. 자동차나 옷이나 음식도 마찬가지지만 얼마를 주고 집을 사든 말든 남이 상관할 문제가 아니다. 자기 능력 범위 안에서 좋은 집을 짓고 살겠다는 소비자들에게 "너희들이 틀렸다"라고 누가 말할 수 있는가? 정부는 가산비 항목으로 최신 기술과 자재를 인정해주겠다고 하지만, 공무원들이 민간의 아이디어를 따라갈 수 있을지는 '안 봐도 비디오'다.

항생제를 잘못 먹으면 '약'보다 '독'이 된다. 분양가 상한제라는 처방이 왜 필요한지도 모호하고, 예상되는 부작용이 크며, 취약해진 경제에 미치는 부정적 영향이 더 크다면 이는 '독'이다. 무주택 서민에게 진정 필요한 정책은 내 집 마련을 쉽게 하는 일이다. 강남 재건축을 망가뜨리는 것은 아무에게도 도움이 되지 않는다. 오히려 최근 완공된 새 아파트의 희소성을 높여 일종의 기득권을 만들어줄 뿐이다. 정상적인 정부라면 재건축을 활성화해서 새 아파트의 가격 상승 압력을 줄이고자 할 것이다. 정부의 목표는 2020년 총선까지 강남 아파트 가격을 묶는 일이라는데, 경제문제를 정치화하는 근시안적 사고를 버리고 저소득층의 주거 안정을 지원하기 위한 진짜 고민을 하길 바란다.

(한겨레신문 2019. 8. 19)

80

집값 폭등시킨 주택정책,
근본 틀 다시 짜라

"헉!" 숨이 멎을 정도로 놀랍고 혼란스러운 대통령 말씀이 또 나왔다. 자동차·조선 산업이 회복된다며 "물 들어올 때 노를 저어라"라고 훈수하더니, 일본의 소재·부품 수출규제 때는 "남북 간 평화경제가 실현되면 단숨에 일본의 우위를 따라잡을 수 있다"라고 했다. 이번에는 임기 반환점을 맞아 '국민과의 대화'에서 문재인 대통령은 "부동산 문제는 자신 있다"라고 했다. 이 말을 들으면서 또 한 번 많은 사람이 대통령의 현실 인식을 걱정한다. 경실련은 "역대 정부 중 단기간 내 최고로 집값을 올린 정부"라면서 "개탄스럽다"라는 논평을 냈다.

KB 주택가격지수에 따르면 전국 및 6대 광역시 주택 매매가는 올해 들어 10월 말까지 각각 0.3%와 0.5% 하락했다. 반면 2018년에 큰 폭으로 상승했던 서울 아파트 가격은 7월 이후 다시 상승세를 타고 있다. 불길하게도 강남과 강북을 가리지 않고 월별 상승률이 점점 높아진다. 평균적으로 가격이 안정되어 있다는 사실은 별 의미가 없다. 주택 시장이 지역별로 각개 약진하는 가운데 양극화가 심화하고 있기 때문이다. 전국적으로 주택 시장에 문제가 없는 것이 아니라 서울과 그 외 지역이 둘 다 문제다.

주택 시장의 양극화는 더 심해질 전망이다. 예비 타당성 면제로 지방에 토목공사판이 벌어지고, 수조 원의 토지 보상금 중 상당액이 서울로 유입될 것이다. 여기에는 다주택자 중과세 때문에 '똘똘한 한 채'를 보유하려는 선택이 작용한다. 자사고·특목고 폐지와 정시 확대 등 교육 정책 변화도 좋은 학군으로 몰려가도록 부추긴다.

민간택지 분양가 상한제는 재건축을 억제해 소비자가 원하는 새 아파트의 공급을 줄이고, 기존 고가 아파트에 수요가 몰리게 한다. 여기에 실수요자 대출까지 억제하는 바람에 서울 강남은 진짜 현금 부자들만의 클럽이 되고 있다. 시장이 아니라 정부가 문제다.

문재인 정부의 부동산 정책이 참여정부의 판박이인 것은 비밀이 아니다. 그러나 "하늘이 두 쪽 나도 집값을 잡겠다"라던 노무현 대통령이 임기 말에 "부동산 말고는 꿀릴 것이 없다"라며 정책 실패를 자인했던 데서 교훈을 얻지 못했다. 가장 중요한 교훈은 시장과 싸우는 정책이 성공할 수 없다는 사실이다. 이 정부 부동산 정책의 기본 전제는 "다주택자 등 투기 세력이 서울 강남 주택 시장을 교란하고 그 여파가 전국으로 파급된다"라는 맹신인 듯하다. 달리 강남 주택 편집증을 설명할 수 없다.

그러나 2005년 이후의 지역 주택 시장은 수급에 기반을 두고 제각기 움직인다. 2007년에는 강북이 올라도 강남은 잠잠했다. 글로벌 금융위기 이후 지방이 급등했지만, 수도권은 하락세였다. 2015년 이후에는 서울이 상승세를 탔지만, 지방은 침체하고 있다. 강남 집값이 오르면 거기서 집 사려는 사람이 돈을 더 낼 뿐이다. 이 사람들은 정책적으로 보호해야 할 대상이 아니다. 따라서 강남 주택은 오르든 말든 내버려 둬도 무방하다.

정부가 할 일은 누구나 건강하고 안전한 주거생활을 누리게 하는 것이다. 공공임대주택을 많이 지어서 저소득층이 저렴하게 주거를 해결하도록 노력해야 한다. 그러나 능력이 되는 사람은 자기 집을 갖도록 지원하는 것이 좋다. 자가를 소유한 중산층이 정치·사회적 안정의 초석이기 때문이다.

누구나 원하는 요지의 토지가 한정되어 있다는 것이 문제지만, 이는 인프라 구축으로 극복할 수 있다. 외곽에 살더라도 중심지까지 30분이나 1시간 안에 도달할 수 있다면 굳이 서울에서 살지 않아도 된다. "집으로 돈을 벌면 안 된다"라는 식의 도덕적 접근으로는 이런 실현 가능한 대안조차 결코 채택할 수 없다. 정부가 해야 할 일, 할 수 있는 일에 대한 성찰을 바탕으로 주택정책의 틀을 근본부터 새로 짜야 한다.

(중앙일보 2019. 11. 28)

81

정부가 할 일과
하지 말아야 할 일
구분이 급선무

　문재인 정부의 21번째 부동산 대책이 나온 지 보름 이상 지나면서 시장과 전문가들의 평결은 내려졌다. "내 집 마련 사다리를 걷어찼다", "현금 부자만 집 사란 말이냐?", "허가받아야 집 사는 게 위헌 아니냐?", "풍선효과가 나타난다"라는 반응이 나오고 있다. 필자는 비슷한 내용의 비판을 반복하기보다는 21번의 대책들이 왜 하나같이 실패했는지, 앞으로 어떻게 해야 할지 대안을 모색해보려 한다.

　우리나라에서 부동산 가격이 급등하기 시작한 것은 경제성장 초기부터다. 1960년대는 토지 가격이 이슈였는데, 정부는 투기를 억제해 가격을 안정시킨다는 목적으로 1967년에 부동산 투기 억제세를 도입했다. 이 세제는 누가, 어떤 토지를 얼마나 보유하면 투기인가를 일정한 기준으로 판정하고 중과세하는 내용이었다.

　정부가 투기꾼과 투기 부동산을 가려내 제재를 가함으로써 가격을 안정시킬 수 있다는 부동산 정책의 '박정희 패러다임'은 이후 부동산 정책의 근간이 되었다. 초기에는 대기업의 토지 보유를 겨냥하다가, 공개념 제도를 도입할 때는 유휴 토지를 문제 삼았다. 참여정부와 이번 정부는 다주택, 고가 주택, 재건축 아파트, 그리고 소위 '갭 투자' 모두를 적대시하는 방향으로 구체적인 내용이 달라져 왔다.

반세기 동안 지속하면서 물과 공기처럼 받아들여지고 있지만, '박정희 패러다임'은 근본적인 모순을 안고 있다. 원하든, 원하지 않든 부동산은 자산이고 자산 가격은 변동한다. 가격이 오를 것 같으면 수요가 늘고, 내릴 것 같으면 수요가 줄어든다. 그 부동산을 직접 쓸 실수요자라고 해서 가격이 내릴 부동산을 사지는 않는다. 따라서 실수요자와 투기 수요자를 구별한다는 발상은 성공할 수 없다.

각종 세법과 규제 관련 법령에 복잡하게 규정된 판정 기준들은 선의의 피해자를 낳으면서도 구멍이 숭숭 뚫려 있다. 투기 억제 대책들의 약효가 평균 두 달 정도에 그쳤던 이유가 여기에 있다. 이번 정부는 투기 억제의 그물코를 좁히고 또 좁혀서 모두 잡아낸다는 일념으로 부동산 대책들을 쏟아내고 있다. 그러다 보니 전 국민이 낚여 올라오는 양상이다. 그중 상당수는 정부가 지원하고 보호해야 할 사람들이다. 특히 어렵게 내 집 마련을 하려는 젊은 부부들이 6·17 대책의 직격탄을 맞았다.

어떤 나라, 어떤 시대에서든 주택은 비싸다. 내 집 마련의 구체적인 경로는 사회적·개인적 여건과 전망에 따라 수십 가지다. 우리나라에서는 목돈이 부족한 많은 젊은 부부들이 전세를 끼고 먼저 집을 사고 나중에 보증금을 갚아 입주하는 경로를 활용했다. 땀과 눈물이 어린 내 집 마련 노력을 갭 투자라고 깎아내리면서 제재를 가하는 대책은 주택정책의 존재 이유와 정면으로 부딪친다.

이제는 주택정책의 방향성조차 모호해졌다. 투기꾼 벌주기라는 성공할 수 없는 목표가 먼저인지, 주거 약자를 지원하고 보호하는 목표가 먼저인지 돌아보아야 한다. 정부가 할 일과 하지 말아야 할 일을 구분하는 게 급선무다.

정부는 저소득층 주거복지에 집중하는 한편, 중산층의 내 집 마련을 지원해야 한다. 내 집 마련에 나선 중산층에게 하루라도 빨리 완벽한 인프라를 갖춘 3기 신도시에 주택을 공급해야 한다.

고소득층은 지원할 필요도 없지만 간섭할 필요도 없다. 정부는 재건축 등으로 서울 강남의 고가 주택이 더 비싸지면 그 파급효과가 다른 지역으로 퍼져나간다고 걱정한다. 하지만 주택 시장은 지역별·유형별·가격대별로 세분되어 있고, 각 시장에 참여하는 사람들도 다르다. 강남의 30억 원짜리 주택이 40억 원이 된다고 해서 다른 지역 3억 원짜리 주택이 4억 원이 되지 않는다. 실효성 없는 '박정희 패러다임'에서 벗어나 계층별 맞춤형 주거 지원에 주택정책의 노력을 집중해야 한다.

(중앙일보 2020. 7. 7)

82

주택의 '자산性' 못 보는
정책은 필패

　주택은 자산이라는 점에서 주식·채권과 유사하지만, 직접 생활에 쓰이는 재화이기도 하므로 그 가격이 더 복잡하게 결정된다. 이자율·통화량·총생산 같은 거시변수들부터 각종 규제, 세제, 지역별 수급, 소비자들의 태도 등 미시변수들까지 수십 개 요인이 주택가격에 작용한다. 한두 요인만 주목한다면 주택가격 동향을 이해 못 할 수 있다. 이론적으로, 이자율이 오르면 주택가격이 내려가야 하지만, 2004년 말에서 2008년 중반까지 가파른 금리 상승에도 아파트 가격이 올랐다. 이 시기에 이자율보다 다른 변수들이 주택 시장에 더 크게 작용한 것이다.

　더욱이 시기·지역·유형별로 주택 시장에 작용하는 주된 변수들이 달라진다. 실증분석 결과들을 보면, 1980년대 말의 3저 호황기 주택가격 급등은 통화량 변화에 기인했지만, 1990년대의 주택가격 변화는 실물경제의 영향이 더 큰 것으로 나타났다. 2000년대 후반에는 거시경제 변수들보다 지역별 수급이 중요한 요인이었다. 주택가격이 복잡한 인과관계 속에서 변동하므로, 그 원인을 특정하거나 예측하긴 매우 어렵다. 주가나 환율의 변동에 대해 함부로 이야기하지 않는 것처럼 주택가격도 신중하게 분석하고 예측하되 틀릴 가능성을 인식해야 한다.

그렇지만 문재인 정부는 무엇 때문에, 또는 누구 때문에 집값이 오른다는 말을 쉽게 하고, 단순한 논리와 빈약한 증거에 기대어 정책을 처방한다. 정부가 22번의 주택정책을 발표할 때마다 주택 시장의 상황과 변동 요인, 그리고 정책효과에 대해 한 치의 의심 없이 칼을 휘둘렀지만, 결과적으로는 모두 실패였다.

국토교통부가 특정 지역의 주택가격을 잡기 위해 '핀셋 규제'를 하겠다고 나섰을 때, 그 결과는 뻔했다. 어려운 일을 쉽다고 하고, 할 수 없는 일을 하겠다고 장담하는 것은 무지의 발로일 뿐이다. 주택가격 상승률과 같은 가장 기본적인 통계를 놓고도 정부와 시민단체가 설전을 벌이는 정도니, 정부의 상황인식과 문제해결 능력에 의문이 안 생길 수 없다.

주택가격은 경기 사이클을 따라 오르기도 하고 내리기도 하므로 정부가 조치하다 보면 언젠가 가격이 내릴 것이다. 그렇다고 정부가 칭찬받을 일은 없다. 하나하나의 대책들이 국민경제를 멍들게 하고 있기 때문이다. 주택 대책들의 단골 메뉴인 부동산 세금을 보자. 세금 인상은 주택가격을 떨어뜨리는 요인이다. 주택이라는 자산의 내재가치는 미래 수익의 현재가치인데, 정부가 수익 일부를 세금으로 가져가기 때문이다. '다른 조건이 다 같다면' 세금이 오르는 만큼 소유권의 가치가 희석되며, 주택 자산 가치가 떨어진다. 7·10 대책으로 세금이 오르니까 실제로 주택가격이 내려갈까? 주택가격에는 수십 가지 요인이 작용한다고 했는데, 세금의 효과가 유동성, 이자율, 지역별 수급, 소비자들의 선호 같은 다른 요인들의 효과를 넘어설 수 있을까?

대책 이후의 시장 동향을 보면 그렇지 못한 것 같다. 결국 국민 세금만 오르고 말 것 같다. 세금 인상의 장기적 부작용은 또 다른 걱정이다. 세금이 오른 만큼 주택 투자의 수익률이 떨어지면 신규 건설, 재건축, 재개발, 유지보수 등의 투자가 줄어든다. 주택공급 감소를 의미한다. 주택가격 상승요인이 추가되는 것이다.

중국 전국시대 고전에, 의술이 아무리 고명해도 못 고치는 불치병 6가지가 열거되어 있다. 그 마지막은 '무당의 말을 믿고 의원을 믿지 않는 것(信巫不信醫)'이다. 오늘날 주택정책에서도 새겨볼 만하다.

(문화일보 2020. 7. 27)

83

주택정책의
패러다임 전환을 위해서

지난 반세기 동안 우리 국민의 주거 수준은 획기적으로 개선되었다. 1970년에 436만 호에 불과하던 주택 수가 현재는 2,000만 호를 상회하며, 주택의 크기, 1인당 및 1가구당 주거 면적 등도 2~3배 확대되었다. 질적인 측면에서도 온수 시설과 수세식 화장실을 갖춘 가구가 1980년까지도 각각 9.9%, 18.3%에 불과했으나 지금은 거의 모든 국민이 그런 현대식 주거 설비를 갖추고 있다. 국민 주거 여건이 개선되는 과정에 정부가 큰 역할을 했으며, 그런 의미에서 주택정책은 성공적이었다.

그러나 현실을 보면 국민의 상당수가 주택 시장 상황에 대해 불만이다. 이번 정부도 이 상황을 타개하려고 연일 대책을 쏟아내고 있지만, 주택 시장의 불안은 오히려 증폭되고 있다. 과격한 처방을 20여 차례나 동원했음에도 문제가 풀리지 않는 이유는 문제의 진단부터 잘못되었기 때문일 것이다.

현행 주택정책의 기조 : 박정희 – 전두환 패러다임

1960년대의 절대 빈곤 상황에서 국민 주거 여건이 좋았을 리 만무하지만, 정부가 실효성 있는 대책을 내놓을 여력은 거의 없었고, 1970년대에 비로소 도시-토지-주택 부문의 제도적 틀을 구축하는 노력이 본격화되었다. 그러나 빠른 경제성장에 따른 토지·주택가격 급등이 간헐적으로 반복되면서 그에 따른 경제 사회적 혼란을 진정시키기 위한 각종 긴급대책도 빈번하게 나왔다. 현재의 주택정책은 장기적인 제도를 만들어가는 노력과 함께 단기적 문제의식에 바탕을 둔 긴급대책들이 혼재되면서 형성되었다. 이렇게 만들어진 현행 주택정책의 기조는 수요 측면에서 '투기 억제를 통해 부동산 가격을 안정시킨다', 공급 측면에서 '대단위 택지 개발을 통해 주택을 대량 생산한다'라는 두 축인데, 전자를 박정희 패러다임, 후자를 전두환 패러다임으로 부를 수 있다.

박정희 패러다임은 1960년대 후반부터 형성되었는데, 투기적 가수요를 차단해 부동산 가격 상승을 억제하려는 시도다. 초기에는 주택보다 토지가 주된 문제였는데, 투기 억제를 위한 제도 도입 및 강화와 함께 가격 급등 지역에 국세청-검찰-건설부 합동단속반을 파견해 시장을 냉각시키는 조치도 빠지지 않았다. 투기의 조작적 정의는 시기별로 달랐다. 초기에는 공한지나 유휴지 등의 보유를 투기로 판정하고, 조세, 금융, 행정적 제재를 중복적으로 부과했다. 이런 접근법은 역대 정부에 계승되었고, 이번 정부에서 대폭 강화되었다.

토지·주택가격 상승은 누군가의 거래를 통해 나타나지만, 그들을 투기 행위자로 지목하고 제재를 가해 가격 상승을 막을 수 있을까? 1960년대부터 수많은 투기 억제 대책들이 시행되고도 여전히 같은 문제가 반복되는 것을 보면 이 접근법은 실패했다. 빠른 경제성장이든, 풍부한 유동성이든, 또는 수급 불균형이든 가격을 올리는 배후의 경제적 동력이 건재하면 올라야 할 가격은 오른다. 투기 억제 대책들은 국민 불만을 누그러뜨리려 정치적으로 필요할 수 있지만, 가격 상승의 속도를 통상 몇 개월 늦추는 이상의 효과를 가지지 못했다.

전두환 패러다임은 공공 부문의 대규모 택지 개발을 바탕으로 주택을 대량생산, 공급하는 제도적 틀인데, 1980년에 국가보위비상대책위원회에서 '택지개발촉진법'이 제정되면서 시작되었다. 동법에 의한 전면 매수 방식의 공영 개발사업 방식의 택지 개발 및 주택 분양 구조는 참여한 모든 주체가 이익을 얻는 윈-윈 게임이다. 미개발 토지를 갖고 있던 사람은 (아주 만족스럽지 못할 수 있지만) 농지, 임야 상태일 때보다 더 높은 가격에 토지를 매도하고, LH 등 공공 개발사업자나 건설업체도 이익을 본다.

주택을 분양받는 사람은 인근 주택보다 저렴한 가격에 새 집을 얻는다. 국가나 지자체는 LH 등이 택지 가격에 얹어 인프라를 건설하므로 무료로 비싼 인프라를 구축하는데, 개발사업의 규모가 분당, 일산, 세종시 같은 신도시급이라면 완전히 새로운 도시가 공짜로 생겨난다. 모든 참여자가 이익을 보는 구조를 가진 덕분에 공영 개발 방식에 의한 택지 개발 및 주택 대량 공급 사업들은 1980년대부터 지금까지 지속되었고, 수백만 가구가 내 집 마련의 꿈을 이루었다.

대단위 택지개발사업은 관련 법령들의 규율과 정부, 지자체, 공기업, 민간기업들의 체계적이고 유기적인 협조체제 속에서만 진행될 수 있다. 공영 개발에 관련된 여러 법령 중 핵심은 강력한 공공사업용지 매수 및 수용 제도다. 토지 소유자의 재산권보다 공익을 우선하는 확고한 원칙이 없었다면, 토지 개발에서 발생하는 이익이 토지 소유자에게 독점될 뿐 여러 참여자에게 골고루 배분되지 못했을 것이다. 참고로, 주택 부족을 호소하는 개발도상국들이 우리나라와 같은 공영 개발의 선례를 따르기 힘든 주된 이유는 토지의 매수 또는 수용이 쉽지 않다는 데 있다.

패러다임 전환의 필요성

1960년대부터 지금까지도 부동산 정책이 투기 억제와 동일시되는 것을 보면 박정희 패러다임은 국민 의식에 뿌리내렸지만, 부동산 가격 안정 같은 실효성 측면에서는 실패했다. 전두환 패러다임도 절대적 주택 부족이 어느 정도 해소되면서 새로이 대두되는 문제들에 대처하기 미흡한 측면이 있다. 국민의 인식을 바꾸면서 주택정책 패러다임을 전환하기 쉽지 않겠지만, 몇 가지 실증적인 사실만을 공유해도 새로운 공감대를 형성해 가는 데 도움이 될 것이다.

첫째로, 박정희 패러다임의 문제의식은 투기 때문에 주택가격이 너무 높다는 것이다. 가격이 수요-공급에 따른 희소성의 지표일 뿐, 가격이 너무 높거나 낮다는 판단에 조심스러워하는 경제학자의 관점에서 보면 주택가격이 "너무 높다"라는 판단, 그래서 정부가 개입해 교정해야 한다는 주장은 시장이 어떤 형태로든 왜곡되었다거나, 거품이 성장하고 있다는 등의 전제 아래서만 정당하다. 그러나 2,000만 호의 주택 스톡과 거의 같은 수의 수요자, 아파트 보급이 확산되면서 주택들이 표준화되고 대체 가능성이 커졌다는 사실은 누구도 시장 지배력을 가질 수 없도록 한다. 또, 예외적인 시기와 지역을 제외하고 가격 거품의 징후를 찾기 어렵다. 그렇다면 주택가격은 대체로 주택의 가치를 반영해 왔고, 시장은 정상적으로 작동하는 것으로 보아야 한다.

가격수준이나 상승률 자체가 다른 경제지표와의 비교, 외국과의 비교를 통해 부정할 수 없이 높다면 시장의 왜곡을 의심할 근거가 될지 모르지만, 우리나라 주택가격이 "너무 높다"라는 주장은 국내외 통계로써 뒷받침되지 못한다. 주택가격 통계가 시작된 1986년 1월 대비 2020년 9월 전국 KB 주택매매가격 지수는 203%, 소비자물가지수는 235%가 올라 주택가격 상승률이 소비자물가 상승률에 못 미쳤다. 서울지역의 주택가격이 최근 몇 년 급격하게 상승한 것은 사실이나, 2008년부터 2015년까지 장기간 하향 안정 추세였음을 상기해야 한다. 서울-강남지역-아파트로 좁혀보면 물가보다 높은 가격 상승률을 보이지만, 근로자 가계소득 증가율보다는 여전히 낮다. 국가별 주택가격 상승률이나 수준 자료, 주택가격의 소득 대비 배율 등을 보더라도 우리나라가 다른 나라보다 유난히 높지 않다.

흔히 서울 강남 아파트 가격 동향이 주택정책 방향을 결정하지만, 강남 아파트 가격이 다수 국민의 주거 불안을 일으킨다고 볼 이유가 없다. 그렇다면 주택정책은 국민 주거 안정이라는 본령을 벗어나서 소득분배, 자산분배, 또 이들을 둘러싼 정치 사회적 문제를 풀려고 시도하는 것이 아닌가 하고 생각해볼 수 있다. 그러나 우리나라의 불평등이 4차 산업혁명으로 지칭되는 경제사회 구조의 재편, 국제적 상품과 자본의 교류, 기타 생산 요소 간의 상대적 분배율 변화 등의 거대한 조류보다 주택 시장에 뿌리를 둔다는 주장은 주택의 중요성을 과장하는 것으로 생각된다.

둘째로, 투기 억제 정책을 정당화하고 또 효과적으로 시행하기 위해서는 국민경제에 피해를 주는 '투기'가 명확히 정의되고, 객관적으로 관찰할 수 있어야 한다. 50년 이상 지속된 투기 억제 정책의 목표가 달성되지 않은 가장 중요한 원인은 억제해야 할 투기가 무엇인지 정의되지 않았다는 사실이다. 자본이득을 겨냥한 부동산의 취득, 보유, 처분 등을 투기라고 한다면, 모든 국민의 모든 부동산 활동이 투기다. 부동산이 자산인 한 자본이득이 고려되지 않을 수 없기 때문이다. 중간중간에 '불필요한' 또는 '과도한' 같은 형용사를 넣는다고 개념 정의 문제가 해결되지 않는다. 무엇이 필요하고, 필요하지 않은지에 대한 규정은 자의적일 수밖에 없기 때문이다.

문재인 정부는 대표적인 투기 세력으로 다주택자를 지목하지만, 다주택자는 우리나라의 임대주택 시장에서 절대다수의 물량을 공급한다. 2015년 센서스에 의하면 공공과 민간의 제도권 임대주택에서 거주하는 가구가 194만인 데 비해 632만 가구, 즉 전 가구의 약 1/3이 비제도권 임대주택공급자(다주택자나 다가구주택 소유자)에게서 집을 구했다. 이런 막대한 물량의 임대주택이 정부의 지원 없이 공급되고 있는 것은 다행스러운 일이다. 정부가 이 역할을 대신하려면 감당할 수 없는 정도의 예산과 시간이 소요될 것이기 때문이다. 이 외에도 우리나라에서 다주택자들이 스스로 노후 준비 수단을 한다거나, 미분양 주택이 많은 등 가격이 낮을 때 사들이고 높을 때 팔아서 시장 자율조정 기능을 한다거나 등 여러 근거로 다주택 투자가 나름의 긍정적 역할을 한다고 주장할 수 있다.

셋째로, 투기 억제 대책들은 빠짐없이 조세 측면의 제재를 포함한다. 그러나 우리나라 부동산 세 부담이 낮아서 대폭 올려도 좋다는 주장은 설득력이 없다. 2000년대 중반까지 시가의 20~30%에 불과했던 과표가 현실화되었고, 부동산 정보 투명성이 높아졌으며, 종합부동산세가 도입되는 등으로 우리나라의 GDP 대비 재산 과세 부담이 미국, 일본보다도 높아졌다.

세금으로 자산 가격을 낮추는 원리는 자산의 미래소득을 줄여서 내재가치를 하락시키는 효과다. 사과 1개를 반 조각으로 잘라내면 가치가 떨어지는 것과 같다. 세금 부담이 자본화되는 만큼 주택가격이 내려가겠지만, 낮은 가격에 주택을 구입하는 사람은 늘어난 세금의 납세의무를 지므로 이득이 없다. 이득을 보는 것은 정부뿐이다. 정부로의 자원배분이 늘어나는 것이 바람직한지, 또 그 최적의 수단이 부동산 조세인지에 대한 논의 없이 투기 억제를 명분으로 세금을 올리는 상황이다.

세금을 올릴 때 '다른 조건이 다 같다면' 주택가격이 내려가겠지만, 현실에서는 그 조건이 충족되지 않을 수 있다. 주택가격은 수많은 요인에 의해 결정되며 조세는 그중 하나일 뿐이다. 시중 유동성이나 이자율, 지역별 수급, 소비자 선호의 변화 같은 요인들을 그대로 두고 세금만으로 주택가격을 잡기는 힘들다. 이론적으로 부분 균형론적 단기효과와 일반균형론적 장기효과가 다를 수 있다. 즉, 세 부담 증가가 주택 공급을 위축시키고, 그 결과 임대료가 올라갈 수 있다.

주택정책 패러다임의 전환

박정희 패러다임에서 벗어난다면 우리나라 주택정책은 교과서적인 주택정책 패러다임에 가까워질 수 있다. 주택정책의 임무는 경제적 능력이 부족한 국민도 인간다운 존엄을 지키며 생활할 수 있는 최소한의 주거를 보장하는 것이다. 정책의 초점은 내 집 마련이 불가능한 저소득층의 주거 안정이다. 중산층은 저렴한 분양주택을 공급하되 금융이나 세제 혜택으로 지원한다. 고소득층은 지원이 불필요하지만 간섭하지도 않는다.

대부분의 나라에서 이런 주택정책 패러다임을 채택하는 이유는 주택이라는 재화의 특성이 어디에서나 같기 때문이다. 즉, 안정된 주거는 인간다운 삶에 필수적이지만, 주택은 매우 비싸다. 누구나 꼭 필요로 하지만, 감당하기 어려운 사람들이 많다. 정부가 다수 국민의 주거를 해결해줄 수 없다. 따라서 자기 힘으로 내 집 마련을 할 수 있는 사람들은 그렇게 하도록 하되 금융, 세제 측면의 간접 지원을 하는 것이 일반적이다.

물론, 일반적인 주택정책 패러다임 속에서도 우리나라의 특별한 여건에 따른 정책들이 필요하다. 가장 중요한 하나를 꼽는다면, 인구구조 변화에 대비한 대책들일 것이다. 고령화와 인구감소에 따른 주택수요의 급격한 감소, 이에 따른 가격 폭락을 우려하기도 하지만, 대부분의 실증분석은 우리나라의 주택수요가 2030년 이후까지도 증가할 것을 예측한다. 전체인구가 줄어도 가구 수가 증가하고, 주택 수요 연령대의 인구가 늘어나며, 소득이 상승하기 때문이다. 인구는 주택수요를 결정하는 많은 요인 중 하나일 뿐이다. 공급 부문의 대응도 공급 과잉의 발생을 막거나 지연시킬 것이다. 또한, 생애주기가설의 예측과 달리 고령 은퇴자의 주거 하향 이동의 징후도 뚜렷하지 않다. 살던 곳에서 노년을 보내고 싶은 소위 'Aging in place'의 경향 때문일 것이다.

계층별 맞춤형 지원이라는 새롭지만 오래된 교과서적인 패러다임의 정착을 위해서는 박정희 패러다임을 지워나가면서, 전두환 패러다임의 초점을 신도시 개발에서 도시재생으로 전환해 가는 것이 필요하다. 특히, 이번 정부에서 투기 억제를 위해 도입한 수많은 과도한 규제 및 세제를 정상화하는 데 노력을 기울여야 할 것이다.

(한국경제학회, 경제서신 2020. 11. 30, 황세진 공동집필)

84

머리 가려운데 발바닥 긁는
주택정책에서 벗어나야

서울과 수도권에서 2014년까지만 해도 "돈 없어서 집 못 산다"라는 사람은 많지 않았다. 그러나 2015년 주택경기가 돌아서고, 2018년 이후 가격이 급등하면서 상황이 달라졌다. 한껏 달아오른 주택 시장의 키워드는 서울, 수도권, 세종시, 새 아파트, 재건축, 역세권 등이다. 이에 따른 문제는 임대료 폭등보다는 좋은 집에 살고 싶은 중산층의 주거 사다리 붕괴로 나타나고 있다.

정부는 주택 시장을 선제적으로 제압하려고 세제·금융을 비롯해 강력한 규제를 빈번하게 내놓았다. 그러나 문제를 풀기는커녕 시장 혼란과 국민 불만을 가중해왔다. 정부가 해야 할 일과 하지 말아야 할 일을 가려내지 못했기 때문이다. 한 무더기의 미신들이 정책담당자들의 눈을 가리면서다.

첫째, 등 떠밀려 공급대책을 내놓기는 했지만, 정부는 여전히 '주택은 부족하지 않다'라고 믿는 미신이다. 국토교통부 홍보자료는 주택보급률 100%라는 수치를 근거로 공급이 충분하다고 주장한다. 주택보급률은 가구 수와 주택 수의 비교일 뿐, 국민이 살고 싶어 하는 집이 충분한가를 측정하지 못한다. 빠져나오고 싶은 반지하 방, 40년이 넘은 연립주택, 녹물이 나오는 10평대 아파트가 요즘의 수요를 만족시키지 못한다. 정부는 시장이 원하는 것이 무엇인지 알지 못하고, 알려고도 하지 않는다. 머리가 가려운데 발바닥만 긁으니 문제가 해결될 리 없다.

둘째, '투기는 악이며, 다주택자는 억제되어야 할 대표적인 투기 세력'이라는 정부의 주장이다. 투기 억제로 가격을 잡는다는 접근법은 1960년대 이래 한결같이 실패했다. 부동산을 부의 증식 수단으로 보지 말라는 주장은 부동산이 자산이라는 본질을 외면하고 앞 못 보는 사람이 되라는 말이다. 국민이 정권 핵심 인사들에 대해 분노한 이유도 '내로남불', '말 따로 행동 따로'이기 때문이다. 본인들이 믿지도, 지키지도 않는 사이비 도덕률을 왜 국민에게 강요하고 있는 것일까?

시기마다 '투기'의 정의가 달랐지만, 이번 정부에서는 다주택자가 주로 타깃이다. 그러나 다주택자를 다른 말로 하면 임대주택공급자다. 다주택자와 다가구주택 소유자들은 전 가구 셋 중 하나에 임대주택을 제공한다. 이 엄청난 물량을 정부가 대신하려면 수십 년의 세월과 수백조 원의 예산이 들어간다. 다주택자를 핍박하기보다 정부 할 일을 대신해주는 데 대해 감사해야 하지 않을까?

셋째, '우리나라의 부동산 세금이 너무 낮다'라거나 '세금을 올려 가격을 안정시킬 수 있다'라는 주장은 착각이다. 한국의 재산 과세 부담은 경제협력개발기구(OECD)에서 상위권이다. 재산 과세 통계에 포함되지 않은 양도소득세 부담도 높다. 다주택자는 구매력 증가 없는 명목소득에도 중과세가 부과된다. 정부는 2021년에 세율을 더 올릴 테니 지금 집을 팔라고 강요하지만, 그 출구는 너무 높고 좁다.

안정된 주거는 인간다운 삶에 필수적이지만, 주택은 매우 비싸다. 누구나 꼭 필요로 하지만, 감당하기 어려운 사람들이 많다. 이런 상반된 특성이 어디서든 마찬가지이기 때문에 주택정책의 기조는 대개 비슷하다. 즉, 대부분의 나라에서 주택정책의 기본 목표는 경제적 능력이 부족한 국민도 인간다운 존엄을 지키며 생활할 수 있는 최소한의 주거를 보장하는 것이다. 따라서 정책의 초점은 내 집 마련이 불가능한 저소득층의 주거 안정이다. 중산층에 저렴한 분양주택을 공급하되 금융이나 세제 혜택으로 지원한다. 고소득층은 지원이 불필요하지만 간섭하지도 않는다.

이런 계층별 맞춤형 주택정책의 관점에서 생각해보면 기존 정책은 대폭 수정되어야 한다. 첫째, 재건축·재개발을 촉진해 시장이 원하는 주택공급을 늘리는 일이다. 8·4 공급대책도 재건축의 필요성을 인식하는 듯하나 조합원들의 이익을 줄이기 위해 공공 주도, 임대주택공급 같은 사족을 끼워 넣고 초과 이익 부담금이나 분양가 상한제 등 걸림돌은 그대로 두었다. 정부 지원 없이 민간이 스스로 주거 여건과 도시환경을 개선하려는데 왜 자꾸 장애물을 설치하나? 참여자들에게 이익을 주지 못하면 어떤 사업도 진행되지 않는다.

둘째, 재건축·재개발로 다 수용하지 못하는 주택 수요를 위해 3기 신도시 등 서울 외곽의 개발을 통한 저렴한 주택의 공급도 필요하다. 외곽지역의 도심 접근성을 획기적으로 높이기 위한 수도권 광역 교통망과 양질의 육아 및 교육환경이 필수적이다. 출퇴근 시간을 줄이고 생활 여건을 개선해 외곽지역의 주거 만족도를 높여야 서울의 수요 압력을 줄일 수 있다.

셋째, 임대사업자에 대한 혜택이 2017년 12·13 대책 수준으로 복귀해야 한다. 정부를 믿고 많은 투자를 한 사람들을 갑자기 갭 투자라고 매도하면서 세제와 규제를 강화한 것은 약속 위반이다. 게다가 임대차 3법으로 임대주택, 특히 전세가 줄어들고 보증금이 오르는 게 이론적 가능성을 넘어 당장의 현실이 되었다. 정부 지원에 기대지 않고 잘 굴러가던 민간 임대 시장을 짓뭉개면서 혈세를 들여 중형 공공임대주택을 짓겠다는 제안이 나오는 것은 난센스다.

넷째, 부동산감독원 설립 추진과 다주택 공직자의 강제 매각 등 비이성적인 움직임을 중단해야 한다. 기존의 범정부 대응반의 실적이 미미한 것을 볼 때, 부동산감독원에 어떤 성과를 기대하기 어렵다. 국세청·수사기관 등이 일상 업무의 일환으로 위법 행위를 단속하면 될 것이다.

마지막으로, 부동산 정책의 투명성·책임성이 강화되어야 한다. 최소한 주거정책심의위원회의 회의록을 공개하고, 부동산 통계를 일신하며, 국민에게 새로운 의무를 지우기 전에 정책효과와 부작용을 반드시 따져보기를 바란다.

(중앙일보 2020. 10. 27)

85

주택 생태계와
전세난

전세가 흔들리면 안 되는 이유

주택 매매 시장이 좀 진정되는 듯하더니 전세가가 폭등하고 매물이 없어 많은 사람에게 고통을 주고 있다. 그런데 전세가가 쉼 없이 오르는 것은 이번이 처음이 아니다. 글로벌 금융위기 이후 2009년 2월에서 2018년 3월까지의 110개월 중 105개월간 서울 아파트 전세가 지수가 올랐다. 특히 2015년까지는 매매 시장이 침체해 '하우스푸어' 문제가 골칫거리였지만, 전세는 강한 상승세였다.

당시 집값은 계속 하락한다는 전망이 퍼졌다. 집주인들은 미래의 자본이득을 기대하고 당장 들어오는 돈이 없는 것을 견디기 어려웠다. 세입자들 역시 집값이 내려갈 것 같으니 집을 사기보다 전세를 선호했다. 공급이 줄고 수요가 늘었으니 전세가가 오를 수밖에 없었다. 그런 가운데도 월세 물건은 많이 나왔고, 많은 중산층 무주택자에게 집을 사는 것이 불가능한 선택지가 아니었다. 한 특집기사 제목처럼 "요즘 누가 집 사나, 전세 살면 되지"였다. 자가든, 임차든 자신에게 맞는 대안을 스스로 선택했으므로 전세난이 정치 사회적으로 큰 쟁점이 되지 않았다.

전세가가 오르고 매물이 없다는 점은 같지만, 과거와 현재의 전세난에는 뚜렷한 차이가 있다. 이번 전세난의 특징은 매매가가 떨어지지 않으면서 전세가가 급등하며, 전세뿐 아니라 월세 물건도 줄었다는 점이다. 혹자는 저금리가 전세난의 원인이라고 주장하지만, 10년 전이나 5년 전이나 계속 저금리였는데 왜 지금 갑자기 전세난을 유발했는지 설명할 수 없다. 또 박근혜 정부 때의 금융규제 완화나 공급 감소를 지목하기도 하지만, 정부가 출범한 지 3년 6개월이 넘는 시점에서 전 정부를 탓하기는 낯 뜨겁다. 현재의 어려움은 전적으로 이 정부의 책임이다. 주택공급을 등한시한 것도 문제지만, 더 큰 문제는 반시장적인 정책을 쏟아내 주택 시장 생태계를 심하게 교란했다는 점이다.

현 정부 주택 시장 생태계 교란해

주택 시장은 지역별·유형별·규모별·가격대별 하위 시장들로 나뉘지만, 이 하위 시장들이 전후좌우로 연결되는 복잡한 그물망이다. 소비자들은 주택 시장 여기저기를 탐색하고, 자가·전세·월세 등 점유 형태도 달리하면서 각자의 능력과 필요에 맞는 보금자리를 꾸린다. 여기에 임대주택공급자나 주택개발사업자들의 활동이 또 다른 변수들로 개재된다. 이 복잡한 그물망이 약 2,000만 호의 주택과 거의 같은 수의 가구가 서로 짝을 찾아가는 주택 생태다. 시장에 가해지는 외부 충격들은 주택 생태계를 흔들어 기존의 균형을 깨뜨린다. 생태계를 크게 흔들어 놓으면, 그 파장과 반작용이 중첩되므로 언제 새로운 균형에 도달할지, 그 과정에서 어떤 일이 벌어질지, 새로운 균형이 어떤 모습일지를 예측하기는 쉽지 않다. 이런 점에서 주택 시장 생태계가 자연 생태계와 유사하다.

이런 주택 시장 특성을 무시한 결과, 정부의 주택 대책들이 두더지 잡기가 되어 버렸다. 분양가 상한제를 하니까 로또판이 벌어지고, 재건축 규제를 강화하니 신축 아파트 가격이 한없이 오른다. 주택대출을 막으니 현금 부자만 이익을 보고, 비싼 집 팔라고 세금을 올린 결과 살지도 팔지도 못하는 고령 은퇴자들이 눈물을 흘린다. 주택임대차 시장에서는 세입자들이 계약갱신청구권을 행사함에 따라 매물이 출회되지 않고, 집주인들은 4년 치 전세를 미리 올리거나 아예 임대 시장을 떠난다. 다주택자는 너무 오르는 세금을 내기 위해 임대료를 올려야 한다.

전세난은 전세 시장만의 문제가 아니다. 임대사업자에 대한 규제는 물론, 다주택자에 대한 중과세, 고가 주택에 대한 금융 제한, 재건축 규제가 모두 서로 영향을 주고받는다. 계약갱신청구권이 전셋집의 공급과 수요를 같은 수만큼 줄이므로 시장에 미치는 영향이 없다는 주장은 이 점에서 틀렸다. 임대인과 임차인이 새로운 제도에 적응하고 시장의 혼란이 가라앉기까지 몇 년이 걸릴 수 있으며, 새로운 균형이 과거와 같을 수 없다. 예컨대, 7·10 대책의 여파로 연말까지 최대 50만 개의 임대주택 등록이 말소된다. 그중 상당수는 임대 시장에서 퇴장할 것이다.

정책 되돌리지 않으려 무리수 거듭

전세가가 한없이 오를 수 없지만, 그렇다고 전세난 이전으로 돌아가지는 않는다. 오른 가격이 유지되고, 월세 계약의 비중이 높아지면서 세입자들의 주거비 부담이 커질 것이다. 2015년 기준 한국의 가처분 소득 대비 주거비 지출 비중은 15%로 경제협력개발기구(OECD) 평균보다 낮다. 그 이유 중 하나가 전세 제도의 존재다. 실제로, 한국개발연구원(KDI) 송인호 박사가 2010년 기준으로 주택 점유 형태별 중위소득 대비 주거비 지출 비중을 연구한 결과, 전세가 6%로 가장 낮았고 자가가 9.4%, 월세가 16.3%로 가장 높았다. 전세와 월세 부담 차이가 무려 10%p에 달한다.

다른 나라에 없는 우리 전세 제도는 세입자·집주인·정부 모두에게 좋은 제도였다. 세입자는 월세 부담 없이 집을 빌려 썼고, 집주인은 적은 돈으로 집을 사서 시세차익을 누릴 수 있었다. 정부는 수백만 호의 임대주택을 공급하는 수고를 덜었다. 그러나 '빵'과 '주택'이 다른 줄 몰랐던 우격다짐 주택정책들의 여파로 전세의 수명이 단축되고 있다. 집주인들은 세금을 내기 위해 월세로 전환하면서 임대료를 대폭 올리거나 아예 주택임대에서 손을 뗄 것이다. 세입자들은 부담스러운 월세를 매달 내게 되고, 정부는 민간임대 주택이 줄어드는 만큼 예산과 금융지원을 늘려야 한다.

한번 내놓은 정책을 되돌리지 않으려고 더 큰 무리수를 두곤 하는 정부의 성향으로 볼 때, 신임 국토교통부 장관이 임대차법 개정에 앞장서길 기대하기 어렵다. 설사 임대차법을 크게 수정한다고 해도 훼손된 주택 시장 생태계가 금방 회복되기 어렵다는 게 더 큰 고민이다. 11·19

전세 대책이 나왔지만, 정부의 공급 호수는 민간에서 사라지는 물량에 비해 코끼리 비스킷일 뿐이다. 결국 2021년에도 전세난이 심화할 가능성이 크다. 전세가가 오를 뿐 아니라 전세 제도 자체가 퇴출당하면서, 이제는 세입자·집주인·정부 모두 월세 세상을 염두에 두고 의사결정을 해야 할 때가 왔다.

(중앙일보 2020. 12. 29)

86

공공 정비 사업이 성공하기 어려운 이유

1980년 12월에 제정된 '택지개발촉진법(택촉법)'은 일제강점기 이래의 환지 방식 토지구획 정리사업을 전면 매수 방식의 공영 개발로 대체하는 것이었다. 택촉법에 의해 예정지구로 지정·고시되면, 한국토지주택공사(LH) 같은 공공 부문 개발사업자가 대상 토지를 전면 매수 또는 수용하고 일관된 계획에 따라 단시일에 주택을 대량 공급할 수 있다. 토지 보상은 헌법에 명시된 대로 정당한 보상이 되도록 하지만, 본인 의사와 무관하게 토지를 내놔야 하는 소유자에게는 충분하지 않을 수 있다. 이처럼 재산권을 크게 제약하는 법이 제정될 수 있었던 것은 당시 국가보위비상대책위원회(국보위)의 뒤를 이은 국가보위입법회의가 입법권을 가지고 있었기 때문이다.

개포지구, 목동지구 등과 같이 도시 내의 미개발지를 개발하는 사업들에 이어 분당, 일산 등 완전히 새로운 도시를 건설하는 사업에 택촉법이 활용되었고, 지금도 세종시, 혁신도시 등이 이 법에 따라 개발되고 있다는 사실은 어찌 보면 놀랍다. 12·12 사태, 전두환, 국보위, 5공화국 등에 대한 부정적인 시각이 많지만, 택촉법은 다양한 측면에서 제기되는 정치적·법률적 도전을 이겨냈다. 또, 전두환 정권의 직접적 피해자였던 민주화 세력도 택촉법을 '적폐'로 지목하지 않았다. 아마도 사유재산권이 시민적 자유와 민주주의의 기초라는 인식이 애초에 없었기 때문일 것이다.

'변창흠 표' 주택공급 정책인 2·4 대책은 택촉법에서 몇 걸음 더 나가 민간에 대한 공공의 우위를 확고히 한다. 역세권, 준공업지역, 저층 주거지를 개발하는 '도심 공공주택 복합사업'과 기존 정비구역을 공영 개발 하는 '공공 직접 시행 정비 사업'을 서울주택도시공사(SH), 한국토지주택공사(LH) 등이 시행한다. 후보지들이 속속 발표되어 2·4 대책이 속도감 있게 추진되는 듯하지만, 과연 계획이 제대로 실행될지 의문이 제기된다.

우선, LH 사태 와중에 토지주 등의 동의를 기한 내에 받을 수 있을지 불확실하며, 4·7 서울 시장 보선 결과에 따라서는 중앙정부와 서울시 간의 협조가 어려울 수 있다. 도심의 사업지는 토지 소유자 수가 많고, 권리관계도 복잡해 사업 추진의 난이도가 크다. 대규모 농지와 임야 등의 개발에 익숙한 LH가 정밀한 접근이 필요한 도심 내 정비 사업을 열심히 잘할지 미지수다. 그러잖아도 버거운 LH 부채가 더 늘어날 수 있다.

더 근본적으로, 각종 규제와 부담금으로 민간을 꽁꽁 옥죄어 놓고 공공사업자에만 특혜를 줘 그 영역을 넓히는 게 옳은지 의문이다. 공공사업으로 시행하면 용적률 상향, 기부채납 제한 등으로 도시건축 규제를 완화하고, 재건축초과이익 부담금을 면제하며, 인허가를 신속 지원하는 등의 당근이 주어진다. 그 정도 당근이라면 민간에 맡겨도 사업 추진에 큰 탄력을 받을 수 있다. 공공이 시행할 때 용적률을 높여도 도시밀도나 인프라 부하 등에 문제가 없다면, 민간이 시행할 때도 마찬가지일 것이다.

공공사업자에게 줄 수 있는 혜택을 민간에도 똑같이 주면 도심의 주택공급에서 훨씬 더 큰 성과를 거둘 수 있다. 정부는 민간에 개발을 맡기면 개발이익의 사유화나 투기 등이 발생할 것을 우려하지만, LH 사태에서 보듯이 경쟁에서 절연된 공공사업자의 영역이 넓을수록 부정과 부패, 비효율의 가능성이 커진다.

(문화일보 2021. 4. 5)

87

공공임대 빈집,
정책 실패의 단면이다

문재인 정부는 "주택은 부족하지 않은데, 다주택자의 탐욕이 문제다"라는 고집으로 4년을 허송하다가 결국은 공급 확대 정책으로 선회했다. 그렇지만 어디에 어떤 집을 어떻게 지어서 공급하느냐 하는 문제는 여전히 풀지 못했다. 2020년 말 대통령이 방문했던 동탄 신도시 공공임대주택이 아직도 빈집인 사실이 이를 잘 말해준다. 당시 대통령은 그 단지에서 가장 큰 집(전용면적 44㎡)을 돌아보면서 "신혼부부 중 선호하는 사람이 많겠다"라고 호평했다.

언론에서는 공공임대주택이 너무 작다, 소비자들이 분양주택을 원한다, 공공이 건설하는 주택의 질이 낮다는 등의 문제를 지적한다. 상당 부분 맞는 말이다. 국회에 제출된 한국토지주택공사(LH) 자료에 따르면, 2020년 입주가 시작되었으나 6월 기준 빈집인 공공임대주택 중 98%가 전용 50㎡ 미만의 소형이다. 국토교통부는 2025년까지 임차가구의 25%가 공공임대주택에서 거주하게 한다는 목표를 추진 중이다. 그러나 새 임대주택이 여전히 인기가 없다면 엄청난 사회적 낭비가 초래될 것이다.

물론, 소비자들의 욕구를 모두 충족시킬 순 없다. 소비자 선호가 몰리는 주택의 키워드는 '서울·역세권·중형·신축·아파트' 등이다. 외곽에 조밀하게 짓는 임대주택 건설비만 해도 호당 1억 원 안팎인데, 소비자들의 선호에 맞추기 위해 정부 예산이나 공공기관 부채를 한없이 늘릴 수는 없다. 재원의 한계를 감안하면 중산층이 원하는 만큼 공공임대주택의 크기를 키우자는 제안에 동의하기 힘들다. 소수에게 로또 당첨 행운을 주는 데 과다한 혈세가 들어가기 때문이다. 그보다는 전체 주택 시장과 정책에서 공공임대주택이 어떤 역할을 해야 하는지 근본 문제부터 다시 생각해야 한다.

주택 시장은 지역별·유형별·규모별·가격대별 하위 시장들로 나뉘고, 이 하위 시장들이 전후좌우로 연결되는 복잡한 그물망이다. 소비자들도 능력과 선호가 수없이 다양하다. 이 복잡한 시장을 약 2,000만 호의 가구와 거의 같은 수의 주택이 서로 짝을 찾아가는 거대한 댄스파티라고 생각해볼 수 있다. 가격신호에 맞추어 돌아가는 이 댄스는 엄청난 정보처리 기구다. 누가 어디서 어떤 집에 살아야 하는지 스스로 답을 찾도록 해주기 때문이다. 경제력이 부족한 사람들도 건강하고 안전한 주거생활을 할 수 있도록 지원해야 하지만, 댄스가 멈출 정도로 간섭한다면 온갖 부작용이 생긴다.

문재인 정부는 다주택자 때리기로 민간임대주택 시장을 위축시키면서, 공급자 역할을 정부가 대신할 수 있다고 생각했다. 그 결과 소비자들이 원하는 집은 줄어들고 원하지 않는 집이 많이 지어졌다. 시장의 신호를 무시한 또 다른 예는 재건축·재개발 억제 정책이다. 소비자들은 신축 아파트에 살고 싶은데 그 통로를 차단하니 새 아파트 가격이 한없이 올라가서 가격 급등의 뇌관이 되었다.

정부가 시장(市場)을 대신할 수 없다. 서울 강남을 잡으려 하지 말고, 저소득층의 주거 안정에 초점을 맞추어 실용적인 정책을 개발해야 한다. 공공임대주택의 절대 부족 상태를 벗어났으니 공공에서 꼭 새로 집을 지어야 하는지 점검할 필요가 있다. 적절한 규제와 지원으로써 민간의 공급 능력을 활용할 수 있을 것이다. 또, 개발제한구역을 일부 해제하는 문제도 이제는 고려할 때가 되었다.

(문화일보 2021. 10. 1)

88

'세계 유일' 종합부동산세
언제까지 이렇게 둘 건가?

　기획재정부의 주택분 종합부동산세 보도자료 첫 문장이 '전 국민의 98%는 과세 대상이 아님'으로 끝난 것을 보면서 미국 하버드대 마이클 샌델 교수가 쓴 《정의란 무엇인가》의 한 대목이 생각났다. 그는 공리주의를 비판하면서 사자 우리에 던져진 그리스도인의 예를 들었다. 콜로세움을 가득 메운 구경꾼들이 환호하며 느끼는 황홀경의 합계가 피해자들이 느끼는 고통의 합계보다 크다고 해서 이런 경기가 정당화될 수 없다는 것이 요지다.

　피해자가 소수라고 해서 어떤 정책이 정당화된다면, 소수 재벌의 재산을 몰수해서 다수 국민에게 분배하는 것도 꺼릴 이유가 없을 것이다. 인간은 모두 고유한 인격을 갖고 있기에 생명과 재산이 존중받아야 하며, 또 다수냐 소수냐를 가리지 않고 보호받아야 한다. 종합부동산세 납부자가 전체의 2%라서 세금 부담을 마음대로 올려도 좋다는 것은 개명한 현대국가에서 통할 수 없는 논리다.

대상자 숫자보다 종합부동산세가 합당한 정책 목표를 달성하는 데 필요한 수단인지부터 따져야 한다. 헌법이 규정하듯이 사유재산권은 공익적 필요에 따라 제한될 수 있다. 그러나 이런 논리로 종합부동산세를 정당화하기에는 문제가 많다. 우선 그 고유한 정책 목표가 불분명하다.

노무현 정부가 2005년 종합부동산세를 처음 도입할 때 상황과 논쟁을 돌이켜 보면 이 세금은 강남 집값을 잡기 위한 것이었다. 특정 지역 주택가격을 낮춘다고 말할 수 없으니 엉뚱한 궤변을 동원했다. 지금도 이 세금에 어떤 공익적 효과가 있는지 불분명하다. 가진 자에 대한 분풀이 효과는 있겠지만, 이는 콜로세움의 환호성이 아니고 무엇인가.

집값이 올랐으니 세금을 좀 더 내라 하는 말도 있지만, 오른 집값에 부과되는 양도소득세가 이미 있고 그 부담도 만만치 않다. 재산 과세가 중복적으로 같은 목적으로 동원되어야 할 이유가 없다. 소득이 생겼다고 재산 과세를 부과하는 것은 불합리하다. 집값은 오르기도 하고 내리기도 하는데, 올라서 종합부동산세가 정당하다면 내릴 때는 정부가 손실을 보전해주나.

종합부동산세든 뭐든 집값이 내려가기만 하면 된다는 사람들도 있지만, 현금 부자를 빼면 누가 그 집을 살까. 다주택자의 임대매물이 사라지면 선호도가 떨어지는 공공임대주택으로 대책이 되겠나. 일시적인 미분양 사태가 날 때 누가 매물을 소화할지 생각하면 답이 떠오르지 않는다. 정부는 이런 부작용을 각오해야 한다.

문재인 정부의 무리한 세법 개정으로 종합부동산세는 이제 다주택자와 법인의 주택 보유를 진압하는 몽둥이가 되었다. 그러나 다주택 보유자를 다른 말로 하면 임대주택공급자다. 전체 가구 중 자가 거주자

1,146만 가구, 공공임대주택 거주자 166만 가구를 제외한 723만 가구가 민간 임대인으로부터 셋집을 구한다.

세금 지원 없이 이 어마어마한 숫자의 임대주택을 공급하는 사람들은 대부분 다주택자다. 이들의 행태가 조금만 바뀌어도 시장이 요동쳐서 전월세가 오르고, 전세가 월세로 전환된다. 집주인이 종합부동산세를 많이 낸다고 고소해 하는 사람들은 자기 전월세 부담이 왜 늘어나는지 잘 생각해보아야 한다.

다주택자가 밉다고 보유과세 부담을 한없이 높이는 것이 용인될 수 없다. 조세부담이 과중해 납세자의 재산 상태를 근본적으로 침해하면 헌법상 사유재산권 보장의 원칙과 충돌하기 때문이다. 과표가 시가에 근접해가는 마당에 최고 6%, 부가세를 합해서 7.2%에 달하는 세율은 선을 넘는 수준이다. 매년 원본을 잠식해 결국에는 국가가 개인 주택의 소유권을 가져갈 것이다. 국민의 생명과 재산을 지켜주지 않는 국가가 존립할 이유가 있을까.

(중앙일보 2021. 11. 30)

89

부동산 정책은 시장과
대화하면서 추진해야

2020년과 2021년 가히 '대란'이라 할 정도로 서울, 수도권, 전국 가리지 않고 주택 매매가와 전세가 상승률이 높다. 이전의 주택가격 급등은 주로 경제위기 후에 하락분을 만회하는 기저효과 때문이었다. 가격 급락이 선행되지 않았다는 점에서 이번의 주택난은 특이하다. 세계적인 유동성 과잉, 저금리 같은 거시적 요인들과 함께 새 아파트에 쏠리는 소비자 선호의 변화, 공급 부족과 같은 미시적 요인들이 모두 작용했을 것이다. 그러나 이번의 가격 급등에는 주택정책 실패에 따른 시장의 교란도 주요 요인인 것을 부인할 수 없다.

정책의 한계

수요든 공급이든, 가격이든 거래량이든 정부가 주택 시장에 미치는 영향력은 한정적이다. 주택이 고가이고, 주택건설에 긴 시간이 들며, 주택과 수요자들이 이루는 생태계가 천차만별 복잡하기 때문이다. 수십 조 원을 들인다고 해도 할 수 있는 일이 많지 않다. 국민 대다수는 자신의 경제적 능력과 선호에 따라 시장에서 자신의 주거를 해결할 수밖에 없다. 택지 및 주택공급, 금융, 세제 등 여러 방면에서 분양가나 임대료를 낮추기 위한 정책적 노력이 필요하지만, 이런 정책들이 시장을 통해 스스로 주거를 해결한다는 원칙을 대신할 수 없다. 한정된 정책자원의 효과를 높이기 위해 대부분의 나라에서 계층별 맞춤형 주택정책을 채택한다. 저소득층은 임대주택이라도 안정적으로 거주하도록 하고, 중산층은 일찍 내 집 마련을 할 수 있게 한다. 고소득층은 크게 지원할 것도 없지만, 또 간섭할 필요도 없다.

역대 정부들은 시장과 정책의 조화와 균형을 대체로 잘 추구했다. 국민 주거 여건이 단기에 양적, 질적으로 크게 개선된 것은 내 집 마련을 위한 국민 각자의 노력이 시장을 통해 분출되고, 정부가 적절히 교통정리를 한 덕분이다. 이번 정부처럼 시장을 윽박지르고, 위협하며, 벌을 주어서는 원하는 결과를 얻을 수 없다.

세금을 세금답게

이번 정부의 대책들로 인해 부동산 세금이 벌금에 가까워졌고, 누더기 상태다. 다주택 기간 중 장기보유특별공제를 적용하지 않는 세법 개정안이 통과되면 양도소득세 경우의 수가 189개에 달한다는 보도가 나오기도 했다. 장기보유특별공제는 인플레이션에 의한 명목적 가격상승분을 차감해줌으로써 '구매력의 증가'에 과세하는 소득과세의 본질에 충실하게 하는 장치다. 자의적으로 줄이거나 늘려도 무방한 항목이 아니다. 법이 개정된다면 실질적인 소득이 없어도 세금을 내게 된다. 이런 세금을 형평성, 효율성, 다른 어떤 기준에서 보아도 좋은 세금이라고 볼 수 없다.

그 외에도 모든 부동산 세목이 총체적으로 누더기 상태이므로 단순히 몇 개 조항을 고치는 정도로는 세금을 정상화할 수 없다. 가칭 '부동산 조세 정상화 위원회'를 만들어 종합적인 세제 개편안을 마련해야 할 것이다. 정부 부처와 연구기관 및 학계 전문가들이 참여해 과거 토지공개념 작업을 했던 것에 버금가는 작업을 해야 한다.

이때, 우리나라 부동산 조세부담이 이미 미국과 일본을 넘어서서 세계적으로 높은 수준임을 인식해야 한다. 보유세가 낮고 그 때문에 주택가격이 오른다는 주장이 있지만, 미국의 많은 대도시가 실효세율 1% 이상의 보유세를 부과하고 있으나 2000년대 초중반에 주택가격이 급등했던 반면, 보유세 부담이 매우 낮은 독일은 세계적인 부동산 가격 거품을 비껴갔다. 우리나라도 이번 정부에서 부동산 세금에 가격안정 효과를 기대할 수 없음을 경험했다. 세제개편은 부동산 가격을 좌지우지하려는 의도보다 조세의 일반 원칙에 충실한 '좋은 세금'을 만드는 목표로 추진되어야 한다.

세제 개편안은 전반적인 양도소득세율 인하, 취득세율의 단순화, 보유주택 수에 무관하게 주택 가액에 따라 결정되는 종합부동산세, 과도한 보유세 부담을 덜어주는 고령자 감면 등의 내용을 포함해야 할 것이다.

금융을 금융답게

부동산은 고가이고 부동산의 개발, 취득, 보유 등 모든 단계에서 금융을 당연히 활용해야 한다. 대부분의 선진국에서 소비자들이 젊을 때 장기 주택담보 대출(모기지)을 활용해 주택을 구입하고, 그 이후 천천히 갚아나가는 공통적 생활양식을 가지고 있다. 우리나라에서는 주택담보 대출이 2000년 전후부터 활성화되었다. 다른 나라보다 늦게 시동이 걸린 만큼 그 증가 속도가 매우 빨랐고, 주택담보 대출발 금융시스템 불안에 대한 경계의 목소리가 높았다. 20년 가까이 "늑대야!"를 외쳤지만, 늑대는 오지 않았다.

금리 인상이나 주택가격 하락 등의 충격을 대비한 선제적이고 보수적인 접근은 여전히 중요하다. 예컨대 모든 금융기관을 포괄하는 LTV나 DSR 규제 등은 꼭 필요하다. 그렇지만 가계 대출을 줄이기 위해 갑자기 주요 은행들이 한꺼번에 주택담보 대출이나 전세 대출을 중단하겠다고 선언하면, 당장 자금이 필요한 많은 사람이 심각한 어려움을 겪게 된다. 예측할 수 있고 미리 대비할 수 있는 규제가 되어야 한다.

금융시스템 안정 이외의 다른 목표들이 금융 본래의 역할을 저해하는 상황은 교정되어야 한다. 주택가격 상승을 막으려고 금융을 틀어막는 바람에 중산층의 내 집 마련 노력이 위협받고 있다. 대출이 필요한 사람들이 참여하지 못하는 시장은 현금 동원력이 큰 자산가들의 독무대가 되었고, 금융기관들은 규제가 없는 중소빌딩이나 토지 등에 과도한 대출을 꺼리지 않는다. 전세 대출은 상대적으로 방만하게 운영해 오히려 전세가 상승의 원인을 제공한다.

주택담보 대출은 내 집 마련 꿈을 실현하는 중요한 수단이다. 특히 다른 자산매각 자금이 없는 최초 주택구입에서 금융의 역할이 크다. 최초 주택구입에 대해 파격적인 지원, 예컨대 80~90%의 LTV, 50% 정도의 DSR을 적용하고, 주택금융공사 등의 공적 금융기관에서 저금리 대출을 하며, 지급이자에 대한 소득세 감면 혜택을 늘리는 것이 바람직하다. 중산층 일반 소비자에 대해서도 지금과 같이 하룻밤 새에 대출을 동결하는 식의 규제는 피해야 한다. 금융 안정을 목표로 한다면 70~80%의 LTV, 40% 내외의 DSR을 보편적으로 적용할 수 있을 것이다.

규제는 필요한 만큼만

우리나라에서 자기 집에 사는 가구의 비중은 약 56%인데, 이는 44%에 해당되는 약 890만 가구가 남의 주택을 임차해서 살고 있다는 말이다. 2017년 12·13 대책에서 임대인들에게 민간 주택임대업자 등록을 권장하다가 2018년 9·13 대책부터는 세제 혜택을 축소해 임대주택 시장을 크게 교란시켰다. 여기에 덧붙여 임대차 3법이 시장을 함부로 뒤흔든 여파가 가시지 않고 있다. 2중, 3중의 전세가가 형성되고, 임대인과 임차인의 분쟁이 끊이지 않으며, 임대물량이 줄어서 전세, 월세가 급등하고 있다. 재건축 아파트 분양에 2년 실거주 요건을 부과하려다가 철회한 것이 그나마 데미지 컨트롤을 했지만, 집주인과 세입자 모두 커다란 금전적, 심리적 고통을 겪은 후였다. 세입자를 보호하면서도 임대인이 일방적으로 손해를 보지 않게 하려면 사업자에 대한 일정한 규제와 지원을 병행해야 한다.

이번 정부는 재건축, 재개발사업 등 도시정비 사업에 호의적이지 않았다. 안전진단 기준을 높이는 등 인허가를 까다롭게 하고, 임대주택

건설 의무, 재건축초과이득 환수, 분양가 상한제, 공공 주도 등 여러 걸림돌을 만들었다. 지은 지 30년 이상 된 아파트가 급속히 늘어나고 있으며, 낡은 주택들을 소비자들이 원하는 새로운 주거문화에 맞게 정비할 필요가 크다. 재건축, 재개발사업은 정부의 지원에 기대지 않고 민간 스스로 도시환경과 주거 여건을 개선하는 실질적인 도시재생 사업이고, 도심의 주택공급 확대를 위한 유일한 수단이다. 이들 사업을 활성화하도록 전면적으로 규제를 완화해야 한다. 다만, 동시다발적 사업 추진이 가져올 수 있는 전세난, 세입자 대책, 인프라 과부하 등의 문제를 해결하기 위해 우선순위를 정해 순차적으로 사업이 진행되도록 해야 할 것이다.

부동산 정책에서 이성이 회복되어야

주택가격을 잡으려는 궁여지책 중의 하나가 서울 강남 일부 지역에 대한 토지거래허가제 시행이었다. 어떤 사람이 어떤 주택에 살지, 말지를 담당 공무원이 판단한다. 광범위한 토지 투기에 대응해 시장을 동결시키려고 도입한 1980년대 규제를 21세기의 세련된 주택 소비자들에게 적용하는 시대착오적인 규제다. 또, 정부는 부동산거래분석원을 설립해 불법, 탈법적인 거래를 잡아내겠다고 하지만, 매번 투기자를 단속한다고 떠들썩하고도 극히 소수의 법 위반 사례밖에는 찾아내지 못했던 전례를 보면, 이 기구에 어떤 성과 내기를 기대하기 어렵다. 국세청, 수사기관 등이 일상 업무로 위법 행위를 단속하면 될 것이다. 그리고 정치인, 공직자의 다주택 보유를 비난하고 못 하게 하겠다는 계획도 나왔지만, 이는 헌법적 기본권 침해로 보인다. 경제 문제를 도덕 문제로 치환해 희생양을 찾는 것은 언제나 위험한 접근이다.

이번 정부에서 부동산 정책의 목표가 수단과 방법을 가리지 않고 가격을 안정시키는 것이라는 인식이 굳어졌지만, 가격은 오르기도 하고 내리기도 한다. 이런 경기변동에 정부가 큰 영향력을 미치기는 어렵다. 다만, 장기계획하에 택지와 주택의 공급을 원활히 한다면, 적어도 수급 불균형에 의한 가격변동을 줄일 수 있을 것이다. 이번 정부도 재개발, 재건축 등을 포함해 주택공급 측면에서 시장이 스스로 작동하도록 허용했다면 많은 문제가 미리미리 해결되었을 것이다.

주택 시장은 국민 각자가 가족의 행복을 위해 오래 준비하고 계획해 어렵게 실행에 옮기는 무대다. 이런 소중한 무대를 적대시하는 정책들은 결국 국민의 행복플랜을 좌절시킨다.

(자유기업원 2021. 8. 24)

90

새 정부의
주택정책 전환

　이번 대선에서는 일찍부터 부동산 공약이 승부처가 되리라는 예상이 많았다. 문재인 정부하에서 주택가격이 급등하고 세 부담이 늘어 집을 가진 사람들이나 못 가진 사람들 모두가 힘들고 고단했기 때문이다. 두 주요 후보가 모두 부동산 공약에 공을 들였지만, 이재명 후보가 과감하게 문재인 정부와의 단절을 강조하는 모습은 인상적이었다. 이 후보의 안간힘에도 불구하고 민심은 정책 실패를 심판하는 쪽으로 기울었다.

　새 정부의 부동산(주택) 정책 방향은 달리 분석할 필요도 없이 당선자의 공약집에 잘 나와 있다. 경쟁 후보의 공약도 당선자와 유사했기 때문에 새 정부가 '무엇을 해야 하나?'에 대해 여야 간에 광범위한 공감대가 이루어져 있었다고 할 수 있다. 이 공감대가 유지된다면 새 정부의 정책 전환이 순조롭겠지만, 아쉽게도 그런 일은 없을 전망이다. 왜, 어떤 일을 해야 하는지에 대해서 논의가 새로 시작될 필요가 있다. 이를 위해서는 부동산 문제에 대한 기본적인 인식부터 점검해서 공감대를 넓혀야 할 것이다.

어느 나라에서나 주택정책의 출발점은 '누구나 안정적인 주거가 꼭 필요하지만, 주택이 워낙 비싸므로 정부가 국민 다수의 주거를 책임지기는 힘들다'라는 현실 인식이다. 이 때문에 '계층별 맞춤형 지원'으로 도움이 필요한 곳에만 정책역량을 집중하는 것이 한정된 자원의 효율을 극대화한다. 경제적 약자들도 인간다운 존엄을 지키며 건강하고 안전한 주거생활을 할 수 있도록 보호막을 제공하는 것이 핵심이다. 중산층은 원칙적으로 스스로 주거를 해결하도록 하되 금융, 세제 등 다양한 부분에서 측면 지원한다. 고소득층에게는 정부의 지원과 간섭을 모두 최소화해도 무방하다.

문재인 정부는 저소득층에 대한 지원보다 서울 강남 등 고소득층 주택의 가격이 오르지 않도록 하는 데 주력했다. 재개발·재건축을 억제하고, 주택대출을 막고, 세 부담을 급격히 올리며, 임대차 시장을 마구 교란하는 등의 정책은 저소득층이나 중산층의 주거를 위태롭게 하는 결과를 초래했다. 주택 시장이 다양한 하위 시장들로 이루어진 복잡한 생태계라는 사실을 몰랐기 때문이다. 전임 국토교통부 장관이 "주택을 빵처럼 밤새 구워낼 수 있다면…" 하고 한탄했을 때, 많은 전문가는 담당 장관이 그것도 몰랐다는 사실에 경악했다.

새 정부 공약의 핵심은 250만 호의 대규모 주택공급, 재개발·재건축에 대한 과감한 규제 완화, 특히 수도권 1기 신도시 재정비, 청년층 등 무주택자의 주택대출 확대, 전반적인 부동산 세 부담 완화 등이다. 이를 추진하는 과정에서도 주택 시장의 복잡한 양상을 염두에 두고 신중하고 보수적으로 접근해야 한다. 여소야대 정국에서 신속한 정책 전환이 어렵다는 것이 오히려 기회일 수 있다. 공약 실현을 위한 세부 추진방안을 정밀하게 가다듬고, 국민적 공감대를 형성하는 시간적 여유를 가질 수 있기 때문이다.

정책 기반 : 다주택자 역할 재인식

주택정책이 세제, 금융, 규제, 공기업 운영 등 워낙 다양한 영역에 걸쳐 있어서 각 부문의 정책과제를 세부적으로 논의하기는 어렵다. 그보다는 정책 전환의 핵심 키워드가 무엇일까 생각해보자. 문재인 정부의 주택 대책이 25번 이상 나왔는데, 그 하나하나가 시장에 큰 충격을 주는 것들이었다. 그 가운데서 일관되게 반복되는 내용은 다주택자에 대한 제재 조치들이었다.

세제만 보더라도 취득세, 재산세, 종합부동산세, 양도소득세 등이 모두 다주택자에게 차별적인 과표 산정, 중과세, 감면배제 등을 규정하고 있다. 가액에 따른 누진세율과 다주택에 대한 제재조치들이 추가로 적용되는 것이다. 이런 접근은 1960년대에 시작된 투기 억제 정책의 연장이지만, 조세의 실효성이 높아졌으므로 다주택자들의 부담은 감당하기 힘들 정도로 크다. 다주택자 중과세는 그들이 주택가격을 올리고 무주택자의 내 집 마련 기회를 박탈한다는 논리이지만, 이런 인과관계는 증명된 바 없다.

주택 시장은 약 2,000만 가구가 그만한 수의 집을 찾아가는 거대한 게임이다. 이 큰 규모의 시장에서 일부 '사람'들이 시장 지배력을 가질 수 없다. 주택가격은 거시적, 미시적 '변수'들이 결정하는 것이고, 유동성이든, 저금리든, 공급 부족이든 그 변수들의 동향은 정부가 책임져야 한다. 지난 60여 년간의 투기 억제 정책들을 돌이켜 보면 2~3개월 이상 효과가 지속된 경우를 찾기 힘들다. '사람'들의 부동산 거래를 억제하는 접근으로 '변수'들을 통제할 수 없었기 때문이다. 투기 억제 정책은 언제나 희생양 찾기일 뿐이었다.

역대 정부들은 그때그때의 상황에 따라 투기를 정의하고 대책을 내놓았고, 문재인 정부는 다주택자를 벌주는 데 주력했다. 그 결과로 집값이 안정되었는지, 국민의 주거 수준이 개선되었는지, 국민의 미래가 밝아졌는지에 대해서 굳이 언급할 필요가 없을 것이다.

반면에, 다주택자의 긍정적 역할은 무시할 수 없다. 첫째로, 다주택자는 주택임대 시장에서 공급 대부분을 담당한다. 전체 가구 중 자가 거주자 1,146만 가구, 공공임대주택 거주자 166만 가구를 제외한 723만 가구가 민간 임대인으로부터 셋집을 구해 살고 있다. 임대주택 공급자의 다수가 다주택자들이다. 정부가 중단기적으로 이 역할을 대신할 수도 없고, 중대형 주택의 경우 하는 것도 바람직하지 않다. 다주택자 중과세는 임대주택공급을 줄이고, 임대료를 올리며, 전세의 월세 전환을 촉진해 무주택자의 주거비 부담을 늘린다.

둘째로, 다주택자는 주택경기의 자율조정기능을 한다. 주택개발 시장에서는 경기가 침체되어 미분양이 발생할 때, 경제적 여유가 있는 사람들이 이를 소화함으로써 주택개발의 리스크를 줄인다. 유통 시장에서는 주택가격이 상승할 때 다주택자들이 주택을 매각해 가격안정화 효과를 가진다. 이런 시장 자율 조정 기능이 작동하지 않으면 주택경기 진폭이 더 커지고, 전반적인 가격 상승이 초래될 것이다.

셋째로, 고령 다주택자는 임대 수입으로 스스로 노후 생계를 해결해 복지제도의 부담을 덜어 준다. 다주택 보유를 억제하는 것은 자산운용을 오로지 채권과 주식에 한정하라는 강요인데, 이런 자산운용이 노후의 안정적 생활에 적합하지 않을 수 있다.

다주택자를 적대시하는 이유는 "네가 가지면 내가 가지지 못한다"라는 단순 논리이지만, 주택 시장은 복잡한 인과관계 구조로 되어 있어서 적절한 제도 틀 속에서는 집주인과 세입자가 모두 이익을 볼 수 있다. 다주택자 제재만 중단해도 모든 제도, 특히 부동산 세제가 훨씬 단순화되어 많은 문제가 일거에 해결될 것이다. 어느 분의 칼럼에 나온 예시처럼 "40억 원짜리 아파트를 가진 사람의 2022년 보유세는 1,900만 원 정도인데, 18억 원짜리 아파트 두 채를 가진 사람의 보유세는 7,000만 원에 육박해 3배가 넘게 되었다"라는 상황은 어떤 개념을 동원해도 정당화할 수 없다. 김대중 정부까지만 해도 1주택자는 양도소득세 비과세 등의 혜택을 주지만, 다주택자는 일반 세율로 정상 과세했던 것을 기억해야 한다.

정책과제 : 재개발·재건축 활성화 시급

지난 몇 년간 모든 지역의 주택가격이 올랐지만, 특히 서울지역 아파트 가격 급등이 두드러졌는데, 대략 2015년 전후부터 신축 아파트가 제공하는 새로운 주거문화에 대한 소비자 선호가 높아졌고, 신축과 구축 아파트 가격 차이가 벌어진 것을 주목할 수 있다.

정부와 서울시는 시장의 요구를 수용하기보다는 신축 아파트 공급의 주요 경로인 재건축·재개발을 억제하는 데 주력했다. 안전진단 기준을 높이는 등 인허가를 까다롭게 하고, 임대주택 건설 의무, 재건축초과이익 환수, 분양가 상한제, 공공 주도 개발 등 여러 걸림돌을 만들었다. 이 때문에 기존 신축 아파트들의 가격이 천정부지로 치솟았고, 그 가격 상승세가 다른 주택들로 확산되었다. 민간의 재건축·재개발 노력을 질서 있게 진행되도록 관리했더라면, 충분한 신축 아파트가 공급되었을 것이고 주택가격이 급등하지 않았을 거라는 아쉬움이 있다.

정부가 인식하든, 말든 지은 지 30년 이상 된 아파트가 급속히 늘어나고 있다. 또, 소비자들이 원하는 새로운 주거문화에 맞추려면 낡은 주택들을 정비할 필요가 크다. 재건축·재개발은 정부 지원에 기대지 않고 민간 스스로 주거 여건과 도시환경을 개선하는 실질적인 도시재생 사업이고, 도심 내 주택공급 확대를 위한 유력한 수단이다. 이들 사업을 활성화하도록 규제를 전면적으로 완화해야 한다. 특히, 재건축 안전진단 기준 등은 정부의 기조에 따라 매번 바꾸지 말고, 절대적인 기준을 설정해 예측 가능성을 높이고 사회적 비용을 낮추는 것이 바람직하다. 다만, 수도권 1기 신도시에서와 같이 동시다발적 사업 추진이 가져올 수 있는 전세난, 인프라 과부하 등의 문제를 해결하기 위해 우선순위를 정해 사업이 순차적으로 진행되도록 해야 할 것이다.

정책추진 체계 : 의도된 경직성

정책 실행 측면에서는 범정부 및 학계 전문가의 역량을 결집하는 종합시스템, 예컨대 지금보다 책임과 권한이 대폭 강화된 주택정책심의위원회를 운영할 필요가 있다. 청와대든, 집권당이든 주택정책의 근간을 너무 쉽게 흔들고, 그때마다 수백만의 국민이 혼란을 겪는 일이 없도록 동 위원회가 금융통화위원회에 준하는 독립적 위상을 갖도록 하는 것이 바람직하다.

그간의 주택 대책들은 주로 단기 경기변동에 집중되어 중장기에 일어날 일에 대한 모니터링이나 대책 마련에 대한 고민이 부족했다. 주택은 공급에 시간이 오래 걸리기 때문에 (즉, 빵처럼 밤새 구워낼 수 있는 것이 아니기 때문에) 미리 수요를 예측하고 공급에 나서지 않으면 가격의 급변동을 피하기 힘들다.

국가재정운용계획에서 주요 재정지표를 매년 전망하는 것처럼 강화된 주택정책심의위원회가 필요한 주택 재고량과 공급 계획 등에 관해 중기적인 시각에서 사전에 목표를 설정하고 안정적으로 관리하게 해야 한다. 지금도 국토교통부에서 10년 단위로 장기 주택종합계획을 수립해 발표하고 있지만, 주기가 너무 길어서 상황 변화를 전망치에 반영하기가 어려우며, 전망의 정확도 또한 낮다. 주택가격 급락 등의 마이너스 쇼크도 발생할 수 있는데, 위원회 주도로 다양한 상황에 대한 예측 시스템 등을 사전에 갖추어 놓는다면 효과적인 대비에 도움이 될 것이다.

(하나금융포커스 2022. 5)

結 : 부동산 인식의
　　변화를 기대하며

　　공급 측면에서 우리나라 주택정책의 요체는 공공에 의한 대규모 토지 개발과 분양가 상한제를 통한 염가의 분양주택공급이었고, 수요 측면의 정책 기조는 투기 억제를 통한 가격안정이었다. 정책의 세부적 공과를 여러모로 따져볼 수 있지만, 주택의 절대 부족 문제를 단시일에 해소했다는 점에서 주택정책은 성공적이었다. 이는 당시의 시대적 여건에 맞는 적절한 정책 수단을 동원했기 때문에 가능한 일이었다.

　　그런데, 주택 시장의 여러 측면에서 향후의 전개 방향은 과거와 다를 것이다. 우리는 고령화, 인구감소의 추세 속에서도 주택수요의 증가는 꾸준하지만, 지역 간 차별화가 심화될 것을 전망했고, 특히 새로 개발되는 행복도시 · 혁신도시 · 기업도시들을 비롯한 지방 중소도시의 침체를 우려했다. 또한, 과거와 같은 신도시 건설보다 재개발 · 재건축 등이 비중을 높여갈 것을 예측했다. 주택가격은 단기에 폭락할 가능성이 작지만, 장기 가격 상승률이 낮아짐에 따라 전세가 위축되고 월세의 비중이 커지면서 상업화된 임대주택 회사들이 등장할 것을 예상했다. 그리고 아파트가 여전히 주된 주거 형태이겠지만, 소비자의 개성을 살린 다양한 형태의 주택이 더 활발하게 보급될 것을 전망했다. 이처럼 미래를 전망할 때, 주택정책의 목표와 수단은 과거와 달라져야 한다.

정책 전환은 주택, 부동산에 대한 인식의 전환이 필요하다. 무엇보다도, 정부와 국민이 부동산 투기를 억제해야 한다는 편집증에서 풀려나야 한다. 첫째로, 1960년대부터 부동산 투기라는 용어를 사용해왔지만, 이 용어는 엄밀히 정의되지 않는다. 흔히 '자본이득을 목적으로 한 부동산의 매매 및 보유'를 투기라고 생각하지만, 부동산이 자산이기 때문에 자본이득을 감안하지 않는 부동산 매매 및 보유가 있을 수 없다. '자본이득만을 목적'으로 한다든지, '단기간 보유', '잦은 거래', '직접 사용하지 않는' 등의 수식어를 붙인다면, 언론이나 정책담당자들이 의미하는 외연을 가진 투기의 정의와 다르며, 그런 행위가 국민경제적으로 악영향을 가진다고 주장하기도 어렵다.

역대 정부는 특정 시기의 문제들을 반영해서 투기의 조작적 정의를 했다. 예를 들어 1970년대까지는 기업에 의한 비업무용 토지 보유가 주된 투기 억제 정책의 내용이었으며, 1980년대 말의 토지 공개념 시기에는 유휴 토지의 보유가 주된 대상이었다. 참여정부는 1가구 다주택 보유를 주로 문제시했다. 이처럼 시시때때로 정의가 달라지는 투기를 억제하려는 정책들이 성공하기는 애초에 기대하기 어렵다. 정책뿐 아니라 학술적 논의나 일상 언어에서도 투기라는 단어에 대해 제각기 서로 다른 의미를 부여하므로 의사소통을 돕기보다는 오히려 혼란을 준다. 정확한 의사전달이 필요한 모든 논의의 장에서 투기라는 단어를 사용하지 않는 것이 바람직하다.

둘째로, 투기 억제를 표방하는 정책들이 여론의 지지를 받는 이유는 투기가 부동산 가격을 상승시킨다는 피상적인 관찰에 근거하지만, 충분히 긴 기간을 상정할 때 – 예컨대 지난 40여 년에 걸친 부동산 가격 추이를 회고하면 – 수요의 확대, 공급의 애로와 같은 정상적인 수급 요인 이외에 투기행위가 독립적인 그리고 일반적인 부동산 가격 상승요인이었다는 증거는 찾기 어렵다. 1980년대 말 또는 2000년대 초의 주택가격 급등도 모두 주택공급의 부족과 거시경제 환경 등의 독립적 가격 상승 원인이 존재했음을 주목해야 한다. 일시적, 국지적 예외가 있을 수 있지만, 투기는 가격 상승의 과정 또는 결과이지 원인이 아니었다.

셋째로, 부동산을 통한 자산증식, 특히 여러 주택을 소유하는 것을 비난하는 전제는 한 사람이 여러 채 주택을 소유할 때 다른 사람이 내집 마련을 못한다는 것인데, 그렇기 위해서는 주택을 나누는 배분 기제가 제로섬 게임(zero-sum game)이어야 한다. 그러나 주택은 토지와 자본이 결합되어 얼마든지 생산될 수 있는 상품이므로 우리 사회에 존재하는 주택의 총수가 고정되어 있지 않다. 볼펜이나 사과 같은 재화에 비해 생산기간이 길어서 단기적으로 그 숫자가 급격히 늘어나기 힘들 뿐이다. 오히려 주택의 생산에 더 많은 자본이 흘러들게 해서 공급을 늘리는 것이 주택 부족과 가격 상승을 막는 길이다.

주택 시장을 제로섬 게임으로 보기 때문에, 1가구 다주택 보유를 억제하려는 시책들이 양산되었다. 그러나 다주택 보유자들은 주택 시장의 작동에 긍정적인 역할을 하고 있다. 우리나라 주택임대 시장에 공급되는 물량 대부분이 1가구 다주택 보유자들의 잉여주택으로 이루어지고 있어서 중과세 등의 제재조치들을 통해 1가구 다주택 보유를 실질적으로 금지할 때 임대주택 시장이 크게 교란될 것이다. 또 주택 시장 불황기에 주택을 분양받을 수요가 줄고, 호황기에는 매각 물량이 줄어들게 해서 주택가격 하락 → 신규 건설 위축 → 주택공급 부족 심화 → 호황기 주택가격 급등으로 이어지는 주택경기 진폭을 확대할 것이다.

넷째로, 부동산 투기를 적대시하게 된 배경에는 부동산에서 발생한 자본이득이 불로소득이고, 큰 액수의 불로소득은 비도덕적이라는 가치판단이 있다. 그러나 이런 인식은 여러 오류를 담고 있다. 특히 노동만이 가치를 창출하는가, 부동산이나 다른 자본은 가치를 창출하지 못하는가 하는 문제가 제기된다. 노동뿐 아니라 자본도 생산요소임을 부인할 수 없고, 그만큼의 성과를 배분하지 않으면 자본축적이 어려워지고 경제성장이 불가능해진다. 자연 상태의 토지에 대해서는 이견이 있을 수 있겠지만, 주택 등 생산할 수 있는 부동산에 대해서도 동일한 원리가 적용된다. '열심히 일한 자가 보상받아야 한다'라는 노동가치설적인 관념이 가진 감성적인 호소력에도 불구하고 자본주의는 '사회의 수요를 충족시키는 자가 보상받는다'라는 원리에 따라 움직이고 있으며, 여기에는 적시, 적소에 적합한 부동산을 제공하는 자도 포함된다.

투기 억제 정책을 통해 표현되는 우리 국민의 의식은 좋게 말해서 이중적이고 나쁘게 말해서 위선적이다. 국가 정책이 부동산에서 발생하는 이익을 억제하거나 사회적으로 환수해야 한다고 생각하면서, 자신의 자산운용에서는 그러한 이익을 추구하는 데 열심이다. 그 결과 고위공직자 인사청문회마다 부동산 투기의 의혹을 받지 않는 사람이 드물다. 특히, 주택을 여러 채 가진 사람들에게는 더 많은 비난이 쏟아진다. 주식이나 채권으로 돈을 벌면 상관없지만, 부동산은 건드리지 않아야한다는 말이다.

이처럼 부동산에 대한 투자, 부동산을 통한 자산증식을 투기라고 이름 붙이고, 각종 세제 및 규제로 이를 억제하려는 정책은 이제까지 성공하지 못했고, 앞으로도 성공하지 못할 것이다. 전반적인 부동산 가격 상승률의 하락이라는 전망 아래서는 그 당위성조차 소멸해 가고 있다.

일단 투기를 억제해야 한다는 편집증에서 자유로워지면 모든 측면에서 시장의 여건과 국민의 필요에 맞는 부동산의 개발과 활용이 가능해진다. 비업무용, 투기용 부동산을 가려내어 불이익을 주는 제도 골격에서 벗어나 단순함, 중립성을 강조하는 제도 개선이 가능하다. 부동산 조세에서 비업무용 구분을 없애자는 주장은 모든 세 부담을 낮추자는 것이 아니라, 비업무용 - 업무용, 투기용 - 실수요용 등의 구분 없이 모든 부동산에 대해 균일하게 과세하자는 것이다. 세제의 경우 명목세율은 낮아지겠지만, 과세 베이스가 확대됨에 따라 평균적인 실질 세 부담은 오히려 증가할 수 있다. 이렇게 되면 세제 및 각종 규제가 단순해져서 국민 편익이 증진되고, 제도 시행의 공정성이 높아지며, 경제의 효율성이 높아진다.

또한, 투기 억제를 위해 시행하고 있는 많은 불필요한 제도들을 폐지 또는 완화할 수 있을 것이다. 토지거래 허가제, 주택거래 신고제, 주택 분양가 규제, 종합부동산세, 양도소득세 중과세 등은 거의 부작용 없이 빠른 시일 내에 폐지할 수 있는 대표적인 제도들이며, 농지 및 임야의 취득 및 전용 제한, 농지 및 임야 전용 부담금제, 공영 개발 제도, 그린벨트 제도 등은 다소의 보완대책과 함께 규제를 크게 완화할 수 있을 것이다.

(개정판)

시장을 이기는 정책은 없다

제1판 1쇄 2018년 1월 5일
제2판 1쇄 2022년 12월 23일

지은이 손재영
펴낸이 최경선　　　　　　**펴낸곳** 매경출판㈜
기획제작 ㈜두드림미디어
책임편집 배성분　　　　　　**본문 디자인** 노경녀 nkn3383@naver.com
마케팅 김성현, 한동우, 장하라　　**표지 디자인** 얼앤똘비악 earl_tolbiac@naver.com

매경출판㈜
등록 2003년 4월 24일(No. 2-3759)
주소 (04557) 서울특별시 중구 충무로 2(필동 1가) 매일경제 별관 2층 매경출판㈜
홈페이지 www.mkbook.co.kr
전화 02)333-3577
이메일 dodreamedia@naver.com(원고 투고 및 출판 관련 문의)
인쇄·제본 ㈜M-print 031)8071-0961
ISBN 979-11-6484-497-5 (03320)